租税法

岩﨑 健久 著

TAX LAW

税務経理協会

はじめに

　本書は，今日わが国における税法について，まず意義，分類，法体系等基礎的な税法全般の解説をし，これらをふまえて，国税及び地方税の主な租税を取り上げ，その詳細を記述したものである。さらに消費税法については，様々な事例研究を行った。

　具体的には，次のような構成になる。

　まず，第1章において，租税の意義，租税の分類，税法体系，そして，徴収手続等について解説する。

　第2章では，わが国の国税の中で主要な税法である所得税法，法人税法，消費税法，相続税法について詳述する。

　第3章では，わが国の地方税法を取り上げ，その主要な税目である住民税，事業税，地方消費税，固定資産税について説明する。

　第4章では，消費税法に関する判例・裁決例研究を行い，消費税法を様々な角度から分析，検討する。

　なお，本書を執筆するにあたり，法律学の勉強には直接法律の条文にあたることは極めて重要であることを考慮し，できるだけ根拠となる条文を記述するよう努めた。

　また平成22年12月に閣議決定された平成23年度税制改正大綱の中で主なものについてもふれるようにした。

　最後に，帝京大学理事長・学長　沖永佳史先生，経済学部長　廣田功先生，経済学研究科長　西村可明先生をはじめとして，帝京大学の諸先生にはいつもご指導を賜っている。

　本書の出版にあたり，税務経理協会の峯村英治氏には，細部に至るまで色々とご指導を頂いた。

この場を借りて，各氏に対し深く感謝し，心より御礼申し上げる次第である。

2011年3月

岩﨑　健久

目　　次

はじめに

第 1 章　税 法 序 説 …………………………………………………… 1

1　租税の意義 …………………………………………………… 1
(1)　意　　　義 ………………………………………………… 1
(2)　原　　　則 ………………………………………………… 3

2　租税の分類 …………………………………………………… 8
(1)　国税と地方税 ……………………………………………… 8
(2)　内国税と関税 ……………………………………………… 11
(3)　直接税と間接税 …………………………………………… 12
(4)　収得税・財産税・消費税・流通税 ……………………… 13
(5)　その他の分類 ……………………………………………… 14
(6)　課税ベース（所得課税・消費課税・資産課税） ……… 17

3　税法体系 ……………………………………………………… 20
(1)　国　　　税 ………………………………………………… 20
(2)　地　方　税 ………………………………………………… 24

4　徴収手続等 …………………………………………………… 27
(1)　更正及び決定 ……………………………………………… 27
(2)　附　帯　税 ………………………………………………… 28
(3)　滞納処分 …………………………………………………… 30
(4)　不服審査及び訴訟制度 …………………………………… 32

第 2 章　国税各種税法概説

1　所得税法 ……………………………………………………… 37
(1)　概　　　説 ………………………………………………… 37

(2) 納税義務者 …………………………………………41
　　(3) 各種所得の意義と金額 …………………………42
　　(4) 収入金額及び必要経費 …………………………58
　　(5) 課税標準の計算 …………………………………61
　　(6) 所 得 控 除 ………………………………………63
　　(7) 税額の計算 ………………………………………67
　　(8) 申告・納付 ………………………………………68
　2　法 人 税 法 ……………………………………………70
　　(1) 概　　説 …………………………………………70
　　(2) 納税義務者 ………………………………………73
　　(3) 各事業年度の所得計算の概要 …………………74
　　(4) 益金の額の計算 …………………………………75
　　(5) 損金の額の計算 …………………………………78
　　(6) 税額の計算 ………………………………………105
　　(7) 申告・納付 ………………………………………107
　　(8) 連結納税制度 ……………………………………109
　　(9) グループ法人税制 ………………………………114
　3　消 費 税 法 ……………………………………………116
　　(1) 概　　説 …………………………………………116
　　(2) 課 税 対 象 ………………………………………117
　　(3) 非課税取引 ………………………………………120
　　(4) 輸出免税 …………………………………………122
　　(5) 納税義務者 ………………………………………122
　　(6) 税額の計算 ………………………………………125
　　(7) 申告・納付 ………………………………………132
　4　相 続 税 法 ……………………………………………133
　　(1) 概　　説 …………………………………………133
　　(2) 納税義務者 ………………………………………134

(3) 課税財産の範囲 ……………………………………………135
　(4) 課税価格及び税額の計算 …………………………………136
　(5) 申告・納付 …………………………………………………145
　(6) 財産の評価 …………………………………………………146

第3章　地方税法概説

1　住　民　税 ……………………………………………………153
　(1) 個人住民税 …………………………………………………153
　(2) 法人住民税 …………………………………………………154
2　事　業　税 ……………………………………………………155
　(1) 個人事業税 …………………………………………………155
　(2) 法人事業税 …………………………………………………156
3　地方消費税 ……………………………………………………164
4　固定資産税 ……………………………………………………165

第4章　消費税法に関する判例・裁決例研究

1　概　　　説 ……………………………………………………173
2　憲法をめぐる事例 ……………………………………………174
3　課税取引等，輸出免税をめぐる事例 ………………………178
4　免税点制度をめぐる事例 ……………………………………193
5　簡易課税制度をめぐる事例 …………………………………200
　(1) 簡易課税制度の選択届出書をめぐる事例 ………………201
　(2) 事業区分をめぐる事例 ……………………………………203
6　課税仕入れ等をめぐる事例 …………………………………222
　(1) 課税仕入れ等の範囲をめぐる事例 ………………………222
　(2) 課税仕入れ等の時期をめぐる事例 ………………………235
　(3) 課税仕入れ等の税額の算出をめぐる事例 ………………244
　(4) 仕入税額控除の不適用をめぐる事例 ……………………248

参考文献 …………………………………………………………………265
索　引 …………………………………………………………………269

凡例　税法令名略語

国通法	国税通則法

　＊　なお，平成23年1月に国会に提出された「所得税法等の一部を改正する法律案」によれば，国税通則法は，題名を「国税に係る共通的な手続並びに納税者の権利及び義務に関する法律」に改められる予定であるが，本書では根拠条文の引用等，国税通則法（国通法）の名称を用いることにする。

国徴法	国税徴収法
国犯法	国税犯則取締法
国犯規	国税犯則取締法施行規則
行審法	行政不服審査法
行訴法	行政事件訴訟法
措法	租税特別措置法
措令	租税特別措置法施行令
措規	租税特別措置法施行規則
所法	所得税法
所令	所得税法施行令
所基通	所得税基本通達
負担軽減法	経済社会の変化等に対応して早急に講ずべき所得税及び法人税の負担軽減措置に関する法律
法法	法人税法
法令	法人税法施行令
法規	法人税法施行規則
法基通	法人税基本通達
消法	消費税法
消令	消費税法施行令
消規	消費税法施行規則
消基通	消費税法基本通達
相法	相続税法
相令	相続税法施行令
相基通	相続税法基本通達
評通	財産評価基本通達
地法	地方税法
地令	地方税法施行令

租 税 法

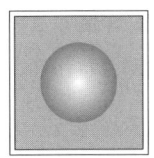

第1章

税 法 序 説

1 租税の意義

(1) 意　　義

　租税は，その課税主体である国や地方公共団体の性格や役割等の時代の変遷に応じて，その役割，機能が変わってくるものである。本節では，現代の租税の意義を考える。

　現代の租税は，政府の財源調達を主な目的とし，所得税や相続税の累進課税による所得の再分配や，減税の景気政策にみられる景気調整等の重要な機能も果たしている。

　租税とは何か。この問いに明確に答えて，租税を定義している法律はほとんどみられない。ただドイツの租税通則法 Abgabenordnung 3 条 1 項に，租税の定義が規定されており，それは次のようである。「租税とは，特別の給付に対する反対給付ではなく，法律が給付義務をそれに結びつけている要件に該当するすべての者に対し，収入を得るために公法上の団体が課する金銭給付をいう。なお，収入を得ることは附随目的とすることができる。関税及び輸入課徴金は，この法律の意義における租税である。」[1]

　この定義を参考にしながら，租税の役割，機能をふまえて，租税の特徴をまとめることにより，租税とは何かという問いに答えることとする。

　現代の租税の特徴をまとめると，①国や地方公共団体の公共部門が国民への

1

公共サービスを提供するために必要な資金を調達する目的で国民に無償で強制的に課されるものであること，②法律の定めに基づいて賦課徴収が行われること，③国民に課される負担が金銭給付であること等である。

　①についてもう少し述べると，国家を維持するためにそれ相応の資金を必要とするので，一定の基準を割り振って国民から税を徴収するわけであるが，国民の負担が国が提供するサービスの直接の対価という関係にあるわけではない。税は，直接の対価なしに一方的に国から課される負担である[2]。

　次に，②の法律の定めに基づいて賦課徴収が行われることについて説明する。国家を維持するには，国民は法律により割り振られた負担を引き受ける義務を負い，これは日本国憲法30条の「国民は，法律の定めるところにより，納税の義務を負ふ」に規定されている。また，同84条では，「あらたに租税を課し，又は現行の租税を変更するには，法律又は法律の定める条件によることを必要とする」と規定されている。

　よって，国家を維持するための負担を国民に割り振る場合には，これが恣意的にならないよう，法律によって定めることが要請されている。これを租税法律主義という。法律によるということは，国民を代表する国会の審議を経て，まさに政治の場を通じて決定されるということであり，ここで決定されたことは，恣意性なしに画一的に国民に適用される。なお，政令・省令等に課税要件を定めることが許されるのは，法律により，具体的，個別的に委任がある場合に限られており，行政府に対して白紙委任がなされることは許されない。

　最後に③の国民に課される負担が金銭給付であるについて若干説明する。近代以前には，労役や特産物の強制的な徴収も行われていたが，近代国家においては，金銭による納付に限られている。現在でも，相続税に限り物納が認められているが，税負担そのものは金銭給付として確定され，物納は便宜上金銭給付に代えて行われている。金銭による納付に限ることにより，税の画一性と公平性が保たれるといえる。

(2) 原　　則

　望ましい租税制度の条件について考えてみる。この条件には，大きく中立性と公平性が挙げられる。中立性とは，市場メカニズムをできるだけ阻害しない，つまり，税制は個人や企業の消費活動，事業活動に対して極力介入を避け，産業・経済に対して中立性を保たなければならないというものである。公平性とはできるだけ公平に課税しようというものであるが，公平性には，租税負担の公平な配分方法（利益説（応益原則）と能力説（応能原則）がある）や，能力説との関連で担税力の指標としての課税ベース，そして垂直的公平と水平的公平の公平概念等といった様々な観点がある。また中立性と公平性に加えて，税制が簡素であるという観点も重要な条件である。簡素な税制は，納税者の信頼を得るために不可欠であり，経済活動が複雑になっても，税制は簡素にすべきであるとの視点である。ここでは，特に公平性についてみていこう。

　財源を調達するに際し，一定の税負担を各納税者間に公平に，かつ，できるだけ少ない超過負担で済むように配分することが望まれる。前述したように，公平な税制の基準として，利益説と能力説がある。利益説とは，租税は，財政支出により受けた利益に応じて，各個人から徴収されるべきであると主張するものである。この利益説は，租税の根拠である利益説と結びついている。租税の根拠である利益説とは，国家契約説を背景とし，国民の契約に基づいて成立した国家が国民に与える利益の代償として，国民は国家に租税を支払うべきであるというものである。

　なお，租税の根拠としては，もう1つ代表的な学説があり，これは義務説である。義務説は，国家は個人の意思を超えた1つの有機的存在であり，国家はその必要経費を賄うために当然に課税権を持ち，国民は当然に納税の義務を負うというものである。

　話をもとに戻すと，公平な基準として利益説は，受益と負担の報償関係を認めるものである。しかし，現実問題として，財政支出により受けた利益に応じて人々が受ける利益を正しく評価したり，またこれを正しく申告させることは

非常に困難である。このため，現代では，もう1つの能力説が有力となっている[3]。

能力説とは，租税は人々の豊かさに応じて徴収されるべきであると主張するものである。この考え方は負担の原則を考えるうえで，最も明瞭で確実なものであるといえるが，各人の受益と負担の関係を切り離して考えるものとなっている。納税者の支払能力は担税力と呼ばれるが，その大きさの指標としては，所得，消費，資産が考えられ，それらをどのように用いるのが望ましい税制であるかは様々な議論がある。

分配の公平を判断する尺度として，通常広く受け入れられているのは所得である。例えば，H.C.サイモンズは，包括的課税ベースとしての所得の概念について，「資産を食いつぶしを行わない限度での最大消費額」，つまり対象期間中の消費支出と資産の純増の和と定義をし，これに該当するものはどのような形態であろうとも所得とみなし，それに課税することが公平の原則に適うと考えた。

一方，所得よりも消費支出を課税ベースとする立場もある。例えば，所得税においては，稼得された所得に課税されるのみならず，所得の一部を貯蓄したことにより生ずる利子所得に対しても再び所得税が課税され，所得税は二重課税となる。よって，支出税の方が貯蓄により得られる所得機会を高め，貯蓄を増加させるので，経済効率のうえで所得税よりも望ましいというものである。また，所得はある人が労働等によりどれだけ社会に貢献したかを示す指標であるが，一方消費は社会が生産した財やサービスのストックをある人がどれだけ使い込んだかを示す指標であるとすると，所得に課税するよりも消費に課税する方が公平であるとする考え方もある。

また，サイモンズの所得の概念については次のような批判もある。この所得概念では，未実現のキャピタル・ゲインや変動所得にも課税がされることから，「ライフサイクル仮説」や「恒常所得仮説」の観点からみれば，担税力の尺度として不適当で，生涯所得や恒常所得を課税ベースとすべきであり，消費支出はその近似的存在であるというものである。つまり，1年間の所得よりも人生

を通じた所得を生み出す稼得能力の方がより公平性の観点から適当であると考え，年々の消費は，毎年の所得によるよりも，人生を通じた恒常的な稼得能力により決まってくるものなので，所得に注目して公平を考えるべきだとの立場からも1年間の所得よりは，1年間の消費を課税ベースとした方が，より公平で望ましいとみなされるという考え方である[4]。

さらに，公平性といった場合，垂直的公平と水平的公平という2つの観点がある。垂直的公平は，大きな経済力を持つ人は，多く払うべきであるという公平概念で，所得の再配分機能と関わりを持ち，所得税の累進課税制度等は垂直的公平の観点にたつもので，応能原則と結びついている。

水平的公平は，等しい負担能力がある人からは等しい税負担を求めるという公平概念である。水平的公平概念を説明する場合消費税が挙げられるが，これは，消費税が逆進的であるという性格を持つからということではなく，消費に課税する方がより負担公平の原則が貫けるという意味からである。

この2つの公平概念も両立することはなかなか難しく，具体的な基準について国民のコンセンサスを得ることは容易ではない。所得税や法人税等の直接税と，消費税等の間接税の割合，いわゆる直間比率をどのようにするかは，この2つの公平概念と密接に関係するものといえる[5]。

また，世代間の公平性という視点もある。例えば，公債による財源調達と租税による財源調達を比較して，公債発行が課税と異なり将来世代への負担転嫁をもたらすかどうかの問題がこの視点である。

実際の税制は，中立，公平，簡素の観点をふまえ，応益性と応能性の組み合わせ，所得と消費と資産の課税ベースの組み合わせ，垂直的公平と水平的公平の組み合わせ等，様々な視点から考えられて成り立っている。しかし，税制に対する国民のコンセンサスを得ることはかなり難しく，新たな租税を導入することは政治的に非常に困難な場合が多い。

最後に，アダム・スミス，アドルフ・ワグナー，リチャード・マスグレイブといった代表的な学者の租税原則を紹介する[6]。

① アダム・スミスの4原則（『国富論』1776年）

これは，いわゆる夜警国家における原則である。

A　公平の原則

これは，税負担は各人の能力に比例すべきであるという原則であり，言い換えれば，国家の保護により各人の獲得できる所得に比例して納税すべきであるというものである。

B　明確の原則

これは，租税は恣意的であってはならないという原則で，支払時期，方法，金額が明白で，平易であるべきであるというものである。

C　便宜の原則

これは，納税者にとって，支払うのに最も便宜な時期と方法によって徴税を行うべきであるという原則である。

D　最小徴税費の原則

これは，租税は徴税費が最も少なく税収を多く挙げるようなものが良税であるという原則である。

② アドルフ・ワグナーの4大原則，9原則（『財政学』1883～1901年）

ヨーロッパにおいて遅れて発展したドイツ資本主義の成熟を背景に，国家の役割の拡大や積極的な財政政策が反映された原則である。

A　財政政策上の原則

　a　十分性の原則

これは，税制は，財政需要を満たすのに十分な租税収入を上げるものでなければならないというものである。

　b　弾力性の原則

これは，税制は，財政の需要に応じて租税収入が弾力的に操作できるものがよいというものである。

B　国民経済上の原則

a　税源選択の原則
　国民経済の発展を妨げないよう，正しく税源の選択をすべきであるというものである。

b　税種選択の原則
　租税の種類は，納税者への影響や転嫁を見極め，国民経済の発展を妨げないよう，税負担の配分が公平になされるべきであるというものである。

C　公正の原則

a　普遍の原則
　税負担は普遍的に配分されるべきで，税については特権階級を認めてはならないというものである。

b　公平の原則
　税負担は公平に配分され，各人の負担能力に応じて課税されるべきであるというものである。

D　税務行政上の原則

a　明確の原則
　課税は明確であり，恣意的であってはならないというものである。

b　便宜の原則
　納税手続は納税者にとって便利なものでなければならないというものである。

c　経費最小の原則
　租税は徴税費が最小限になるようにすべきであるというものである。

③　リチャード・マスグレイプの6原則（『財政－その理論と実際』1973年）

　この原則は，財政理論を体系的に統合したリチャード・マスグレイプにより提唱されたものであり，租税の経済効果の活用という現代的な財政機能をも反映している。

A　公平の原則

税負担は公平に配分されるべきであるというものである。

B　中立性の原則

租税は市場に対する干渉が最小になるよう選択されるべきであるというものである。

C　矯正の原則

租税は，民間部門における非効率を矯正する手段として利用することができるというものである。ただし，できるだけ税体系の公平さに対して干渉が加わらないようにすべきである。

D　安定・成長の原則

税構造は，経済の安定と成長のために財政政策を容易に実行できるものであるべきであるというものである。

E　確実・便宜の原則

税体系は公正であり，かつ恣意的ではない執行を可能とし，納税者にとって理解されやすいものであるべきであるというものである。

F　最小費用の原則

徴税側と納税側双方にとって，他の目的と両立する範囲で，できるだけ安くなければならないというものである。

2　租税の分類

ここで，主な分類についてみていこう。

(1)　国税と地方税

租税は，国，都道府県，市町村がそれぞれ徴収している。この租税を徴収する課税権の主体という観点から，国が徴収する租税を国税と呼び，都道府県又

は市町村が徴収する租税を地方税と呼ぶ。さらに地方税は，道府県税と市町村税に分かれる。

また，国税には，その税収を地方公共団体が使うものとして，地方交付税と地方譲与税がある。地方交付税は，地方公共団体相互間の財政力の不均衡を是正し，地方公共団体における適正な行政水準の維持を図るため，地方交付税法により，所得税，法人税，消費税，酒税，たばこ税の国税5税の収入額の一定割合を，一定の基準に基づき地方公共団体に配分・交付するものである[7]。

地方交付税の使途は地方公共団体がみずから決定できる一般財源であり，補助金とは全く異なる。地方交付税制度をめぐっては，交付総額の問題や格差是正，地方公共団体間配分の問題等多くの問題点を抱えている。なお，地方財政調整システムには，国の交付金は介在せず，財源の豊かな地方公共団体から財源の乏しい団体へという，地方公共団体間のみの「水平的財政調整」システムもあるが，わが国では実施されていない。

では，地方交付税交付金の算定方法（地方交付税を地方公共団体に配分・交付するための一定の基準）についてその概略を説明していこう。

まず地方交付税の種類には，普通交付税と特別交付税がある。普通交付税は，基準財政需要額が基準財政収入額を上回る地方公共団体に対してその不足額を補填するために交付するものである。普通交付税額は交付税総額の94％に相当する額である。特別交付税は，普通交付税の算定に用いられた基準財政需要額の算定方法によっては補足されなかった特別の財政需要がある場合に，その地方公共団体に交付するものである。特別交付税は交付税総額の6％に相当する額を別枠としてとっている。地方交付税を交付される団体は「交付団体」，交付されない団体は「不交付団体」となるが，近年，わが国では，不交付団体の数は少なく，大部分の地方公共団体が交付団体である。

普通交付税の算定方法についてもう少し詳しくみてみる。基準財政需要額と基準財政収入額を用いるということであるが，これには交付税の算定において，各地方公共団体の需要と財政力の両者を連動させながら考慮し，一括して格差を是正しようという考え方がある。

基準財政需要額は,「警察費」,「小学校費」等の行政項目ごとに,（単位費用）×（測定単位）×（補正係数）の算式により求められる。

　単位費用とは，都道府県，市町村の各行政項目ごとに，標準的条件を備えた地方公共団体を想定し，その団体が合理的かつ妥当な水準で行う際の経費額で，全国均一の推計金額である。測定単位とは，各行政項目ごとに，人口，面積等その量を測定する単位である。補正係数とは，単位費用が全国均一の金額であるため，各地域の特性をしん酌するための係数である。例えば，補正係数には，種別補正，段階補正，密度補正等数多くの係数がきめ細かく用いられている。

　基準財政収入額とは，各地方公共団体の財政力を合理的に測定するために，当該地方公共団体について地方交付税法第14条の規定により算定した額である。具体的には，地方公共団体の標準的な税収入の一定割合により算定された額であり算式は以下のようである。

$$標準的な地方税収入 \times \frac{75}{100} + 地方譲与税等$$

　基準財政収入額の算定の対象となるのは，法定普通税を主体とした標準的な地方税収入である。

　基準財政収入額のうち，地方税（これに相当するものを含む）に関する部分については，標準税率（標準税率の定めのない税目は，地方税法に定める率）に75％あるいは100％の算入率を乗じて算定する。したがって，地方公共団体が超過税率若しくは軽減税率を採用している場合であっても，標準税率を用いて基準財政収入額を算定する。算入率を用いるのは，地方公共団体の自主性，独立性を保障し，自主財源である地方税の税源涵養に対する意欲を失わせないようにするためである。

　なお，三位一体の改革による国庫補助負担金の廃止・縮減に伴う税源移譲により財政力格差が拡大しないようにしつつ，円滑な財政運営，制度の移行を確保するため，所得税から個人住民税への税源移譲相当額を当面100％算入する。

　財政力指数とは，各地方公共団体ごとに，基準財政収入額を基準財政需要額

で除した数値（3年間の平均）であり，地方公共団体の財政力を測定する尺度とされている。この指標は必要とされる一般財源のうち，どの程度を税収入により賄えるのかを示している。財政力指数が1を超えれば，地方交付税の不交付団体（財源超過団体）となる。

地方譲与税は，地方公共団体の特別の行政需要に照らして，その財源を補うために，国税として徴収した租税（地方揮発油税（旧地方道路税），石油ガス税，自動車重量税，特別とん税，航空機燃料税）を，各種譲与税法に基づき，客観的基準により地方公共団体に譲与するものである。また，平成20年度税制改正により，国税として地方法人特別税が創設され，それに伴い，国が都道府県に再配分，譲与する地方法人特別譲与税も創設されている。

地方揮発油譲与税，石油ガス譲与税，自動車重量譲与税は，平成20年度までは道路費用に使途が特定されていたが現在は条件・制限なく使用することができ，特別とん譲与税及び地方法人特別譲与税は条件・制限なく使用することができ，航空機燃料譲与税は騒音による障害防止・空港対策に使途が限定されている。

これらの地方譲与税の譲与の方法について簡単に説明する。地方揮発油譲与税，石油ガス譲与税，自動車重量譲与税については，徴収地に関係なく，道路の延長及び面積の客観的基準等により譲与額が算定される。特別とん譲与税は，徴収地の地方公共団体にその収入額が譲与され，航空機燃料譲与税は空港関係の都道府県及び市町村に譲与される。地方法人特別譲与税は，人口及び従業者数を基準として都道府県に譲与される。

(2) 内国税と関税

国税は内国税と関税に分かれる。外国からの輸入貨物に課されるものを関税と呼び，それ以外のものを内国税という。内国税は，原則として，国税庁の組織系統（財務省主税局，国税庁，国税局，税務署）により賦課・徴収されるのに対し，関税は，税関により賦課・徴収される。ただし，内国消費税の対象と

される貨物が輸入される場合，関税とあわせて税関により課税されることになっている。

　また，関税には，財政収入を主な目的とする「財政関税」と，財政収入自体よりは国内産業の保護育成を目的とする「保護関税」がある。現在，日本を含め，先進諸国では保護関税が一般的となっている。

　広義の関税には狭義の関税のほかにとん税，特別とん税が含まれる。とん税は，開港に入港する外国貨物船に対し，その純とん数を課税標準として課される。特別とん税は，とん税と同じ性質の租税で，前述したように，開港所在地の地方公共団体に財源を譲与するための地方譲与税として設けられている。ちなみに，国税といえば，一般的には内国税を指す。

　国税通則法，国税徴収法，国税犯則取締法等は内国税に関する一般法であって，関税（広義）には適用されない。関税（広義）については関税法，関税定率法，とん税法，特別とん税法等の法典が別個に存在している[8]。

(3)　直接税と間接税

　転嫁の有無を基準とする区別（課税方式の違いによる分類）で，一般的には，法律上の納税義務者と租税を実際に負担する納税負担者とが一致することを立法者が予定している租税を直接税と呼び，税負担の転嫁が行われ，法律上の納税義務者と租税を実際に負担する納税負担者とが一致しないことを予定している租税を間接税と呼ぶ[9]。

　しかし，転嫁の有無は必ずしも租税の種類によって一様ではなく，そのときの経済的諸条件によって左右されるので，転嫁の有無を区別の基準とするのは必ずしも適切でない場合がある。そこで，最近では，むしろ，所得や財産等担税力の直接の標識と考えられるものを対象として課される租税を直接税と呼び，消費や取引等担税力を間接的に推定させる事実を対象として課される租税を間接税と呼ぶことが多い[10]。

　直接税の代表例は，所得税，法人税，相続税等であり，間接税の代表例は，

消費税等である。この区分は，法解釈学の観点からというよりも，財政学上，いわゆる直間比率（直接税と間接税の比率）をどのようにするか等といった議論で広く使われている。

つまり，直接税は所得税等に代表されるように累進的であるのに対し，間接税は消費税等に代表されるように比例的あるいは逆進的であると考えられ，直接税と間接税をどのように組み合わせて公平な税制を実現していくか問題となるところである。

ちなみに，税法上では，国税犯則取締法において直接国税と間接国税という言葉を用い，間接国税に対して，直接国税とは異なり，刑罰に代わるものとして通告処分という簡易な手続が定められているというように規定があるが，間接国税については，国税犯則取締法施行規則において具体的に列挙されている（国犯法14条，国犯規1条，間接国税として，課税貨物に課される消費税，酒税，たばこ税，揮発油税，地方揮発油税，石油ガス税，石油石炭税が挙げられている）。

(4) 収得税・財産税・消費税・流通税

これらは，担税力の標識及び課税物件（あるいは課税客体）の相違を基準とする分類である。課税物件とは，課税の対象とされる物・行為又は事実のことで，納税義務が成立するための物的基礎をなす。地方税法では課税客体と呼び（地法3条1項），消費税法では課税の対象といっている（消法1条）。

収得税は，人が収入を得ているという事実を捉えて課される税である。この収得税は，さらに，ある人の総合的担税力の標識である所得を直接対象として課される所得税と，ある人の所有する生産要素からもたらされる収益を対象として課される収益税に分かれる。この所得税には，所得税，法人税，住民税等が属し，収益税には，事業税や鉱産税等が属する[11]。

次に財産税は，財産の所有という事実を捉えて課される税である。財産税は，さらに，財産全体に対して課される一般財産税と，特定の財産に対して課され

る個別財産税に分かれる。一般財産税は財産全体に課税されるものであるが，その中にも，臨時的に課されるものと，毎年繰り返して課されるものがある。個別財産税は特定の財産を対象として課税されるもので，固定資産税や自動車税等がある。なお，財産自体を税源として予定する実質的財産税と財産がもたらすであろう収益を予想して課される名目的財産税という分類もある[12]。

　また消費税とは，人が物品又はサービスを消費するという事実を捉えて課される税である。この消費税は，消費行為そのものを直接対象とする直接消費税（課税標準は一般に消費行為の対価である）と，メーカー，卸業者，小売業者により納付された税が価格に含められ，最終的に消費者に転嫁していくことが予定されている間接消費税（課税標準は物品又はサービスの対価の金額又は数量である）がある。直接消費税には，ゴルフ場利用税や入湯税等がある。間接消費税には，課税対象として，特定の物品又はサービスを対象とする個別消費税と，原則としてあらゆる物品又はサービスを対象とする一般消費税がある。また，課税の段階により，製造から小売りに至る1つの取引段階で課される単段階消費税と，複数の取引段階で課される多段階消費税がある。わが国の「消費税」は，多段階一般消費税となる[13]。

　最後に，流通税とは，権利の取得・移転を始め各種の経済取引又は経済取引の表現である事実的ないし法律的行為を対象として課される税である。これには，登録免許税，印紙税，不動産取得税等がある[14]。

(5) その他の分類

① 人税と物税

　人税とは，主に人的側面に着目し所得や財産が帰属している個人を中心に考えて課される税である。人税には所得税や相続税等が属する。これに対し，物税は，主に物的側面に着目し客観的に財産や収益を捉えて課される税である。物税には消費税や固定資産税等が属する。

② 従量税と従価税

　課税単位を何に求めるかにより生ずる区分で，物品の数量を課税標準として算出する租税を従量税といい，物品の価格を課税標準として算出する租税を従価税という。

③ 一般税（普通税）と目的税

　使途を特定せず一般経費に充てる目的で課される税を一般税又は普通税といい，最初からその特定の経費に充てる目的で課される税を目的税という。租税は，基本的には特定の使途に拘束されず，政策のプライオリティに従って歳出に計上されていくべきで，目的税は財政の硬直化を招きやすいことからも，一般税（普通税）が基本となっている。

　また，特定財源と呼ばれるものがあり，これは目的税とは異なり，税法上は使途が特定されていないが，財政上の措置として，その税収の全部又は一部が特定事業の財源に充てることが法定されているものである[15]。

　具体的に，特定財源とされるのは，使途が譲与税法又は特別会計法で特定されている場合，その他の法律で特定されている場合及び法律に基づかず事実上の措置として特定されている場合の３つの場合がある。平成21年度の改正前までは，揮発油税を始めいくつもの租税が特定財源とされていたが，平成21年度の改正で，揮発油税の税収を道路特定財源とする制度は廃止され，また，地方道路税は地方揮発油税と改称されて，その税収は一般財源として地方公共団体に譲与することとされた。さらに，自動車取得税及び軽油引取税も，目的税から普通税に改められた。現在，全部又は一部が特定財源とされているのは，牛肉等関税，航空機燃料税，たばこ特別税，自動車重量税，石油石炭税である[16]。

④ 独立税と附加税

　国又は地方公共団体が他の租税と関係なく個別に課税するものを独立税といい，他の団体の課税した租税を基準としてその上に賦課して課税するものを附加税という。附加税を課される基準となる税を本税といい，附加税は本税に対

する一定の制限率を定めて課される場合が多い。例えば所得税に対する住民税及び事業税等のように，実質的に国税附加税化が進んでいるものもあるが，わが国の地方税は，昭和25年度の税制改革で独立税となった[17]。

課税標準を同一とするものでも，別個の租税として課されるものは附加税ではない[18]。

⑤ 経常税と臨時税

経常税とは毎年課される税であり，臨時税とは戦後の財産税のように臨時，非常時に課される税である。

⑥ 費用税と利潤税

収得税の対象である企業の所得の計算上，損金として控除できるものかどうかの区分で，控除できるものを費用税といい，控除できないものを利潤税という。費用税には固定資産税，事業税等があり，利潤税には所得税や法人税等がある。

⑦ 財政税と規制税

税を課す目的による区分で，収入を得る目的で課されるものを財政税といい，それ以外の経済政策的ないし社会政策的に課されるものを規制税という。今日の税は両者の要素を併せ持つものが多いが，例えば最近のわが国においては，地価税はバブル期の土地の高騰を抑制する目的で設けられたもので，規制税の性格を強く持つものと考えられる。

⑧ 期間税と随時税

所得税や法人税のように，年・月等により定期に課される税を期間税といい，相続税や贈与税等のように，課税物件が随時に生ずる税を随時税という。

⑨ 累進税，比例税，逆進税

　税率構造の相違による区分で，課税標準が増加するに従い税率が逓増する形態の累進構造を持つ税を累進税，課税標準と税額が常に一定の割合を保ち，課税標準に課される税が一定率のものを比例税，課税標準が減少するに従い，これに対する税の割合が次第に増加するものを逆進税という。

⑩ 申告納税の租税とその他の租税

　これは，納税義務の確定方式の相違による区分である。国税通則法では，納税義務の確定方式として，申告納税方式と賦課課税方式の2つが規定されている。

　申告納税方式は，納税者が課税標準及び税額を税務署長にみずから申告することにより納税義務が確定するものである。賦課課税方式は，税務署長の処分により納税義務が確定するものである。

　このほかに，特別の課税手続を要しないで法律上当然に納税義務が確定するものがある。これには，源泉徴収等による源泉所得税等の国税，予定納税の規定により納付すべき所得税等が該当する。

　国税の多くは申告納税方式が採用されている。賦課課税方式が採用されている国税は，特殊な場合の消費税等，各種加算税及び過怠税である。

　地方税については，国税でいう申告納税方式に対応するものが申告納付，賦課課税方式に対応するものが普通徴収という用語が用いられている。地方税の多くは賦課課税方式（普通徴収）が採用されている。申告納付の方式が採用されている税目は，法人住民税，法人事業税，自動車取得税，特別土地保有税等である[19]。

(6) 課税ベース（所得課税・消費課税・資産課税）

　本章第1節(2)で述べたように，担税力の大きさの指標として，所得，消費，資産が考えられ，これにより，所得に課税すべきか，消費に課税すべきか，資

産に課税すべきか，またこれらをどのように組み合わせるのが望ましい税制であるかという課税ベースの議論は，税法体系を考えるうえで重要な視点である。そこで，所得課税，消費課税，資産課税について簡単に説明する[20]。

所得課税は稼得力を税負担のベースとする。所得は担税力を示す指標として第一に挙げられるものであり，所得税や法人税は所得課税の代表例である。所得課税は，今後もわが国の税法体系の中心となるものであると考えられる。しかし，業種間の不公平，高齢化，国際化等の観点から，所得課税にのみ偏ることは問題があり，具体的に述べると次のようになる。

業種間の不公平についてよくいわれてきているのが，サラリーマンのような給与所得者は源泉徴収制度により税が徴収され，給与所得はガラス張りでほぼ完全に把握されるが，事業所得者はみずから所得と納税額を計算するので，何らかの裁量の余地があり，ここに給与所得者と事業所得者の間に不公平があるというものである。

高齢化の観点であるが，今日わが国を始めとして先進諸国においては長寿化，少子化傾向にあり，よって高齢化が加速度的に進み，所得を稼ぐ働き手は相対的に減少してきている。そうなると，所得課税に過度に頼りすぎる税制では，働き手に対する所得税負担はかなり大きなものになり，働き手の活力を削ぐことになると考えられる。

国際化の観点については次のようなことがいえる。今日のように，法人や個人の移動が国際的に容易に行われるようになると，法人に対する法人税の課税や個人に対する所得税の課税がより小さい国へ法人や個人が移転し，法人や高額所得者が流出する可能性が高いため，経済の空洞化を招く恐れが生ずるというものである。

よって，法人税率の引下げや所得税における累進税率の緩和等により，過度に所得課税によらない税制とすべきであるという考え方もある。

なお，無税国や極端に税率の低い国へ財産や資本を移転させたり，所得を逃避させようとするのを本国が防止する目的で，タックス・ヘイブン対策課税がわが国においてもとられている。タックス・ヘイブン（税の逃避行）には次の

ような種類があるとされる[21]。

① **タックス・パラダイス**
法人の所得に対する税が全くない，あるいは極めて低い国又は地域。

② **タックス・シェルター**
国内源泉所得については通常の法人税が課されるが，国外源泉所得については無税又は極めて低い税率である国又は地域。他国からの課税が排除されることになる。

③ **タックス・リゾート**
一般的には通常の法人税が課されることとされているが，特定の事業等について特典が与えられている国又は地域。

④ **タックス・ホリディー**
臨時的にある期間について，免税策が行われている国又は地域。

次に消費課税について述べる。これは，消費に担税力を見出し消費に課税するものであり，前述したように，水平的公平の観点からすると，所得課税に比べて，消費課税の方がより公平であるといえる。

消費課税の代表例はわが国では消費税である。その他，酒税，たばこ税，揮発油税，地方揮発油税，石油石炭税，石油ガス税，地方消費税，ゴルフ場利用税，自動車税等がある。なお，平成22年12月に閣議決定された平成23年度税制改正大綱によれば，平成23年10月より，石油石炭税に「地球温暖化対策のための課税の特例」を設け，CO_2排出量に応じた税率を段階的に上乗せし，この増税部分を環境税と位置付けることになっている。

ところで，税法体系の議論をする場合，この所得，消費，資産課税の議論と，直間比率の議論がなされるが，前者は課税ベースをどこに求めるかといった担税力の指標による分類で，後者は課税方式の違いによる分類であり，議論の視点は異なる。しかし，例えばわが国の税法体系を考える場合，所得課税の多くを占める租税が直接税である所得税と法人税であり，消費課税の多くを占める租税が消費税であるので，両者の分類は連動しているといえる。

最後に資産課税について述べる。これは，土地，家屋，有価証券等資産の保

有及び取得（移転）に担税力を見出し課税するものである。資産の保有に対するものとしては，わが国では，地方税の固定資産税，特別土地保有税等や，国税の地価税等がある。地価税は，バブル期における地価の上昇を抑制する目的で，平成3年度税制改正において創設されたものであるが，平成10年以後の各年の課税時期においては地価税を課さない旨が規定され凍結状態になっている（措法71条）。

取得や移転に対するものとしては，地方税の不動産取得税，国税の相続税，贈与税等が挙げられる。なお，例えば土地や株式の譲渡等のような資産の処分により生じた所得に対する課税は所得課税の分野に入れ，流通税である印紙税，登録免許税等は資産課税に含める。

3 税法体系

(1) 国　　税

国税は，前述したように，内国税と広義の関税に分類される。よって，内国税と広義の関税に関する法律体系は別個になっている。広義の関税については，関税法，関税定率法，とん税法，特別とん税法等から成り立っている。

内国税の法体系は，国税通則法，各種税法，国税徴収法，そして国税犯則取締法から成り立っている。

これらのうち，国税通則法，国税徴収法，国税犯則取締法の3税法は，内国税に関する法体系において，一般税法ないしは総則税法と呼ばれる領域の中心部分を構成し，各種税法全体に対する法律であり，全体としては，どちらかといえば手続法的性格が強いものといえる[22]。

各種税法は各租税ごとの個別税法から成り立つもので，一税目一税法の税法体系をとっている。ただ，贈与税だけは相続税とともに相続税法に規定がある。贈与税以外は，例えば，所得税は所得税法，法人税は法人税法，消費税は消費税法，酒税は酒税法という具合である。

第1章 税法序説

　国税(内国税)の場合，各種税法の特例法として，租税特別措置法がある。各種税法が半永久的に続く法律であるのに対し，租税特別措置法は時限立法である。租税特別措置法は各種税法の原則的規定を修正するものであるが，政策的配慮に基づくものが多い。

　ではここで，一般税法ないし総則税法をなす国税通則法，国税徴収法，国税犯則取締法について簡単にみてみる。各種税法については，その主なものを第2章で述べることにする。

　国税通則法は，いわば税法の総則といった性格の法律であって，わが国の国税が一税目一税法体系で多数の単行法からなり，規定が不備・不統一なうえ，租税法律関係をめぐり種々の疑義が生じているため，税法の体系的整備と国税に関する法律関係の明確化を目的として制定されたものである[23]。

　この法律は，もとは各種税法に規定されていたものをとり出して，昭和37年に制定された法律である。具体的には，国税の納付義務の承継等，申告納税，賦課課税，更正・決定等の期間制限，納税の猶予等，加算税，延滞税及び利子税，不服審査及び訴訟等の規定がある。

　なお，平成23年1月に国会に提出された「所得税法等の一部を改正する法律案」によれば，この国税通則法は，題名が「国税に係る共通的な手続並びに納税者の権利及び義務に関する法律」に改められることになっている。この法律においては，国税庁長官が，一連の税務手続に関する事項について，平易な表現を用いて簡潔に記載した文書(「納税者権利憲章」)を作成し，これを公表することが規定されている。また，同法において，更正の請求期間等の延長，税務調査手続の見直し等も行われている。

　国税徴収法は一般的にいうと手続法にあたるもので，各種税法に共通して適用されるという意味では国税通則法と同様であるが，国税についての強制徴収手続，つまり滞納処分に関することを規定するという点で，国税通則法に対して特別法的地位にたっている[24]。

　現行の国税徴収法は，昭和34年に，それまでの旧国税徴収法を大改正したものである。具体的には，国税に優先する債権等国税と仮登記又は譲渡担保に係

21

る債権との調整，法定納期限等，第二次納税義務，滞納処分と第三者の権利の保護，差押禁止財産，換価の猶予，滞納処分の停止，保全差押，不服申立て等の期限の特例の規定があり，国税の滞納処分の手続及び国税と他の債権との優先劣後の関係について定められている。

　国税犯則取締法は，戦前からの古い法律で明治33年に制定されたものであるが，脱税者に対して刑罰を課するための法律で，いわば税についての刑法であるが，若干の刑事訴訟法的な手続規定も含まれている[25]。

　この法律も各種税法に適用されるという意味で一般法である。この法律は税務職員による犯則調査の手続を規定しており（前述したように，間接国税に関する事案についてはほかに税務署長等の通告処分制度を規定している），刑事訴訟法の特別法としての性格を有している[26]。

　具体的には，質問・物件の検査・領置（差押え等と並ぶ押収の一方法で，任意提出した物，遺留した物の占有を取得する強制処分をいう），臨検・捜索・差押え，差押え・領置の手続，要急事件の臨検等，捜索の際の立会，夜間の臨検等，通告処分と告発，罰則，申告義務違反等の罪についての規定がある。

　次に，税法の下位法令について簡単に説明してみよう。

　一般的に法律は上位法と考えられ，語尾に「法」がつく。この法律の下に政令や省令という命令があり，下位法令であると考えられる。よく法令という言葉が用いられるが，これは法律と命令を指す。税法の場合，政令は各税法の語尾に「施行令」，省令は「施行規則」がつく。例えば，法人税法の場合は，政令が法人税法施行令，省令が法人税法施行規則となる。政令とは内閣が定めるもので，省令とは管轄する各省庁大臣が定めるものである。なお，国税については財務省令，地方税については総務省令となっている。

　前述したように，租税法律主義に基づくため，下位法令である政令や省令に白紙委任することはできないので，法律の中に「……の規定に関して必要な事項は，政令で定める」，「……その他○○省令で定める事項を記載して……」等の文言で表現される。政令や省令は，法律で規定した事項を明示的にかつ具体的に定めたものであるといえる。

法令以外に通達と呼ばれるものがある。通達とは，上級行政庁が法令の解釈や行政の運用方針等について，下級行政庁に対してなす命令ないし指令である。税法の場合は，国税庁長官又は国税局長が下部機関に対して発するものとなる。訓令と呼ばれるものもあるが，通達と比較して職務上の命令という本質的な点では変わりはなく，作文形式で作られ，すべて例規で，例規とは，一般的，基本的準則となるもののことで，職員にとっては国の規則（法令）と同じ効果を持つことになる。訓令の例には，酒税事務規定や消費税事務規定等が挙げられる[27]。

租税通達には，形式的には基本通達と個別通達がある。基本通達は，例えば国税通則法基本通達，法人税基本通達，財産評価基本通達等が挙げられ，各租税法律の条文の順序に基本的な事項及び重要な事項について解釈や運用方針を体系化した通達である。個別通達は，基本通達以外の事項又は新たに生じた事項について個別に租税法律の解釈や運用方針を示す通達である[28]。

内容的にみると，租税通達は，解釈通達，留意通達及び執行通達に分類できる。解釈通達とは法令の解釈や適用の基準を示したものであるが，納税者にとって最も重要である通達であるといえる。留意通達とは，法令の立法趣旨，具体的計算例，当該法令に関する他の法令の内容等を解説するものである。執行通達とは，課税庁内部の単なる執行手続等を定めるものである[29]。

通達の性格についていえば，通達は国税庁長官の見解であり法令ではないので，例えば，ある財産の評価が通達と異なる基準で行われたとしても，それが直ちに違法となるわけではない。つまり，通達は租税法の法源ではないのである。一方，日々の租税行政はかなりの部分を通達に依拠している。これは，各税務署が独自の判断で租税法を解釈，運用すれば，租税行政が混乱に陥ることになるからであるといえる[30]。

通達は形式的には納税者を拘束しないものであるが，それが争われて裁判所が通達の内容を肯定するような判決を出した場合，その通達は判例となり，いわば判例法として以後法律同様の拘束力を持つことになるとみることもできる[31]。

(2) 地方税

　地方税の法体系は，国税のものとは大きく異なり，地方税法という単一の統合法典から成り立っている。地方税法には，地方税に関する通則規定のほかに，住民税，事業税，固定資産税等のすべての租税項目が含まれており，全税一法律という形式になっている。

　よって，地方税法は極めて膨大な法律であって，前述した国税の税法体系の4つの法律系（国税通則法，各種税法，国税徴収法，国税犯則取締法）をもすべて一法に準用して適用していくというやり方になっており，国税の全法律体系が，そのまま相似形で地方税法の中に納められているといえる[32]。

　さて，まず地方税法において，地方公共団体（道府県及び市町村）は，地方税法（道府県税及び市町村税）の定めるところによって地方税を課することができるとの規定がある（地法2条）。一方，地方公共団体は，その地方税の税目，課税客体，課税標準，税率その他賦課徴収について定めをするには，当該地方公共団体の条例によらなければならないとされている（地法3条1項）。さらに，地方公共団体の長（道府県知事及び市町村長）は，条例の実施のための手続その他その施行について必要な事項を規則で定めることができる（地法3条2項）[33]。

　このような地方税法の規定をみると，地方税法と条例の関係がどのようになっているのかということが問題になる。つまり，地方税法において，地方税法の定めるところによって地方税を課することができるとしながらも，その地方税の税目等について定めをするには，当該地方公共団体の条例によらなければならないともなっているのである。

　憲法92条で「地方公共団体の組織及び運営に関する事項は，地方自治の本旨に基いて，法律でこれを定める」とし，さらに同94条で「地方公共団体は，その財産を管理し，事務を処理し，及び行政を執行する権能を有し，法律の範囲内で条例を制定することができる」と規定している。

　よって，地方公共団体が課税権を持つことは地方自治を行うために不可欠な

要素であり，憲法上の自治権の一環として課税権を持ち，それによって自主的にその財源を調達することができるという自主財政主義が根底にあると考えられる。

このように考えると，国税の租税法律主義に相当するものとして，地方税においては租税条例主義が考えられる。もっとも，地方税については，国会の法律で課税要件を定めなければならないという意味での租税法律主義は妥当しないと解すべきであろう[34]。

それでは，地方税法はどのような法的性格を持っていると考えるべきであろうか。まず，地方税法は各地方公共団体が条例を制定するにあたり統一的な標準を示す標準法の性格を持っているといえる。一方，単なる標準法ではなく，「法律の範囲内で条例を制定する」と憲法にあるように，国の法律である地方税法の規定に違反できないので，枠法としての性格ももち合わせていると考えられる[35]。

わが国の場合，地方分権一括法が平成12年4月より施行され，地方分権の時代が叫ばれてはいるが，依然として中央集権の性格が強く，租税条例主義とはいっても，標準法であり枠法である地方税法にかなり依拠しているものといえよう。このような状況の中，法定外税は，地方税法にはなく条例のみにより制定できる税目で，まさに租税条例主義が直接的に表れているものと考えられる。

では法定外税について説明する。地方公共団体が課税するものとされる税目は，前述したように，原則的には地方税法に列挙されている普通税及び目的税，すなわち法定税目に限られるが，地方公共団体がその財政収入の自主調整を図る余地を設ける観点から，都道府県，市町村は，法定税以外に，別に税目を起こして普通税あるいは目的税を課すことができるものとされており（地法4条3項，6項，7項，5条3項，7項），これを法定外税という。法定外目的税は，平成12年4月1日より新設されたもので，法定外普通税，法定外目的税ともに総務大臣との同意を要する事前協議制により，地方公共団体が制定できるようになった（地法259条，669条，731条1項，2項）。

ちなみに，法定外税の新設又は変更は，以下の事由のいずれかがあると認め

25

られる場合を除き，同意されるものとされている（地法671条，733条）。

> ① 国税又は他の地方税と課税標準を同じくし，かつ，住民の負担が著しく過重となること。
> ② 地方団体間における物の流通に重大な障害を与えること。
> ③ ①及び②に掲げるものを除くほか，国の経済施策に照らして適当でないこと。

　従来は法定外普通税について許可制がとられ，それが同意を要する事前協議制になったわけだが，現実問題として①から③に掲げた場合を除いた処理基準が，許可制と比べてどの程度地方公共団体が法定外税を新設しやすくなったか議論の余地はあろう。

　地方税の税率について説明する。これは各地方公共団体が条例により定めることとされているが，標準法かつ枠法である地方税法により無制限というわけにはいかない。まず大部分の税目については，標準税率が定められている。標準税率とは，地方公共団体が課税する場合に通常よるべき税率として法定されている税率をいう。地方公共団体は財政上の特別の必要がある場合には，これと異なる税率を定めることができる。標準税率を超える税率で課税する場合には，特定の税目についてはその上限が設けられており，これを制限税率という。地方税の税率は，一般に標準税率と制限税率を組み合わせて規定されている。

　地方税の税目の中には，地方公共団体の選択の余地を認めず，課税する場合にはこれ以外の税率によることを許されないものもある。この税率を一定税率という。例えば，地方消費税や特別土地保有税等の場合である。逆に，地方税法上特に何らかの定めをせず，地方公共団体の判断に委ねている税目があり，地方公共団体が条例で任意に定めることができる税率を任意税率と呼ぶ。例えば，水利地益税，法定外税等の場合である。

4　徴収手続等

(1)　更正及び決定

　所得税や法人税等多くの国税は申告納税方式により納税義務が確定する。納税申告には，期限内申告（国通法17条），期限後申告（国通法18条1項）及び修正申告（国通法19条）の3種類がある。期限内申告が基本的な納税申告である。期限後申告とは，期限内申告書を提出すべきであった者等が提出期限後において決定があるまでに申告することをいう。修正申告とは，納税申告書の提出者又は決定を受けた者が，その申告等について更正等があるまでに，その申告等に係る課税標準等又は税額等を増額する申告をいう。

　申告等によりいったん確定した課税標準等又は税額等を自己に有利に変更すべきことを税務署長に求めることを，更正の請求という。更正の請求ができる場合とは次の3つの場合であり，提出した申告書に係る国税の法定申告期限から1年以内に請求できる（国通法23条1項）。なお，平成23年度税制改正により，更正の請求を行うことができる期間は，平成23年4月1日以後に法定申告期限等が到来する国税より，5年に延長されることになった。

① 　その申告書に記載した課税標準若しくは税額の計算が国税に関する法律の規定に従っていなかったこと，又はその計算に誤りがあったことにより，その申告書の提出により納付すべき税額が過大であるとき。
② 　①の理由により，その申告書の純損失等の金額が過小であるとき，又はその申告書に純損失等の金額の記載がなかったとき。
③ 　①の理由により，その申告書の還付金の額に相当する税額が過小であるとき，又はその申告書に還付金の額に相当する税額の記載がなかったとき。

次に，申告書に記載された課税標準や税額等が税務官庁の調査の結果異なる場合には，その内容を変更する必要が生じ，この変更を行うために税務官庁が行う手続を更正という（国通法24条）。
　更正には，すでに確定している税額を増額させ，あるいは還付金の額を減額させる増額更正と，その税額を減少させ，あるいは還付金の額を増額させる減額更正がある。
　更正は納税申告書の記載内容の是正処分で有申告の場合であるが，納税義務者が申告義務を怠り無申告の場合，税務官庁がその課税標準や税額等を確定させるために行う手続を決定という（国通法25条）。
　更正や決定は，税務署長が更正通知書又は決定通知書を納税者に対して送達して行われるが，これには一定の期間制限が定められている（国通法70条）。例えば，通常の更正は，期限内申告後の更正の場合法定申告期限から5年であり，決定は法定申告期限から5年である。なお，平成23年度税制改正により，前述した更正の請求の期間が5年に延長されることに伴い，併せて，課税庁が増額更正できる期間が，平成23年4月1日以後に法定申告期限等が到来する国税より，5年に延長されることになった。
　このように更正や決定は税務官庁側から行う課税標準や税額等の変更・確定のための手続であるが，これらの処分があるまでは納税者側からすでに提出した納税申告書に記載された課税標準や税額等を増額させる修正申告，期限後申告を行うことができる。納税者側から減額更正を求める手続は，更正の請求である。

(2) 附帯税

　国税の附帯債務は附帯税と呼ばれるが，これには，延滞税，利子税，加算税及び過怠税がある。地方税法では，延滞税に相当する附帯債務を延滞金といい，加算税に相当する附帯債務を加算金という。
　延滞税は，国税の全部又は一部を法定納期限内に納付しない場合に，その未

納税額に対して課される附帯税で,司法上の債務関係における遅延利息に相当し,遅延損害的性格を有するものである(国通法60条)。延滞税の額は,その国税の法定納期限の翌日から,その国税を完納する日までの日数に応じて,次の年率を乗じて計算した金額となる。

納期限までの期間又は納期限の翌日から2月を経過する日までの期間については7.3%(ただし,平成12年1月1日以降は,7.3%と前年11月30日現在の公定歩合に年4%の割合を加算した割合とのいずれか低い割合),2月を経過した後については14.6%。

利子税は,延納(所得税や相続税)又は納税申告書の提出期限の延長(法人税)が認められた場合に,その延納税額や期限延長に係る確定申告税額に対して課される附帯税で,約定利息の性質を有するものである(国通法64条)。利子税の額は,延納の期間又は納税申告書の提出期限の延長について税務署長が指定した期日までの期間の日数(相続税については月数)に応じ,各税法に定める割合を乗じて計算した金額である。

加算税は,申告納税制度及び徴収納付制度の定着と発展を図るため,国税に関する法律の適正な執行を妨げる行為や事実の防止さらには制裁処置の性質を持つ負担として課される附帯税である。加算税には,過少申告加算税,無申告加算税,不納付加算税及び重加算税の4種類がある(国通法65, 66, 67, 68条)。

過少申告加算税は,期限内申告書が提出されている場合,還付申告書が提出されている場合,期限後申告書が提出された場合において期限内申告書の提出がなかったことについて正当な理由があると認められる場合のいずれかの場合に,その修正申告や更正に基づき納付すべき税額に一定の割合で課されるものである。一定の割合とは,その税額の100分の10の割合である。ただし,その増差税額のうち,期限内申告税額相当額又は50万円のいずれか多い金額を超える部分については,100分の15の割合とされる。

無申告加算税は,期限後申告書の提出又は決定があった場合,期限後申告書の提出又は決定があった後に修正申告書の提出又は更正があった場合のいずれかの場合に,その申告,更正又は決定に基づき納付すべき税額に一定の割合で

課されるものである。一定の割合とは，その税額の100分の15の割合である。ただし，その納付すべき税額が50万円を超える部分については，100分の20の割合等とされる。

不納付加算税は，源泉徴収等により徴収して納付すべき国税がその法定納期限までに完納されなかった場合に，法定納期限までに納付されなかった税額に一定の割合で課されるものである。一定の割合とは，その税額の100分の10の割合である。ただし，納税の告知を予知しないで期限後に納付したときは，100分の5の割合等とされる。

重加算税は，上記の各種加算税が課される事由がある場合において，その事由についてその基礎となるべき事実の全部又は一部を隠ぺいし，又は仮装したところに基づいて申告書を提出し，又は法定納期限までに納付しなかった場合等にそれぞれの加算税に代えて一定の割合で課されるものである。一定の割合とは，その税額の100分の35の割合である。ただし，無申告加算税が課されるべき場合において，仮装隠ぺいの事実があるときは，無申告加算税に代えて，100分の40の割合とされる。

(3) 滞納処分

滞納とは，納税者が納期限までに税金を完納しないことをいう。税金を滞納した場合には，国又は地方公共団体は，まず納期限から50日以内に納税者に対して督促状（書面）で督促を行う（国通法37条1項，2項）。督促状の発送は，その後の差押え等の前提となる重要な手続である。滞納税額については，(2)の延滞税のところを参照されたい。

この督促を行ったが，それでもなお税金が完納されない場合には，強制力により税金の徴収が行われることになるが，この強制力による措置を滞納処分という。滞納処分は，債権者たる国又は地方公共団体がみずから執行する一種の自力執行をいう。

滞納整理事務や滞納処分については，国税に関する徴収の手続を定めた国税

徴収法に規定があり，地方税に関しては地方税法にて国税徴収法の準用がなされている。

　滞納処分は，滞納者の財産の差押え，差し押さえた財産の換価，換価代金の滞納国税への充当といった一連の手続により執行される。

　滞納者の財産差押えは，督促状を発送して10日を経過すると実施することが可能になる（国徴法47条1項）。財産差押えを行うのは，それを換価して税額に充当するためであるが，実務上必ずしも直ちに行うものではなく，換価を猶予する制度がある（国徴法151条，152条）。この制度は，財産を換価すると事業や生活に支障がある場合や，直ちに処分するより猶予することが国税の徴収上有利である場合等に適用されるが，納税の意欲はあるが資金がないため納付できない納税者に分納計画を作成させて，それにより完納へと導くという趣旨のものである。また，滞納者に全く財産がないとか，差押えをすると生活を脅かす場合等のため，滞納処分を停止する制度もある（国徴法153条)[36]。

　滞納処分において，租税と他の債権が競合する場合には，租税は原則として他の債権に先立って徴収されるが，これは租税債権の一般的優先権と呼ばれる（国徴法8条，9条，地法14条）。租税に一般的優先権が認められる理由としては，租税は公共サービスを提供するための資金として強い公益性を持っていること，二次的には，租税債権は私債権のように直接の反対給付を伴わないため，任意の履行可能性が低いことが挙げられる[37]。

　また，本来の納税者に滞納処分を行ってもなお滞納が残ると認められる場合には，本来の納税者以外の者に二次的に納税義務を負わせることができる場合がある（国徴法32条以下，地法11条以下）。例えば，納税者が無償又は著しく低い対価で財産の譲渡をした場合に，その財産を取得した者にそれにより受けた利益を限度として第二次納税義務を負わせることとするものであり，差押えを不当に免れるための行為を封じるための制度である[38]。

(4) 不服審査及び訴訟制度

　税務署長等の行った行政処分に対して不服のある者は，国税通則法，地方税法，行政不服審査法等に基づいて不服の申立てをすることができる。

　まず，国税（内国税）に関する不服審査制度についてみてみよう。

　税務に関する訴訟制度は大きく行政上の不服申立てと行政訴訟からなり，行政上の不服申立てはさらに，処分庁に対する異議申立てと国税不服審判所長に対する審査請求とに分かれる（国通法75条1項）。

　つまり，行政訴訟を起こす前に，原則として，二段階の不服申立てを行う必要があり，これを行政不服申立て前置主義という。特に内国税の場合は，不服申立てを行う際，国税不服審判所という審査請求事案を専門的に審査する機関を通じることが特徴である[39]。

　では，内国税の不服申立制度の流れについて簡単に述べる。

　税務署長等の行った処分に不服のある者は，まず処分のあったことを知った日の翌日から起算して2月以内に，処分庁である税務署長等に対し異議申立てを行う（国通法77条1項）。青色申告に係る更正処分があった場合等は直接審査請求をすることが認められているが，原則的には直接審査請求をすることは認められていない。これに対し処分庁は調査のうえ異議申立てに対する決定を行い，これを異議決定という。

　さらにこの異議決定に不服がある場合には，異議決定書の謄本の送達があった日の翌日から起算して1月以内に国税不服審判所長に対し審査請求をすることになる（国通法77条2項）。国税不服審判所長はこれを調査・審理のうえ裁決を行う。

　この裁決に対しても不服がある場合には，その裁決があった日から3月以内に訴訟を提起することができる（行訴法14条1項）。

　次に地方税についてみてみよう。内国税の場合は，国税通則法等において今みたように行政上の不服申立て手続の詳細がほぼ自足的に規定されているのに対し，地方税の場合は，地方税法に規定があるがこれは簡潔であるので，かな

りの程度において一般法である行政不服審査法が適用されることになる[40]。

　地方税の不服申立制度の流れは，まず，行政不服審査法に従って異議申立て又は審査請求のいずれかの手続を行う（行審法2条，3条）。つまり，処分庁の上級庁が存在する場合には直近上級庁へ審査請求を，処分庁の上級庁が存在しない場合には処分庁へ異議申立てを，原則，処分又は決定があったことを知った日の翌日から起算して60日以内に行うことができる（行審法14条1項）。地方税の場合は，一段階の行政不服申立前置主義がとられているのである。さらに審査請求に対する裁決あるいは異議申立てに対する決定について不服がある場合には，内国税と同様訴訟を提起することができる。

　なお，固定資産税については固定資産評価審査委員会が存在し，ここで固定資産の課税処分がなされる前に，固定資産課税台帳の登録事項について審査の申出が審理される。つまり，課税台帳登録事項（平成11年度改正により固定資産課税台帳に登録された価格に限定）について不服がある場合は，固定資産の価格等の登録の公示の日から納税通知書の交付を受けた日後60日までの間に，固定資産評価審査委員会に対し審査の申出とその決定に対する取消の訴えの方法により争うことになるものであり，固定資産税の課税処分がなされる前に紛争を解決しておこうとするものである（地法432条1項，434条1項，2項）。

　固定資産評価審査委員会の決定に不服がある場合は，取消の訴えを提起することができるが，固定資産税の確定処分（賦課決定）に対する不服申立てにおいては，固定資産の価格についての不服をその理由とすることができない（地法432条3項）[41]。

注

1）　金子宏『租税法〔第15版〕』弘文堂，2010年，8-9頁。
2）　尾崎護『税の常識〔平成12年度版〕』日本経済新聞社，2000年，11-13頁参照。
3）　水野勝『租税法』有斐閣，1993年，22-23頁。
4）　同上，34頁。
5）　尾崎，前掲書，28頁。
6）　川崎昭典『財政学』弘文堂，1995年（以下，川崎Ⅰと略す），144-147頁，水野，

前掲書，24－27頁，尾崎，前掲書，16－17頁参照。
7） 平成19年度以降，所得税，酒税の32％，法人税の34.0％，消費税（地方消費税を除く国税分（4％））の29.5％，たばこ税の25％を交付することになっている（地法交付税法6条1項）。ちなみに，平成12年度から18年度までは，法人税については35.8％を交付していた。また昭和63年度までは，所得税，法人税，酒税の国税3税の収入額の一定割合が交付されていた。
8） 北野弘久『税法学原論〔第4版〕』青林書院，1997年，36頁参照。
9） 転嫁とは，経済取引の各断面における租税負担の移転をいう。また，経済の相互依存関係を通じての租税負担の最終的帰属を帰着という。
10） 金子，前掲書，12頁。
11） 同上，13頁。
12） 同上，13－14頁，水野勝『租税法』有斐閣，1993年，36頁。
13） 金子，前掲書，14頁参照。
14） 同上，14，16頁参照。
15） 特定財源は税法上は一般税であるが，事実上目的税の機能を果たしている。
16） 金子，前掲書，17頁参照。
17） 水野，前掲書，37頁参照。
18） 附加税には広義のものと狭義のものがあり，広義の附加税とは，他の租税の課税標準を課税標準として課される租税及び他の租税の税額を課税標準として課される租税をいい，狭義の附加税とは，後者のみをいうという考え方もある（金子，前掲書，18頁参照）。
19） 北野，前掲書，230－232頁参照。
20） 尾崎，前掲書，24－28頁参照。
21） 川崎昭典『税法学』木鐸社，2002年（以下，川崎Ⅱと略す），266頁参照。
22） 北野，前掲書，62頁参照。
23） 金子，前掲書，96頁参照。
24） 北野，前掲書，61頁参照。
25） 川崎Ⅱ，前掲書，20頁。
26） 北野，前掲書，62頁。
27） 川崎Ⅱ，前掲書，258－259頁参照。
28） 金子，前掲書，101頁。
29） 北野，前掲書，175頁。
30） 金子，前掲書，101－102頁参照。
31） 川崎Ⅱ，261頁。
32） 川崎Ⅱ，21頁。
33） 東京都については，特別区のある地域では，道府県税である税の全部と市町村税である市町村民税（法人に対して課するものに限る），固定資産税，特別土地保有税，入湯税，事業所税，都市計画税及び法定外税を都税として課し，また，特別区のある地域以外では，道府県税である税を課すものとしている。特別区については，法人に

対して課する市町村民税,固定資産税,特別土地保有税,入湯税,事業所税及び都市計画税以外の市町村税を特別区税と課すものとしている(地法734条,736条)。

34) 金子,前掲書,86-87頁参照。
35) 北野,前掲書,95頁参照。
36) 川崎Ⅱ,253-254頁参照。
37) 金子,前掲書,754-755頁参照。
38) 川崎Ⅱ,256頁参照。
39) 北野,前掲書,396頁参照。
40) 同上,397頁参照。
41) 金子,前掲書,545-546頁参照。

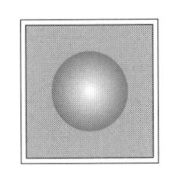

第2章

国税各種税法概説

1 所 得 税 法

(1) 概　　説

　わが国では，昭和24年のシャウプ勧告以来，所得に対する課税を重視し，所得課税は税体系において中心的な役割を果たしてきた。所得に対して課する租税には，個人に対して課税される所得税と，法人に対して課税される法人税がある。

　所得税は，個人が稼得した所得を総合し，これに累進税率を適用し，各個人の担税力に応じた税負担を求めるものである。所得税は，歳入予算のうちで，法人税，消費税と並び中核的な地位を占めるもので最も重要な租税である。国税，地方税を問わず，所得に対して課される租税は，一般に景気に左右され，好景気であれば税収は増大し，不況になれば税収は減少する。

　わが国の場合，消費税導入を含む昭和63年12月の抜本改革において，所得税の税率構造の改正が実施され，累進税率の度合いが緩和・簡素化された。平成6年11月の税制改正では，累進税率の刻みは5段階のままとしたが，20％の税率を中心として限界税率の適用所得区分が拡大された。さらに，平成11年度税制改正において，最高税率の50％から37％への引下げ，20％の定率減税（最高25万円）等，いわゆる「恒久的減税」が実施された。なお，同改正では，所得税のみならず，法人税について平成10年度に引き続きさらなる税率の引下げを

内容とする「恒久的減税」が行われており，立法措置としては，所得税法や法人税法を改正するのではなく，これらをあわせて「経済社会の変化等に対応して早急に講ずべき所得税及び法人税の負担軽減措置に関する法律」によるものとした。消費税導入に伴うその後の税制改正は，累進税率の刻みを少なくし，最高税率を引き下げ，中・高所得者層に対する負担の軽減を実施している方向にあったといえる。

その後，負担軽減法は平成18年3月廃止され，平成19年より，最低税率を5％に引き下げ，最高税率を40％に引き上げ，税率の刻みは6段階とし現行に至っている。

次に，所得税の基本原則，所得税法と関連法令の関係，そして所得の概念について簡単に説明する。

① 所得税の基本原則

A 個人単位課税の原則

親族や家族というグループごとではなく，所得を稼得した個人ごとに課税される。

B 暦年単位課税の原則

個人の1暦年間（1月1日から12月31日まで）ごとの所得に対し課税される。

C 応能負担の原則

各個人の担税力に応じた課税がなされる。これには，量的担税力に応じた課税と質的担税力に応じた課税の2つがある。量的担税力に応じた課税とは，所得の多い人ほど担税力は高いとし，累進税率を適用して，所得に課税するものである。質的担税力に応じた課税とは，同じ所得でも，勤労に基づくものと資産の運用に基づくものとを同一に課税するのではなく，課税対象所得を10種類の各種所得に区分をして課税をするものである。

② 所得税法と関連法令の関係

国税通則法，所得税法，租税特別措置法は法律であり，所得税法施行令や租

税特別措置法施行令は政令，所得税法施行規則や租税特別措置法施行規則は財務省令である。また，以上の法令のほかに，所得税法関係通達（基本通達と個別通達がある），租税特別措置法関係通達等があり，実務ではこれらを参考に運用されている。

③ 所得の概念

　所得税法には，所得税の課税対象となる所得の概念を規定した条文は特にない。本当の意味における所得は，財貨の利用によって得られる効用と人的役務から得られる満足を意味するが，これらの効用や満足を測定し定量化することは困難である。よって，所得税の対象としての所得を問題にする場合には，これらの効用や満足を可能にする金銭的価値で表現することになる。所得を金銭的価値で表現する場合にも，その構成の仕方には2つの類型がある。それは，消費型（支出型）所得概念と取得型（発生型）所得概念である[1]。

　消費型所得概念は，各人の収入のうち，効用ないし満足の源泉である財貨や人的役務の購入に充てられる部分のみを所得と観念し，貯蓄に向けられる部分を所得の範囲から除外する考え方である。この考え方を制度化した場合には，各人の1年間の消費の総額を所得と捉えることになる。しかし，この概念を採用している国はない[2]。

　取得型所得概念は，各人が収入等の形で新たに取得する経済的価値，すなわち経済的利得を所得とする概念である。この取得型所得概念には，さらに次の2つの考え方がある。1つは純資産増加説と呼ばれるものである。この考え方は一定の期間における純資産の増加を所得の概念とするもので，資産，事業及び勤労から生ずる経常的な所得のほか，定型的な所得源泉によらない一時の所得，すなわち，資産の譲渡による所得等の一時的，臨時的な収入についても課税対象とするものである。つまり，包括的所得概念であって，各人の担税力を増加させる経済的利益はすべて所得を構成することになる。いま1つは所得源泉説あるいは反復的利益説と呼ばれるものである。この考え方は制限的所得概念に基づくもので，継続的に一定の源泉から収入に限定して所得を捉えるもの

であり，このため勤労，事業，資産等の源泉から反復的，継続的に生ずる収入は所得とされるが，資産の譲渡等一時的，臨時的に生ずる収入は所得とはされないというものである。

現行所得税制は，各人の所得に応じた担税力を測定する観点から，純資産増加説の考え方にたち，資産，事業及び勤労から生ずる経常的な所得のほか，資産の譲渡や相続等による定型的な所得源泉によらない一時の所得も，基本的にはすべて課税対象となる所得に含めることとされている[3]。

このように，包括的所得概念の純資産増加説にたつのは次のような理由による。第1に，一時的，臨時的，恩恵的利益であっても，利得者の担税力を増加させるものである限り，課税の対象とすることが公平負担の要請に合致する。第2に，すべての利得を課税の対象とし，超過累進税率を適用することが，所得税の再分配機能を高めることになる。第3に，所得の範囲を広く捉えることにより，所得税制の持つ景気調整機能が増大することになる[4]。

以上が所得の財政学的説明であるが，税法学的に説明すれば，所得とは次の式によって計算される。

$$収入 - 必要経費 = 所得$$

この式に示すように，収入から必要経費を差し引いたものが所得であり，必要経費とは収入を得るために必要な経費である。

さらに，**所得－所得控除額＝課税所得**という概念がある。所得というのは，一般的に計算された課税対象となる金額であるが，各個人により生活事情が個別的に存在する。担税力の減少する個別的な事情を考慮して設けられているのが所得控除の制度である。課税所得とは，それに税率を乗ずると税額が算出されるもので，課税標準（課税ベース）といわれる。ちなみに，法人税においては，所得がそのまま課税標準とされている[5]。

なお，所得の帰属に関しては，実質所得者課税という重要な原則がある。資産又は事業から生ずる収益の法律上帰属するとみられる者が単なる名義人であって，その収益を享受せず，その者以外の者がその収益を享受する場合には，

その収益は、これを享受する者に帰属するものとして、所得税法の規定が適用される（所法12条）。

④ 非課税所得

所得税では個人が稼得した所得を、担税力の調整、政策的配慮、又は二重課税の排除等の観点から、課税所得と非課税所得に区分されている。つまり所得のすべてが課税対象となるわけではなく、所得税法、租税特別措置法、又はその他の法律（例えば当せん金付証票法）により、非課税所得の項目が規定されている。非課税所得の主なものは以下のとおりである。

a 利率年1％以下の当座預金の利子（利子所得、所法9条1項1号、所令18条）
b 遺族年金、遺族恩給（雑所得、所法9条1項3号）
c 給与所得者が受ける通勤手当のうち月額10万円までの金額（給与所得、所法9条1項5号、所令20条の2）
d 生活用動産の譲渡による所得（譲渡所得、所法9条1項9号）
e 相続、遺贈、又は個人からの贈与により取得するもの（一時所得、所法9条1項16号）
f 保険業法第2条第4項に規定する損害保険会社等の締結した保険契約に基づき支払いを受ける保険金及び損害賠償金で、心身に加えられた損害又は突発的な事故により資産に加えられた損害に起因して取得するもの（一時所得、所法9条1項17号、所令30条）
g 雇用保険の失業給付金（雇用保険法12条・公課の禁止）
h 宝くじの当選金品（一時所得、当せん金付証票法13条）

(2) 納税義務者

所得税の納税義務者は原則として個人であるが、源泉徴収制度を採用していることから法人も納税義務者とされている。現行所得税では、個人を居住者及び非居住者、さらに居住者を非永住者とそれ以外の居住者に区分し、法人につ

いては，内国法人と外国法人に区分している。

　個人のうち居住者については，無制限納税義務者として，その源泉が国内にあるか国外にあるかを問わず，すべての所得について納税義務を負う（所法5条1項，7条1項1号）。非居住者は，制限納税義務者として，国内源泉所得についてのみ納税義務を負う（所法5条2項，7条1項3号）。居住者とは，国内に住所を有し，又は現在まで引き続いて1年以上居住する個人をいう（所法2条1項3号）。非居住者とは，居住者以外の個人をいう（所法2条1項5号）。

　また，居住者のうち，非永住者は，国内源泉所得及びそれ以外の所得で国内において支払われるものと国外から送金されたものについてのみ納税義務を負う（所法7条1項2号）。非永住者とは，居住者のうち，日本の国籍を有しておらず，かつ，過去10年以内において国内に住所又は居所を有していた期間の合計が5年以下である個人をいう（所法2条1項4号）。

　次に，納税地については以下のとおりである。

　国内に住所を有する場合はその住所地，国内に有せず，居所を有する場合はその居所地となる（所法15条1項1号2号）。

(3) 各種所得の意義と金額

　所得税法では，質的担税力に応じた課税を行うため課税対象所得を10種類の各種所得に区分する（所法2条1項21号）。その10種類の所得とは，利子所得，配当所得，不動産所得，事業所得，給与所得，退職所得，山林所得，譲渡所得，一時所得，雑所得である。では，この10種類の所得について簡単にみてみる。

① 利子所得

A　意　義

　利子所得とは，公社債及び預貯金の利子並びに合同運用信託，公社債投資信託及び公募公社債等運用投資信託の収益の分配に係る所得をいう（所法23条）。公社債とは，公債（国債，地方債）をいう。預貯金とは，預金及び貯金をいう。

預貯金の利子は，金融機関等が不特定多数の者から消費寄託契約に基づいて受け入れた資金に対して支払う金銭であり，定期に定率で多数の者に同じ条件で支払われるものである。よって，消費貸借契約によって貸し付けた金銭の利子等は，利子所得には含まれず，金銭の貸付けが事業として行われるかどうかによって，事業所得又は雑所得となる。なお，勤務先預け金の利子については，役員以外の場合は利子所得になるが，役員の場合は雑所得になる[6]。

合同運用信託とは，信託会社が引き受けた金銭の信託で，共同しない多数の委託者の信託財産を合同して運用するものをいい，金銭信託や貸付信託等がある。

公社債投資信託とは，証券投資信託のうち，その信託財産を公社債に対する投資として運用することを目的とするもので，株式又は出資に対する投資として運用しないものをいう。

公募公社債等運用投資信託とは，その設定に係る受益証券の募集が公募により行われた公社債等運用投資信託をいう。

B 金　　額

利子所得の金額は，その年中の利子等の収入金額であり，経費の控除は認められていない（所法23条2項）。これは，通常，利子所得は経費を必要としないという理由による。

C 課税方法

利子所得は，所得税法上では総合課税の対象とされているが，特別措置として，すべての他の所得と分離して一律に15％の税率による源泉分離課税とされている（なお，15％の所得税のほかに，5％の住民税（利子割）も合わせて課税される）（所法182条1号，措法3条，地法71条の6）。よって，利子所得に対する課税は，源泉徴収によって完了することになる。

また，国外公社債等の利子等につき，国内における支払いの取扱者を通じて交付を受ける場合には，その利子等についても一律15％の税率で源泉分離課税される（措法3条の3）。

② 配当所得
A 意　義

　配当所得とは，法人（法人税法に規定する公益法人等及び人格のない社団等を除く。特定目的会社，投資法人を含む）から受ける剰余金の配当（株式又は出資（公募公社債等運用投資信託以外の公社債等運用投資信託の受益権及び社債的受益権を含む）に係るものに限るものとし，資本剰余金の額の減少に伴うもの及び分割型分割によるものを除く），利益の配当（資産の流動化に関する法律の金銭の分配を含むものとし，分割型分割によるものを除く），剰余金の分配（出資に係るものに限る），基金利息（保険業法に規定する基金利息をいう），並びに投資信託（公社債投資信託及び公募公社債等運用投資信託を除く），及び特定受益証券発行信託の収益の分配（適格現物分配に係るものを除く）に係る所得をいう（所法24条1項）。

B 金　額

　配当所得の金額は，その年中の配当等の収入金額であるが，株式その他配当所得を生ずべき元本を取得するために要した負債の利子でその年中に支払うものがある場合には，その収入金額から，その支払う負債の利子の額のうちその年においてその元本を有していた期間に対応する部分の金額を控除した金額となっている（所法24条2項）。

C 課税方法

　配当所得は，原則総合課税される。ただし，上場株式等から受ける配当等の場合と，上場株式等以外の株式等から受ける配当等の場合で取扱いが異なる。

　まず上場株式等から受ける配当等の場合から説明する。

　上場株式等から受ける配当等については，支払いを受けるときに一定の税率による税金が差し引かれる。一定の税率とは以下のとおりである。

　所得税の場合，源泉徴収税率は15％，住民税の場合，特別徴収税率は5％となっている（措法9条の3，地法71条の28）。なお，平成16年1月1日から平成23年12月31日までは，所得税の源泉徴収税率が7％，住民税の特別徴収税率が3％の特例措置がとられている（措法附則（平成20年4月30日法律第23号）33条3項，

第 2 章　国税各種税法概説

地法附則（平成20年 4 月30日法律第21号） 3 条 5 項，地法23条 1 項15号，措法 9 条の 3 ）。

　納税者は確定申告する際は，申告不要，総合課税，又は申告分離課税を選択することができる。

　申告不要の場合は，配当等を受け取る際，源泉徴収された税金で課税は完了する。金額の多寡にかかわらず申告不要を選択することができる。なお，配当控除の適用を受けることはできない。

　総合課税の場合は，配当等を受け取る際，源泉徴収された税額を，算出税額から控除して精算する。なお，配当控除の適用を受けることができる。また配当所得とその年分に生じた上場株式等の譲渡損失の金額との損益通算はできない。当該配当所得から前年以前 3 年以内に生じた上場株式等の譲渡損失を繰越控除することもできない。

　申告分離課税の場合は，平成21年 1 月 1 日から平成23年12月31日まで，所得税が 7 ％，住民税が 3 ％の税率になる。配当等を受け取る際，源泉徴収された税額を，算出税額から控除して精算する。配当控除の適用は受けることができない。また配当所得とその年分に生じた上場株式等の譲渡損失の金額との損益通算はできる。さらに，当該配当所得から前年以前 3 年以内に生じた上場株式等の譲渡損失を繰越控除することもできる。

　また，非課税口座内の少額上場株式等に係る配当所得について，平成24年 1 月 1 日より非課税の措置が創設されることになっている。居住者等が，金融商品取引業者等の営業所に非課税口座を開設した場合，当該口座を開設した年の 1 月 1 日から10年以内に生じる当該非課税口座の上場株式等に係る配当所得には，所得税及び住民税が非課税となる（措法 9 条の 8 ）。

　非課税口座とは，平成24年 1 月 1 日から平成26年12月31日までにおいて開設する，非課税措置の適用を受けるための口座で，開設した日からその年の12月31日までに，その取得対価の額の合計額が100万円に達するまでの上場株式等を受け入れる口座をいう。

　次に，上場株式等以外の株式等から受ける配当等の場合を説明する。

　上場株式等以外の株式等から受ける配当等については，所得税の源泉徴収税

率は20%である（所法182条2号）。少額配当以外の配当の場合は，総合課税され，配当控除の適用を受けることができる。少額配当の場合は，総合課税をし，配当控除の適用を受けるか，申告不要のいずれかを選択することができる。少額配当とは，1銘柄につき支払いを受ける1回の配当金額が10万円以下の配当をいう。

③ 不動産所得

A 意　義

　不動産所得とは，不動産，不動産の上に存する権利，船舶又は航空機の貸付け（地上権又は永小作権の設定その他他人に不動産等を使用させることを含む）による所得（事業所得又は譲渡所得に該当するものを除く）をいう（所法26条1項）。不動産所得については，事業所得や雑所得との区分が問題となるが，その所得の性格は資産から生ずる所得であり，資産勤労結合所得である事業所得とは区分されている。

　事業的規模かどうかの判定は，所基通26－9によれば次のとおりである。

　建物の貸付けが不動産所得を生ずべき事業として行われているかどうかは，社会通念上事業と称するに至る程度の規模で建物の貸付けを行っているかどうかにより判定すべきであるが，次に掲げる事実のいずれか一に該当する場合又は賃貸料の収入の状況，貸付資産の管理の状況等からみてこれらの場合に準ずる事情があると認められる場合には，特に反証がない限り，事業として行われているものとする。

　　イ　貸間，アパート等については，貸与することができる独立した室数がおおむね10以上であること。
　　ロ　独立家屋の貸付けについては，おおむね5棟以上であること。

　事業的規模であっても，不動産の貸付けによる所得は事業所得ではなく不動産所得となる。

B 金　額

　不動産所得の金額は，その年中の不動産所得に係る総収入金額から必要経費

を控除した金額である（所法26条2項）。不動産所得の必要経費は，土地若しくは建物等の固定資産税，保険料，修繕費，減価償却費，管理費，借入金の利子等である。

C 課税方法

不動産所得は，総合課税の対象とされる。

④ 事業所得

A 意義

事業所得とは，農業，漁業，製造業，卸売業，小売業，サービス業その他の事業で政令（所令63条）で定めるものから生ずる所得（山林所得又は譲渡所得に該当するものを除く）をいう（所法27条1項）。

事業とは，自己の計算と危険において営利を目的とし対価を得て継続的に行う経済活動のことである。なお，法令によって禁止されている事業も，ここにいう事業に含まれる[7]。

B 金額

事業所得の金額は，その年中の事業所得に係る総収入金額から必要経費を控除した金額である（所法27条2項）。総収入金額とは，事業から生じた一切の収入の合計額を意味する。また，棚卸資産を家事のために消費した場合には，その資産の時価相当額は，総収入金額に算入する必要がある（所法39条）。棚卸資産の贈与・遺贈又は低額による譲渡があった場合には，その資産の時価相当額は，総収入金額に算入しなければならない（所法40条）。

事業所得の金額の計算上控除される必要経費は，事業所得の総収入金額に係る売上原価その他総収入金額を得るために直接要した費用，その年における販売費及び一般管理費，その他事業所得を生ずべき業務について生じた費用であり，償却費以外の費用は，その年において確定したものに限られる[8]。

C 課税方法

事業所得は，総合課税の対象とされる。

⑤ 給与所得
A 意　義

　給与所得とは，俸給，給料，賃金，歳費及び賞与並びにこれらの性質を有する給与に係る所得をいう（所法28条1項）。したがって，雇用契約によって雇用主から支払いを受ける報酬のみならず，会社との委任関係にある役員が会社から受ける報酬等も給与所得に含まれる。給与所得は，定期的なものばかりではなく，役員賞与や従業員賞与も含まれる。

　また，それは金銭の形をとる必要はなく，金銭以外の資産ないし経済的利益も，勤務の対価としての性質を持っている限り，給与所得となる。現物給与あるいはフリンジ・ベネフィット（fringe benefit）と呼ばれるものも給与所得に含まれ，近年話題になっているストック・オプションの行使による経済的利益も現物給与の一種である。ただオプションの行使による経済的利益に対する課税は，一定の要件のもとに一定の範囲まではその行使時には課税せず，その行使により取得した株式の譲渡時に譲渡所得として課税されることになっている[9]。

　フリンジ・ベネフィットとは，無利息貸付の場合の利息相当額，資産の低額譲渡の場合の時価相当額との差額等資産ないし経済的利益，付加的給付をいい，金銭以外の資産ないし経済的利益も，勤務の対価としての性質を持っている限り，広く給与所得に含まれる[10]。

B 金　額

　給与所得の金額は，その年中の給与等の収入金額から給与所得控除額を控除した残額である（所法28条2項）。給与所得控除額とは，事業所得における必要経費に相当するものであり，給与等の収入金額の区分に応じて法定されている（所法28条3項）。つまり，給与所得では，実額による必要経費を控除する制度が採用されておらず，概算で控除額が法定されていることになる。これは，主な理由として，給与所得については必要経費の個別的認定が困難であることが考えられ，勤務に伴う費用を概算的に控除し，また給与所得の特異性に基づいて他の所得との負担の調整を図ることを主眼として設けられたものである。し

かし，事業所得等とは異なり，必要経費が収入金額によって法定されているので，給与所得者が「ガラス張り」になっているといわれる所以である。

給与所得控除額の算式は以下のとおりである。

収　入　金　額	給与所得控除額
162.5万円以下	65万円
162.5万円超　180万円以下	収入金額×40%
180万円超　　360万円以下	収入金額×30%＋18万円
360万円超　　660万円以下	収入金額×20%＋54万円
660万円超　1,000万円以下	収入金額×10%＋120万円
1,000万円超	収入金額×5%＋170万円

なお，平成22年12月に閣議決定された平成23年度税制改正大綱によれば，平成24年分以後の所得税より，その年中の給与等の収入金額が1,500万円を超える場合の給与所得控除額については245万円の上限が設けられている。また，高額報酬役員の給与所得控除額についても，その年中の収入金額が2,000万円を超える場合には給与所得控除額が圧縮されている。

給与所得者が特定支出をした場合は，その合計額が給与所得控除額の金額を超える場合には，その超える金額をさらに控除できる制度が設けられており，これを特定支出控除という（所法57条の2・1項）。具体的には，通勤費，転勤費，研修費，資格取得費，単身赴任者帰宅旅費の5種類の支出が，特定支出と認められている（同2項）。

C　課税方法

給与所得は総合課税の対象とされる。また，給与所得は源泉徴収の対象であり，給与等の支払者は，その支払いの際，その支払額に応じた所得税額を徴収し，国に納付しなければならない（所法183条，185条，186条，189条）。給与等の額が一定の額以下の者は，その年の最後の給与等の支払いの際に，支払者が年末調整を行えば，確定申告をする必要がなくなり，源泉徴収のみで年税額が確定することになる（所法121条1項）。

⑥ 退職所得
A 意　義

　退職所得とは，退職手当，一時恩給その他の退職により一時に受ける給与及びこれらの性質を有する給与に係る所得をいう（所法30条1項）。

　退職所得とは，雇用関係あるいは勤務関係の終了の際に勤務先から支給される給与をいい，一時恩給とは，普通恩給を受けることのできる年限に達しないで退職する場合に支給される給与をいう。「これらの性質を有する給与」の例としては，退職給与規定が改正され従来の在職年数を打切計算することになったため支給される給与や，従業員から役員に昇格したため，従業員であった期間に対応して打切支給される給与等がある。また，国民年金法，厚生年金保険法等に基づく一時金，適格退職年金契約，確定給付企業年金制度又は確定拠出年金制度に基づく一時金は，退職手当等とみなされる（所法31条）。

B 金　額

　退職所得の金額は，その年中の退職手当等の収入金額から退職所得控除を控除した残額の2分の1に相当する金額である（所法30条2項）。退職所得控除額の算式は以下のとおりである（同条3項）。

勤続年数	退職所得控除額（千円）
20年以下の場合	40万円×勤続年数（80万円に満たない場合は80万円）
20年を超える場合	800万円＋70万円×（勤続年数－20年）

　なお勤続年数の計算は1年未満の端数が出た場合は切り上げる。

　平成23年度税制改正大綱によれば，平成24年分以後の所得税より，勤続5年以下の役員等の場合は退職所得の課税方法について，退職所得控除額を控除した残額の2分の1とする措置が廃止されることになっている。

C 課税方法

　退職所得は，分離課税の対象とされる。これは，退職所得が多くの場合，老後の生活の糧であることを考慮して，税負担を軽減しようとするものである[11]。

　居住者に対し国内において退職手当等の支払いをする者は，支払いの際一定

の所得税を徴収し，その徴収の日の属する月の翌月10日までに，これを国に納付しなければならない（所法199条）とされており，各人の申告を待つまでもなく，源泉徴収のみで課税関係が終了する。

⑦ 山林所得

A 意　義

山林所得とは，山林の伐採又は譲渡による所得をいう（所法32条1項）。ここに山林とは，敷地を含まず，立木を意味する。伐採による所得とは，立木を伐採して譲渡したことによる所得をいい，譲渡による所得とは，立木を伐採せずにそのまま譲渡したことによる所得をいう。ただし，山林をその取得の日以後5年以内に伐採し又は譲渡することによる所得は，山林所得に含まれないものとする（同条2項）。

B 金　額

山林所得の金額は，その年中の山林所得に係る総収入金額から必要経費を控除し，その残額から山林所得の特別控除額を控除した金額である（同条3項）。特別控除額は50万円であり，必要経費を控除した残額が50万円に満たない場合には当該残額となる（同条4項）。必要経費とは，伐採・譲渡した山林の①植林費，取得に要した費用，②管理費，育成費用，③伐採費，譲渡費用とされている（所法37条2項）。

C 課税方法

山林所得は，投下資本の回収に長期を要するため，累進税率の適用を緩和する観点から，他の所得と分離して五分五乗方式で課税される（所法89条1項）。

⑧ 譲渡所得

A 意　義

譲渡所得とは資産の譲渡による所得をいう（所法33条1項）。譲渡所得は，保有資産の価値の増加益，つまりキャピタル・ゲインであり，資産が譲渡によって保有者の手を離れる際に，その保有期間中の増加益を清算して課税しようと

するものである。また，建物又は構築物の所有を目的とする地上権又は賃借権の設定その他契約により他人に土地を長期間使用させる特定の行為のうち，その対価として支払いを受ける金額がその土地の価額の10分の5に相当する金額を超えるものについては，譲渡所得として課税される（所法33条1項，所令79条）。

譲渡所得の基因となる資産は，譲渡性のある財産をすべて含み，動産，不動産，借地権，借家権等広く含まれる。なお，金銭債権や金銭債権以外の資産の中で，棚卸資産，準棚卸資産，少額減価償却資産，営利を目的として継続的に譲渡する資産，山林は，譲渡所得の基因となる資産には該当しない（所法33条2項，所令81条）。

譲渡の範囲については，売却，交換，収用，法人に対する現物出資，競売等資産の移転を広く含むものである。なお，借地権については，前述したように，借地権の設定の対価が土地の時価の10分の5を超える場合には，形式的には移転していないが実質的に移転したものとして取り扱われる。

B 金　額

譲渡所得の金額は，その譲渡をした資産につき保有期間が5年以内のもの（短期保有）及びそれ以外のもの（長期保有）に区分し，それぞれその年中の総収入金額からその取得費及び譲渡費用の合計額を控除し，その残額から特別控除額（その残額を限度として最高50万円）を控除した金額である。なお，この特別控除額は，まず短期保有のものから控除される（所法33条3項，4項，5項）。

取得費とは，その資産の取得に要した金額並びに設備費及び改良費の合計額をいい（所法38条1項），譲渡費用とは，資産の譲渡に際して支出した仲介手数料，運搬費，登記若しくは登録に要する費用その他その譲渡のために直接要した費用，譲渡のために借家人を立退かせる場合の立退料，当初の譲渡契約を解除するために支払った違約金，土地等を譲渡するために資産を取壊した場合の取壊損失等をいう（所基通33-7, 33-8）。また，譲渡所得の基因となる資産が，家屋その他使用又は時間の経過により減価する資産である場合には，前述した取得費から減価償却費相当額を控除した金額を取得費とする（所法38条2項）。

C 課税方法

　譲渡所得は原則として総合課税の対象とされており，長期譲渡所得はその2分の1相当額が課税対象となる（所法22条2項2号）。総合課税の対象となるものは，後述する土地等・建物等，株式等以外の資産をいい，例えばゴルフ会員権，絵画，貴金属，競走馬等の生活に通常必要でない資産である。

　譲渡所得の課税方法は，今述べた総合課税である土地等・建物等，株式等以外の資産の譲渡，分離課税である土地等・建物等の譲渡，そして分離課税である株式等の譲渡の3つに分かれている。

　土地等・建物等の譲渡所得の課税方法について述べる。

　土地等・建物等の譲渡による所得については，特例として，長期譲渡所得（その年の1月1日における所有期間が5年を超えるもの）と短期譲渡所得（その年の1月1日における所有期間が5年以下のもの）に区分し，他の所得と分離し課税されるよう定められている。長期譲渡所得に比べて，短期譲渡所得に対する税負担は重くなっている。この土地等・建物等の譲渡所得に対する課税は，租税特別措置法により，わが国の経済状況に応じて税率やその適用所得区分等頻繁に改正が行われており複雑である。

　平成16年1月以後に譲渡する土地や建物については，土地等・建物等の課税短期譲渡所得金額に対する税額は，土地等・建物等の譲渡収入金額から取得費及び譲渡費用を差し引いて算出した譲渡益に対し，所得税30％，住民税9％（道府県民税3.6％，市町村民税5.4％）を乗じて計算される（措法32条1項，地法附則35条1項，5項）。また，土地等・建物等の課税長期譲渡所得金額に対する税額は，土地等・建物等の譲渡収入金額から取得費及び譲渡費用を差し引いて算出した譲渡益に対し，所得税15％，住民税5％（道府県民税2％，市町村民税3％）を乗じて計算される（措法31条1項，地法附則34条1項，4項）。

　以上が土地や建物を譲渡した場合の原則であるが，居住用財産を譲渡した場合，その有する土地等・建物等でその年1月1日において所有期間が10年を超えるものについては次のように軽減税率の特例が認められている。課税所得金額が6,000万円以下の部分については，所得税10％，住民税4％（道府県民税

1.6％，市町村民税2.4％）を乗じて計算され，6,000万円を超える部分については，所得税15％，住民税5％（道府県民税2％，市町村民税3％）を乗じて計算される（措法31条の3，地法附則34条の3・1項1号，3項1号）。

　また，居住用財産を譲渡した場合，所有期間にかかわらず，譲渡所得金額から3,000万円を控除することができる（措法35条）。

　なお，軽減税率の特例と3,000万円特別控除は併用することができる。

　優良住宅地の造成等のために土地等を譲渡した場合の長期譲渡所得の課税の特例については，平成16年1月以後2,000万円以下の部分について所得税10％，住民税4％（道府県民税1.6％，市町村民税2.4％）の優遇税率が適用できる（措法31条の2，地法附則34条の2・1項1号，4項1号）。

　次に，株式等の譲渡所得の課税方法について述べる。

　有価証券の譲渡益については，昭和63年12月の改正までは，継続的な有価証券の売買による所得等を除いて非課税とされてきたが，この改正で，株式等の譲渡益はすべて課税対象となった。そして，株式等の譲渡所得は，他の所得と分離し，申告分離課税と源泉分離課税とのいずれかを選択できるようになった。その後源泉分離課税方式の存続，廃止をめぐり活発な議論が展開され，結局，平成14年12月31日まで源泉分離課税方式が存続し，平成15年1月1日からは申告分離課税方式に一本化され，平成14年12月31日をもって上場株式等の譲渡に対する源泉分離課税は廃止された。

　申告分離課税方式への一本化に対しては，納税者の納税負担コストの増加や個人株主の市場離れを懸念する声が多くあり，平成14年度の改正で，特定口座制度が導入された。特定口座制度の創設により，納税者にとっては，特定口座内の取引による所得が区分して計算され，その計算の結果について毎年証券業者から報告を受けることができるので，手数が省けて便利になるというものである[12]。

　また，特定口座内の取引に係る所得については，源泉徴収制度を選択することができ，源泉分離課税が適用されることになった。源泉徴収の選択がなされた特定口座を源泉徴収口座といい，それ以外の特定口座を簡易特定口座という。

特定口座源泉徴収届出書を提出した源泉徴収口座を有する者は，その口座に係る譲渡所得を除外したところにより，確定申告をすることができる（措法37条の11の3，37条の11の4，37条の11の5）。

平成14年12月31日までの源泉分離課税方式との違いは，株式譲渡益を「みなし」で課税していたものから，新しい制度では株式譲渡益を「実額」で課税するということであり，この措置は，申告分離課税方式への一本化の流れから大きくはずれるものではないといえる。

株式等の譲渡所得の金額は，譲渡収入金額から取得費，譲渡費用及び譲渡した年の負債の利子を差し引いて計算されるが，株式譲渡益に対する税率については，平成15年度改正で，長期保有上場株式等と短期保有上場株式等の区別が廃止され，一律20％（所得税15％，住民税5％）を適用することになってはいるが，譲渡時期により軽減税率が適用される等経済状況に応じて時限措置が講じられた。平成15年1月1日から平成19年12月31日までの間の上場株式等の譲渡益には10％（所得税7％，住民税3％）の軽減税率が適用された（措法37条の11（現在は削除），地方71条の49，地法附則35条の3の2（現在は削除））。

その後平成20年度税制改正で，上場株式等の譲渡益に対する軽減税率は廃止され，平成21年1月1日以後は原則の税率である所得税15％，住民税5％の税率で課税されることとなった（措法37条の10・1項，地法71条の49）。しかし，平成21年1月1日から平成23年12月31日までの3年間は，経過措置として軽減税率10％（所得税7％，住民税3％）が適用されることとなった（措法附則（平22年）43条）。

平成23年度税制改正大綱によれば，この軽減税率10％の適用期限は平成25年12月31日までさらに2年間延長されることになっている。

また，上場株式等の売却損については，その年の株式等の売却益と相殺しきれなかった損失は，一定の要件のもと3年間損失を繰り越すことができる（措法37条の12の2・6項）。

今まで述べてきた譲渡益課税についての様々な優遇措置は上場株式等に係るもので，未上場株式の売買では優遇措置の多くは使えない。未上場株式の譲渡

益への税率は，平成15年中に売却した場合は26％（所得税20％，住民税6％），平成16年1月以後の売却分は20％（所得税15％，住民税5％）である（措法37条の10，地法71条の49）。3年間の損失繰越控除等も適用されず，特定口座にも入れられなく，利益が出れば必ず確定申告をする必要がある。なお，譲渡益の計算にあたっては未上場株式も内部通算の対象にできる。

また，原則，株式等に係る譲渡所得等について生じた損失は他の所得と損益通算することはできない（措法37条の10・1項後段）が，平成21年分以後の各年分の上場株式等に係る譲渡損失の金額がある場合には，当該上場株式等に係る譲渡損失の金額は，当該確定申告書に係る年分の上場株式等に係る配当所得の金額を限度として，当該年分の当該上場株式等に係る配当所得の金額の計算上控除することができ，つまり，確定申告を条件として，上場株式等の譲渡損失の金額と上場株式等の配当等の金額との間で，配当等の金額を限度として損益通算が認められている（措法37条の12の2・1項）。

さらに，平成22年から，源泉徴収選択口座内配当等に係る所得計算及び源泉徴収等の特例により，特定口座内における上場株式等の譲渡損失の金額と上場株式等の配当等の金額との損益通算が認められ，上場株式等の配当を源泉徴収選択口座に受け入れた場合においてその口座内に上場株式等の譲渡損失がある場合は，その上場株式等の配当等の金額からその上場株式等の譲渡損失の金額を控除した金額に対し源泉徴収税率を乗じて税金が計算され徴収されることになっている。つまり源泉徴収選択口座内の上場株式等の配当所得と上場株式等の譲渡損失の金額は，口座内で自動的に損益通算を行うことになっている（措法37条の11の6）。

ここで特定口座制度を利用する場合と利用しない場合の所得税，住民税の納税の仕組みについて簡単にみてみる。

特定口座を利用しない場合は，確定申告をし納税する。

特定口座を利用する場合は，特定口座ごとに1年分の売却損益を計算した年間取引報告書が証券会社より個人投資家に交付され，税務署に提出される。

さらに，特定口座において「源泉徴収あり」を選択した場合には，譲渡益に

係る所得税，住民税は証券会社等が源泉徴収し納付するので，個人投資家は確定申告する必要はない。特定口座において「源泉徴収なし」を選択した場合には，個人投資家は年間取引報告書に基づいて確定申告をし所得税，住民税を納付する。

⑨ 一時所得

A 意　義

　一時所得とは，利子所得，配当所得，不動産所得，事業所得，給与所得，退職所得，山林所得及び譲渡所得以外のうち，営利を目的とする継続的行為から生じた所得以外の一時の所得で，労務その他の役務又は資産の譲渡の対価としての性質を有しないものをいう（所法34条1項）。

　例えば，懸賞金，競馬の払戻金，生命保険契約に基づく一時金，一時払養老保険の満期受取金，損害保険契約に基づく満期返戻金等が一時所得にあたる。

B 金　額

　一時所得の金額は，その年中の一時所得に係る総収入金額からその収入を得るために支出した金額の合計額を控除し，その残額から一時所得の特別控除額（その残額を限度として最高50万円）を控除した金額である。その収入を得るために支出した金額とは，その収入を生ずる行為をするため，又はその収入を生じた原因の発生に伴い直接要した金額に限られる（所法34条2項，3項）。

C 課税方法

　一時所得は総合課税の対象とされるが，担税力が低いとの観点から，その2分の1が課税の対象とされている（所法22条2項2号）。

⑩ 雑　所　得

A 意　義

　雑所得とは，利子所得，配当所得，不動産所得，事業所得，給与所得，退職所得，山林所得，譲渡所得及び一時所得のいずれにも該当しない所得をいう（所法35条1項）。

B 金　　額

　雑所得の金額は，①その年中の公的年金等の収入金額から公的年金等控除額を控除した金額と，②その年中の公的年金等以外の雑所得に係る総収入金額から必要経費を控除した金額との合計額である（所法35条2項）。

　公的年金等控除額は，定額控除と定率控除から成り立っており，定額控除額と定額控除後の公的年金等の収入金額に応じ控除率を適用して計算した定率控除額との合計額である（所法35条4項）。具体的には，公的年金等控除額は以下のようになっている。

受給者の年齢	収入金額の合計額	公的年金等控除額
65歳以上の者	330万円未満	120万円
	330万円以上410万円未満	（収入金額）×25％＋37.5万円
	410万円以上770万円未満	（収入金額）×15％＋78.5万円
	770万円以上	（収入金額）×5％＋155.5万円
65歳未満の者	130万円未満	70万円
	130万円以上410万円未満	（収入金額）×25％＋37.5万円
	410万円以上770万円未満	（収入金額）×15％＋78.5万円
	770万円以上	（収入金額）×5％＋155.5万円

C　課税方法

　雑所得は総合課税の対象とされる（所法22条2項1号）。

(4)　収入金額及び必要経費

①　収入金額の通則及び別段の定め

　その年分の各種所得の金額の計算上収入金額とすべき金額又は総収入金額に算入すべき金額は，別段の定めがあるものを除き，その年において収入すべき金額（金銭以外の物又は権利その他経済的利益をもって収入する場合には，その物若しくは権利を取得し又は経済的利益を享受すべき価額）とされている

（所法36条１項）。

　収入金額の計算にあたっては各種の別段の定めがある。棚卸資産等については次のようである。居住者が棚卸資産（これに準ずる資産を含む）を家事のために消費した場合又は山林を伐採して家事のために消費した場合には，その消費したときにおけるこれらの資産の価額に相当する金額は，その者のその消費した日の属する年分の事業所得の金額，山林所得の金額又は雑所得の金額の計算上総収入金額に算入される（所法39条）。

　ａ贈与又は遺贈（包括遺贈及び相続人に対する特定遺贈を除く）や，ｂ著しく低い価額の対価による譲渡により，居住者の有する棚卸資産（事業所得の基因となる山林及び有価証券，棚卸資産に準ずる資産を含む）の移転があった場合には，ａにおいてはその贈与又は遺贈のときにおけるその資産の価額を，ｂにおいてはその対価の額とその譲渡のときにおけるその資産の価額との差額のうち実質的に贈与をしたと認められる金額を，その者のその事由が生じた日の属する年分の事業所得の金額又は雑所得の金額の計算上総収入金額に算入することになる（所法40条１項）。

　譲渡所得の基因となる資産等については次のようである。ａ贈与（法人に対するものに限る）又は相続（限定承認に係るものに限る）若しくは遺贈（法人に対するもの及び個人に対する包括遺贈のうち限定承認に係るものに限る）や，ｂ著しく低い価額の対価（譲渡時の価額の２分の１未満）による譲渡（法人に対するものに限る）により居住者の有する山林（事業所得の基因となるものを除く）又は譲渡所得の基因となる資産の移転があった場合には，その者の山林所得の金額，譲渡所得の金額又は雑所得の金額の計算については，ａ，ｂの事由が生じたときに，そのときにおける価額に相当する金額により，これらの資産の譲渡があったものとみなす（所法59条１項，所令169条）。

②　必要経費の通則及び別段の定め

　その年分の不動産所得の金額，事業所得の金額又は雑所得の金額（事業所得の金額及び雑所得の金額のうち山林の伐採又は譲渡に係るもの並びに雑所得の

金額のうち公的年金等に係るものを除く）の計算上必要経費に算入すべき金額は，別段の定めがあるものを除き，これらの所得の総収入金額に係る売上原価その他その総収入金額を得るため直接要した費用の額及びその年における販売費，一般管理費その他これらの所得を生ずべき業務について生じた費用（償却費以外の費用で，その年において債務の確定しないものを除く）の額とされている（所法37条1項）。

必要経費については，次のような別段の取扱いの定めがある。

a 家事上の経費及びこれに関連するもの，所得税，住民税，附帯税のうち特定のもの，罰科金，損害賠償金等といった，家事関連費，租税公課等については，原則として必要経費に算入されない（所法45条）。

b 売上原価の算定の基礎となる棚卸資産の評価，有価証券の譲渡原価の算定の基礎となる有価証券の評価につき，評価方法の種類，その選定手続等が法定されている。減価償却資産及び繰延資産の償却方法の種類，その選定手続等が法定されている（所法47条，48条，49条，50条）。

c 事業用固定資産，繰延資産について生じた損失及び事業上の債権の貸倒損失並びに山林及び業務用資産について生じた損失の必要経費算入につき，別段の定めが設けられている（所法51条）。

d 青色申告書を提出する居住者で事業所得を生ずべき事業を営む場合には，貸倒引当金，返品調整引当金，退職給与引当金を設定することを認めその要件が定められている（所法52条，53条，54条）。

③ 収入及び費用の帰属時期

収入及び費用の帰属時期については，原則，収入は権利確定主義，費用は償却費を除き，債務確定主義に基づき計上する。ただし，延払基準（所法65条），工事進行基準（所法66条），小規模事業者の現金基準（所法67条）といった特例が規定されている。

(5) 課税標準の計算

　所得税では，量的担税力に応じた課税を図るため，原則として各種所得を総合し総所得金額が構成され，超過累進税率を乗ずることにより課税される。長期譲渡所得（土地等・建物等に係る譲渡所得を除く）及び一時所得については，経常的な所得と同一次元で課税すると税負担が過重となるので，質的担税力を考慮してその金額の2分の1が総所得金額に加算される（所法22条2項）。

　退職所得については老後の生活保障を考慮し，山林所得については永年の育成の結果を考慮して税負担の緩和を図る観点から，例外的に他の所得と総合せず，分離して課税される（所法22条3項）。

　また，租税特別措置法の規定により，上場株式等に係る配当所得（措法8条の4・1項），土地等・建物等に係る長期（短期）譲渡所得（措法31条1項，32条1項），土地等に係る事業所得等（措法28条の4・1項），株式等に係る譲渡所得等（措法37条の10・1項），先物取引に係る雑所得等（措法41条の14・1項）については，それぞれの金額を計算し，これらも分離して課税される。なお，土地等に係る事業所得等の分離課税の規定は，平成10年1月1日から平成25年12月31日までの間にした土地の譲渡等には適用さない（措法28条の4・6項）。

　以上のようにして，総所得金額，退職所得金額，山林所得金額，上場株式等に係る配当所得の金額，土地等・建物等の長期（短期）譲渡所得の金額，土地等に係る事業所得等の金額，株式等に係る譲渡所得等の金額，先物取引に係る雑所得等の金額が計算されるが，これらの金額を課税標準と呼び，課税標準は所得税額の算定の基礎となる。

　なお，合計所得金額とは，純損失又は雑損失の繰越控除前の総所得金額，山林所得の金額，退職所得の金額，上場株式等に係る配当所得の金額，土地等・建物等の長期（短期）譲渡所得の金額，土地等に係る事業所得等の金額，株式等に係る譲渡所得等の金額，先物取引に係る雑所得等の金額の合計額をいう（所法2条1項30号，措法8条の4・3項1号，31条3項1号，32条4項，88の4・5項1号，37の10・6項1号，41条の14・2項1号）。

総所得金額等とは，純損失，雑損失，その他各種損失の繰越控除後の総所得金額，特別控除前の分離課税の長期（短期）譲渡所得の金額，株式等に係る譲渡所得等の金額，上場株式等に係る配当所得の金額，先物取引に係る雑所得等の金額，山林所得金額及び退職所得金額の合計額をいい，合計所得金額から純損失又は雑損失の繰越控除等後の金額である。

　ただし，課税標準の計算の際，以下説明する，損益通算，純損失の繰越控除，雑損失の繰越控除が行われる。

　損益通算とは，総所得金額，退職所得金額又は山林所得金額を計算する場合において，不動産所得の金額，事業所得の金額，山林所得の金額又は譲渡所得の金額の計算上生じた損失の金額があるときは，一定の順序により，これを他の各種所得の金額から控除するもので，同じ所得内では相殺しきれず（内部通算できず），所得金額がマイナスになる場合に，特定の所得の損失について一定の順序により他の黒字の所得と相殺することをいう（所法69条1項）。

　損益通算ができる損失は，不動産所得の損失，事業所得の損失，山林所得の損失及び譲渡所得の損失である。ただし，譲渡所得の損失については総合課税の譲渡損失による場合で，分離課税の譲渡による損失は損益通算できない。これは，土地等・建物等の長期（短期）譲渡所得，株式等に係る譲渡所得等及び先物取引に係る雑所得等において譲渡損失が発生した場合，当該損失は生じなかったものとみなされることによる（措法31条1項，32条1項，37条の12の2・2項，41条の14・1項）。

　総合課税の譲渡損失の中でも生活に通常必要でない資産の譲渡損失は除かれる（所法69条2項）。また，分離課税の譲渡損失であっても，平成16年1月1日から平成23年12月31日までの間に譲渡した一定の要件を満たした所有期間5年超の居住用財産の譲渡損失は損益通算できる（措法41条の5の2・1項）。

　純損失の繰越控除について説明する。確定申告書を提出する居住者のその年の前年以前3年以内の各年（その年分の所得税につき青色申告書を提出している年に限る）において生じた純損失の金額がある場合には，当該純損失の金額に相当する金額は，当該確定申告書に係る年分の総所得金額，退職所得金額又

は山林所得金額の計算上控除することをいう（所法70条1項）。なお白色申告者であっても，ある年に生じた変動所得の金額の計算上生じた損失の金額，被災事業用資産の損失の金額で，その年に控除しきれなかったものは，所定の確定申告書を提出することを条件に損失が発生した翌年から3年間にわたり繰越控除できる（所法70条2項）。なお，純損失の金額とは損益通算に規定する損失の金額のうちこの規定を適用してもなお控除しきれない部分の金額をいう（所法2条1項25号）。

　雑損失の繰越控除について説明する。確定申告書を提出する居住者のその年の前年以前3年内の各年において生じた雑損失の金額は，当該申告書に係る年分の総所得金額，退職所得金額又は山林所得金額の計算上控除することをいう（所法71条1項）。なお，所得税法72条1項（雑損控除）に規定する損失の金額の合計額が同項各号に掲げる場合の区分に応じ当該各号に掲げる金額を超える場合におけるその超える場合における金額をいう（所法2条1項26号）。

(6) 所得控除

　前項で説明した課税標準から，一定の順序に従って所得控除を行い，課税総所得金額，課税退職所得金額，課税山林所得金額，上場株式等に係る課税配当所得の金額，課税長期（短期）譲渡所得の金額，土地等に係る課税事業所得等の金額，株式等に係る課税譲渡所得等の金額及び先物取引に係る課税雑所得等の金額が計算される。

　所得税では，低所得者を所得税の対象から除外するとともに，個々の納税者の負担力に適合した課税を行う等の理由から，各種の所得控除が設けられている。以下各種の所得控除について説明する。

　雑損控除は，災害又は盗難若しくは横領による損失が生じた場合，これによる担税力の減殺をしん酌するものである（所法72条）。所得控除の順序であるが，まず雑損控除を行うことになっている（所法87条1項）。

　医療費控除は，その年中に支払った医療費の合計額が一定の額を超える場合

には，その超える部分の金額を控除できるものである（控除できる額には上限がある）。医療費控除の控除額は，その年に支払った医療費の総額から給付金等で補填される金額を控除しさらに，10万円（又は総所得金額等の5％相当額のいずれか少ない金額）を控除した残額となる。なお控除額は年間200万円が上限である(所法73条)。

社会保険料控除は，その年中に支払った社会保険料を控除するものである。社会保険料とは，居住者が，自己又は自己と生計を一にする配偶者その他の親族の負担すべき健康保険の保険料，介護保険の保険料，厚生年金の保険料，共済組合等の掛金等をいう(所法74条)。

小規模企業共済等掛金控除は，各年において小規模企業共済法に規定する第一種共済契約及び条例による心身障害者扶養共済制度に基づく掛金を支払った場合，その掛金を控除するものである(所法75条)。

生命保険料控除は，各年において，保険金等，退職年金又は退職一時金の受取人のすべてを自己又はその配偶者その他の親族とする生命保険契約に係る保険料を支払った場合又は個人年金保険契約等に係る保険料を支払った場合には，その保険料について一定の方法で計算した金額を控除するものである(所法76条)。

地震保険料控除は，各年において，居住者が自己若しくは自己と生計を一にする配偶者その他の親族の有する家屋で常時その居住の用に供するもの又はこれらの者の有する生活に通常必要な家財を保険又は共済の目的とし，かつ，地震若しくは噴火又はこれらによる津波を直接又は間接の原因とする火災，損壊，埋没又は流失による損害によりこれらの資産について生じた損失の額を填補する保険金又は共済金が支払われる損害保険契約等に係る地震等損害部分の保険料又は掛金を支払った場合，その年中に支払った地震保険料の金額の合計額を控除するものである。なお地震保険料控除の控除額の上限は5万円である(所法77条)。

寄附金控除は，各年において，特定寄附金を支出した場合，一定の方法で計算した金額を控除するものである。特定寄附金とは，国又は地方公共団体に対

する寄附金，公益社団法人，公益財団法人その他公益を目的とする事業を行う法人又は団体に対する寄附金のうち，所定の要件を満たすものとして財務大臣が指定したもの，いわゆる試験研究法人に対する寄附金で，一定の特定公益信託の信託財産とするための金銭の支出，平成7年1月1日から平成26年12月31日までの間に支出した政党，政治資金団体等の一定の政治団体又は特定の公職の候補者に対する政治活動に関する寄附金で政治資金規正法等により報告されたもの，認定特定非営利活動法人（認定ＮＰＯ法人）に対する特定非営利活動促進法に規定する特定非営利活動に係る事業に関連する寄附金をいう。寄附金控除の控除額の計算は，これらの支出金額と合計所得金額の40％相当額とのうちいずれか少ない方の金額から2千円を控除する（所法78条，措法41条の18，41条の18の3）。

障害者控除（所法79条），寡婦（寡夫）控除（所法81条），勤労学生控除（所法82条）は，特別の事情に基づく追加的費用のしん酌を通じて担税力に応じた負担を求めるための特別な人的控除である。

障害者控除の控除額は，障害者1人につき27万円，その者が特別障害者である場合には40万円である。なお，平成23年分以後については，扶養控除の見直しに伴い，居住者の扶養親族又は控除対象配偶者が同居の特別障害者である場合において，扶養控除又は配偶者控除の額に35万円を加算する措置に代えて，同居特別障害者に対する障害者控除の控除額が75万円になる。

寡婦（寡夫）控除の控除額は27万円である。ただし合計所得金額が500万円以下で扶養親族である子を有する寡婦の場合は35万円となる（措法41条の17）。

勤労学生控除の控除額は27万円である。

配偶者控除（所法83条），配偶者特別控除（所法83条の2），扶養控除（所法84条）は，基礎的な人的控除である。最後に誰でも控除できる基礎控除がある（所法86条）。基礎控除の控除額は38万円である。

配偶者控除について説明する。配偶者控除は，配偶者のその年の合計所得金額が38万円以下である場合に適用が受けられる。その年の合計所得金額が38万円以下である配偶者を控除対象配偶者という。控除対象配偶者の控除額は38万

円である。控除対象配偶者に該当する者で年齢が70歳以上の者を老人控除対象配偶者という。老人控除対象配偶者の控除額は48万円になる。

配偶者特別控除について説明する。配偶者特別控除は，納税者本人の合計所得金額が1,000万円以下でかつ，配偶者のその年の合計所得金額が38万円超76万円未満である場合に適用が受けられる。配偶者特別控除の控除額は，配偶者の合計所得金額により，3万円から38万円となる。

扶養控除について説明する。扶養控除は，納税者本人に扶養親族がいる場合に適用が受けられる。扶養親族とは，納税者と生計を一にする配偶者以外の親族等で，かつ，その年の合計所得金額が38万円以下である者をいう（所法2条1項34号）。なお，扶養親族のうち年齢が16歳以上23歳未満の者を特定扶養親族（所法2条1項34号の2），年齢が70歳以上の者を老人扶養親族（所法2条1項34号の3），納税者本人又はその配偶者の親で同居している老人扶養親族を同居の老親等という（措法41条の16・2項）。

扶養控除の控除額は，原則扶養親族1人につき38万円である。ただし，扶養親族が特定扶養親族の場合は63万円，老人扶養親族の場合は48万円，同居の老親等の場合は58万円となる。

なお，平成23年分以後に扶養控除を適用する場合は年齢が16歳以上の者（控除対象扶養親族という）が対象となる。また，特定扶養親族は，控除対象扶養親族のうち年齢が19歳以上23歳未満の者となる。この改正は，民主党政権になり，15歳までの子供に対する子供手当の支給や高校授業料無償化によるものといえる。

平成23年度税制改正大綱によれば，成年扶養控除が見直されることになっている。具体的には，平成24年分以後の所得税について，納税者本人の合計所得金額が400万円以下である場合に限り，成年扶養親族（扶養親族のうち，年齢23歳以上70歳未満の者をいう）を有する場合に，成年扶養親族1人につき成年扶養控除38万円が適用されることになる。なお，扶養親族が障害者，勤労学生控除の対象となる学校等の学生等の場合には，年収にかかわらず成年扶養控除は従来どおり適用される。

(7) 税額の計算

　所得税の税額は，課税総所得金額，課税退職所得金額又は課税山林所得金額（前述したように，五分五乗方式による）について，下記に示す税率表（速算表）を適用することにより算出される（所法89条1項）。

課税総所得金額， 課税退職所得金額 又は 課税山林所得金額	税　　率	控　除　額
195万円以下	5%	－円
195万円超　　330万円以下	10%	97,500円
330万円超　　695万円以下	20%	427,500円
695万円超　　900万円以下	23%	636,000円
900万円超　1,800万円以下	33%	1,536,000円
1,800万円超	40%	2,796,000円

　また，租税特別措置法により，上場株式等に係る課税配当所得の金額，土地等・建物等に係る課税長期（短期）譲渡所得の金額，株式等に係る課税譲渡所得の金額，先物取引に係る課税雑所得等の金額については，それぞれについて定められている税率を適用し所得税額が算出される（この段階の税額を「算出税額」と呼ぶ）。

　つまりわが国の所得税の制度は，所得税法本法により，退職所得と山林所得を除いて，基本的に総合課税の体系をとり総合所得課税であるが，租税特別措置法により，特定の種類の所得については他の所得と合算しない分離課税制度を採り入れているといえる。

　算出税額から，さらに配当控除（所法92条），外国税額控除（所法95条），住宅借入金等特別税額控除（措法41条から41条の3の2），政治活動に関する寄附をした場合の所得税額の特別控除（措法41条の18）の税額控除を行うことにより，最終的な税額が得られることになり，この税額を通常，年税額と呼んでいる。

(8) 申告・納付

① 確定申告（所法120条〜130条）

　所得税は申告納税制度を基本原則としている。よって，その年の所得があった者は，原則，その年分の所得税額を計算し，翌年の2月16日から3月15日までの間に確定申告を行い，その税額を納付しなければならない。確定申告をしなければならない者は，給与所得者以外の者で納付税額がある者，以下の給与所得者である。給与所得者は年末調整により所得税額の精算が行われ納税が完了するので，確定申告をする必要はないが，その年に支払いを受ける給与等の金額が2,000万円を超える者，給与所得以外の所得のある者で給与所得及び退職所得以外の所得金額の合計額が20万円を超える者，2ヶ所以上から給与等の支払いを受けている者で年末調整を受けていない従たる給与等の金額と給与所得以外の所得金額の合計額が20万円を超える者等は確定申告をしなければならない。

② 予定納税（所法104条〜106条）

　納税者にとって1年分の税額を一度に納付することは多額の納税資金を要し納税が困難となり，また，財政的にも年間を通して平準化するという観点から，一定の基準により税額を分割してあらかじめ納付するという予定納税制度が設けられている。予定納税は，前年の申告実績を基礎として計算された予定納税基準額の3分の1に相当する金額を，その年の7月，11月の2回に分けて納付するものである。今年になって，前年と収入事情が変わり明らかに納付額が減少するかなくなる場合には，予定納税額の変更を申請することになり，この手続を予定納税額の減額の承認申請という。

③ 延　納（所法131条）

　確定申告書を提出し，それにより納付すべき税額の2分の1以上を納付期限までに納付した場合には，その残額について，5月31日までその納付を延期す

ることができる。

④ 青色申告（所法143条～151条）

　青色申告制度は記帳慣習を確立させ，それにより納税申告制度を推進させるため，シャウプ勧告により制度化されたものである。青色申告書の提出は，不動産所得，事業所得又は山林所得を生ずべき業務を行う居住者が，所轄税務署長の承認を受けた場合に認められる。青色申告の承認を受けている者は，業務につき帳簿書類を備え付け，これに不動産所得の金額，事業所得の金額及び山林所得の金額に係る取引を記録し，かつ，その帳簿書類を保存する必要がある。一方，青色申告者には以下のような特典が認められている。

　貸倒引当金の設定，青色事業専従者給与，純損失の繰越控除，純損失の繰戻還付，青色申告特別控除等が主な特典である。

　貸倒引当金の設定について説明する。事業所得を生ずべき事業を営む青色申告者で，その事業の遂行上生じた売掛金，貸付金等の貸金の貸倒れによる損失の見込額として，年末における貸金の帳簿価額の合計額の一定以下の金額を貸倒引当金勘定へ繰り入れたときは，その金額を必要経費として認める（所法52条2項）。

　青色事業専従者給与について説明する。所得税では，生計を一にする親族に対してその事業から給与等を支払った場合，その給与等は必要経費として認められないが，青色申告者と生計を一にしている配偶者やその他の親族のうち，年齢が15歳以上で，その青色申告者の事業に専ら従事している人に支払った給与は，事前に提出された届出書に記載された金額の範囲内で専従者の労務の対価として適正な金額であれば，必要経費に算入することができる。なお，青色事業専従者として給与の支払いを受ける者は，控除対象配偶者や扶養親族にはない（所法57条）。また，不動産所得について青色事業専従者給与が認められる場合は，事業的規模（5棟10室以上で不動産の貸付けを行っている等）である（所法57条1項，所令164条1項，所基通26-9）。

　純損失の繰越控除については前述したように，事業所得等に損失の金額があ

る場合で，損益通算の規定を適用してもなお控除しきれない部分の金額（純損失の金額）が生じたときには，その損失額を翌年以後3年間にわたり繰り越して，各年分の所得金額から控除できる（所法70条1項）。

純損失の繰戻し還付について説明する。前年も青色申告をしている場合は，純損失の繰越しに代えて，その損失額を生じた年の前年に繰り戻して，前年分の所得税の還付を受けることができる（所法140条）。

青色申告特別控除について説明する。不動産所得又は事業所得を生ずべき事業を営んでいる青色申告者で，これらの所得に係る取引を正規の簿記の原則，一般的には複式簿記により記帳し，その記帳に基づいて作成した貸借対照表を損益計算書とともに確定申告書に添付して確定申告期限内に提出している場合には，原則としてこれらの所得を通じて最高65万円を控除することとされている。なお，不動産所得について青色申告特別控除が認められるのは，事業的規模で不動産の貸付けを行っている場合である。また，それ以外の青色申告者については，不動産所得，事業所得及び山林所得を通じて最高10万円を控除することとされている（措法25条の2，所基通26-9）。

2　法 人 税 法

(1)　概　　説

法人税とは，法人の事業活動によって得られる所得に課税される租税である。わが国の実定制度における法人税には，このような法人所得税のほかに，各連結事業年度の連結所得に対する法人税及び実質的には個人の所得に対する利子税であると考えられる退職年金等積立金に対する法人税が含まれる。

平成22年度税制改正において，従来あった清算所得課税が廃止された（旧法法6条削除）。清算所得に対する所得税とは，法人が解散して残余財産を確定し，出資者に配分する際，残余財産の価額のうち，解散時の資本等の金額と利益積立金額の合計額を超える部分である清算所得に課される法人税であった。今回

の清算所得課税が廃止されたことに伴い，清算中の内国法人である普通法人又は協同組合等に各事業年度の所得に対する法人税が課されることになる（法法5条）。また法人が解散した場合において，残余財産がないと見込まれるときは，青色欠損金額等以外の欠損金額を損金の額に算入する（法法59条）。

法人所得税は，各事業年度の所得に対して課される法人税であり，法人税の中の基幹をなす。連結所得に対する法人税（連結納税制度）は，平成14年7月の法人税法の改正で導入されたものであるが，各事業年度の法人税と並んで重要な位置を占めているといえる。

わが国の法人税の税率は，平成10年度の税制改正前は，普通法人の場合37.5％であった。平成10年度税制改正で，近年の経済社会の変化や国際化の進展にかんがみ，企業活力の発揮に資する観点から，法人税の税率引下げや各種引当金の改正・廃止等といった，約30年ぶりの法人税の抜本改革が行われた。この改正により，平成10年4月1日以後に開始する事業年度については，普通法人の税率が34.5％に引き下げられた。さらに平成11年度の税制改正では，平成11年4月1日以後に開始する事業年度について，普通法人の税率は30％となった。

平成23年度税制改正大綱によれば，平成23年4月1日以後に開始する事業年度については，さらなる税率の引下げが行われ，普通法人の税率は25.5％になる予定である。

次に，法人税の基本原則，法人税法と関連法令の関係，そして法人税に対する2つの考え方について，簡単にみていく。

① 法人税の基本原則

A 実質課税の原則

法人税法の解釈，適用にあたって，経済的実質に従って判断しようとする原則である。これには，法形式が経済的実質と離反した場合，租税負担公平の原則から納税義務者個々の実質的な担税力に従ってこそ税負担の公平が図られるという意味がある。具体的には，実質所得者課税の原則（法法11条），信託財産

に係る収入及び支出の帰属（法法12条），役員に対する経済的利益の供与（法法34条2項），寄附金になる低額譲渡等（法法37条7項），同族会社等の行為又は計算の否認（法法132条）等がある。

B 事業年度単位課税の原則

法人の事業年度1年間ごとの所得に対し課税される。

C 確定決算の原則

確定決算主義とは，所得金額等の計算・申告は，まず法人の確定した決算を前提とする考え方である。課税所得は，企業会計上の利益金額を基礎とし，これに法人税に関する法令の別段の定めによる一定の調整を加えて誘導的に算出される。よって，法令で定められていない事項については，株主総会等で継承され，最終的に確定した金額が法令に違反しない限り，その確定したところにより申告しなければならず，申告に際して変更することは認められない。

② 法人税法と関連法令の関係

所得税法と同様に，法人税法，租税特別措置法，法人税法施行令，租税特別措置法施行令，法人税法施行規則，租税特別措置法施行規則といった法令が存在する。また，法人税法関係通達（基本通達と個別通達），租税特別措置法関係通達等があり，実務ではこれらを参考に運用されている。

③ 法人税に対する2つの考え方

法人税に対しては，理論面から根拠あるいは性質について2つの考え方がある。1つは，法人の所得はすべて株主や従業員に帰属するという「法人擬制説」であり，いま1つは，法人は株主や従業員とは別の独立の存在であり，法人の所得はそれぞれに帰属するという「法人実在説」である。

わが国では，どちらかといえば法人擬制説にたっているが，双方の考え方が混ざっており，どちらと決めることは難しい。例えば，法人擬制説にたつ場合，配当を支払う段階の法人税と配当を受け取る段階の所得税との関係において，二重課税になるので何らかの方法により税負担の調整措置を講ずる必要がある

ことから，個人株主の受取配当の配当控除や，法人株主の受取配当の益金不算入の制度がとられている。一方，法人株主の受取配当の益金不算入において負債利子控除の制度がとられたり，役員賞与について損金不算入制度がとられている等，法人実在説に基づく仕組みも組み込まれている[13]。

(2) 納税義務者

　法人の種類は，大きく内国法人と外国法人に分類される。内国法人は国内に本店又は主たる事務所を有する法人であり，外国法人は内国法人以外の法人をいう（法法2条2号，3号）。内国法人は，国内源泉所得，国外源泉所得のすべてについて納税義務を負い，外国法人は，国内源泉所得のみに納税義務を負う（法法4条）。

　内国法人について，さらにその種類と納税義務について述べる。内国法人には，公共法人，公益法人等，協同組合等，人格のない社団等，及び普通法人がある。

　公共法人とは，国，地方公共団体の出資により公共性の著しい事業を行う法人であり，その範囲は法人税法別表第1に列挙されている。公共法人は，公共性が大であるため納税義務はない（法法2条5号，4条3項）。

　公益法人等とは，公益の追求を目的とし，原則として営利を目的としない法人であり，その範囲は法人税法別表第2に列挙されている。公益法人等も公共性が大であるため，原則納税義務はないが，収益事業を営む場合は例外として，営利法人と同様であると考え納税義務を負う（法法2条6号，4条1項）。

　協同組合等とは，消費者，農民等が各自の生活又は事業改善のために共同事業を行う組織であり，その範囲は法人税法別表第3に列挙されている。協同組合等は，その全所得に対して課税され納税義務を負う（法法2条7号，4条1項）。

　人格のない社団等とは，法人でない社団又は財団で代表者又は管理人の定めがあるものである。人格のない社団等は通常収益事業を営まないため，原則納

税義務はないが，収益事業を営む場合は例外として，営利法人と同様であると考え納税義務を負う（法法2条8号，3条，4条1項）。

　普通法人とは，通常の営利を目的とする法人であり，具体的には株式会社，合名会社，合資会社，合同会社等公共法人，公益法人等，協同組合等，人格のない社団等以外の法人をいう。普通法人は，その全所得に対して課税され納税義務を負う（法法2条9号，4条1項）。

(3)　各事業年度の所得計算の概要

　各事業年度の所得に対する法人税の課税標準は，各事業年度の所得の金額となっている（法法21条）。この各事業年度の所得の金額は，当該事業年度の益金の額から当該事業年度の損金を控除して計算される（法法22条1項）。

　益金の額については，まず，別段の定めがあるものを除き，資産の販売，有償又は無償による資産の譲渡又は役務の提供，無償による資産の譲受けその他の取引で，資本等取引以外のものに係る当該事業年度の収益の額とすると規定されている（法法22条2項）。

　この収益の額は，一般に公正妥当と認められる会計処理の基準に従って計算される（法法22条4項）。益金の額と収益の額はほぼ同じものであり，益金の額は収益の額を基礎に別段の定めの有無によりその金額を把握することになる。

　損金の額については，別段の定めがあるものを除き，当該事業年度の収益に係る売上原価，完成工事原価その他これらに準ずる原価の額，当該事業年度の販売費及び一般管理費その他の費用の額，当該事業年度の損失の額で資本等取引以外の取引に係るものと規定されている（法法22条3項）。

　また，債務確定主義をとっているため，償却費以外の費用については，その事業年度終了の日までに債務の確定しているものが損金となる（法法22条3項2号かっこ書）。費用の額についても，収益の額と同様，一般に公正妥当と認められた会計処理の基準に従って計算される（法法22条4項）。よって，損金の額も益金の額と同様，費用収益対応の原則等により把握された費用の額を基礎に，

別段の定めの有無によりその金額を把握することになる。

　まとめると，所得の金額は法人の確定した決算による当期利益の額を基礎として，益金と収益の額の差異と，損金と費用の額の差異を，加算（益金算入又は損金不算入）又は減算（益金不算入又は損金算入）し申告調整を行うことにより求められる。具体的には，法人税法施行規則別表4において申告調整されるが，別表4のひな形を示す（76頁）ので参照されたい。

　収益及び費用の年度帰属について述べる。益金の額については実現主義の原則を基調としている。損金の額については発生主義と費用収益対応の原則を基調としている。具体的には，売上原価等については収益との個別対応に基づき，販管費等については収益との期間対応に基づき，損失についてはその発生の事実を捉えて計上される。

　収益及び費用の年度帰属については以上が原則であるが，特殊な販売形態をとる場合，企業会計がいわゆる保守主義及び期間損益平準化の立場から収益の分割計上を認めている点を考慮し，法人税法上もいくつか例外の規定を設けており，延払基準（法法63条），工事進行基準（法法64条）が認められている。

　また，法人税法では，資本等の取引に係る収益の額又は損失の額は，所得金額の計算上，益金又は損金の額に算入されない（法法22条2項，3項3号）。ここに資本等取引とは，法人の資本等の金額（資本の金額又は出資金額と資本積立金額との合計額）の増加又は減少を生ずる取引及び法人が行う利益又は剰余金の分配（中間配当を含む）を指す（法法22条5項，2条16号，17号）。

(4) 益金の額の計算

　益金の額については，原則として，資本等取引以外の取引によるすべての収益が含まれるが，法人税法では，益金の額の計算において別段の定めを規定している。本節では，この益金に関する別段の定めについて主なものを挙げその概要を述べる。

所得の金額の計算に関する明細書(簡易様式)

別表四(簡易様式) 平二八・四・一以後終了事業年度分

事業年度: ・ ・
法人名:

区分		総額 ①	処分	
			留保 ②	社外流出 ③

御注意

1 沖縄の認定法人の所得の特別控除、国際戦略総合特別区域における指定特定事業法人の課税の特例、組合事業等に係る損失がある場合の損金不算入額等の特例、農業経営基盤強化準備金の課税の特例、農用地等を取得した場合の課税の特例、対外船舶運航事業を営む法人の日本船舶による収入金額の課税の特例、特定目的会社等又は特定目的信託に係る受託法人の課税の特例及び投資法人の課税の特例、中部国際空港整備準備金の課税の特例及び再投資等準備金の課税の特例、関西国際空港用地整備準備金の課税の特例及び再投資等準備金の課税の特例の規定の適用を受けた法人にあっては、別様式による別表四を御使用ください。

2 「47」の①欄の金額は、②欄の金額に③欄の本書の金額を加算し、これから「※」の金額を加減算した額と符合することになりますから、留意してください。

区分		総額①	留保②	社外流出③
当期利益又は当期欠損の額	1	円	円	配当 円
				その他
加算	損金経理をした法人税及び地方法人税(附帯税を除く。)	2			
	損金経理をした道府県民税(利子割額を除く。)及び市町村民税	3			
	損金経理をした道府県民利子割額	4			
	損金経理をした納税充当金	5			
	損金経理をした附帯税(利子税を除く。)、加算金、延滞金(延納分を除く。)及び過怠税	6			その他
	減価償却の償却超過額	7			
	役員給与の損金不算入額	8			その他
	交際費等の損金不算入額	9			その他
		10			
	小計	11			
減算	減価償却超過額の当期認容額	12			
	納税充当金から支出した事業税等の金額	13			
	受取配当等の益金不算入額(別表八(一)「13」又は「26」)	14			※
	外国子会社から受ける剰余金の配当等の益金不算入額(別表八(二)「26」)	15			※
	受贈益の益金不算入額	16			※
	適格現物分配に係る益金不算入額	17			※
	法人税等の中間納付額及び過誤納に係る還付金額	18			
	所得税額及び欠損金の繰戻しによる還付金額等	19			※
		20			
	小計	21			外 ※
仮計 (1)+(11)-(21)		22			外 ※
関連者等に係る支払利子等の損金不算入額(別表十七(二の二)「25」又は「30」)		23			その他
超過利子額の損金算入額(別表十七(二の三)「10」)		24	△		※ △
仮計 ((22)から(24)までの計)		25			外 ※
寄附金の損金不算入額(別表十四(二)「24」又は「40」)		26			その他
法人税額から控除される所得税額(別表六(一)「13」)		29			その他
税額控除の対象となる外国法人税の額(別表六(二の二)「7」)		30			その他
合計 (25)+(26)+(29)+(30)		33			外 ※
契約者配当の益金算入額(別表九(一)「13」)		34			
非適格合併等による残余財産の全部分配等による移転資産等の譲渡利益額又は譲渡損失額		36			
差引計 (33)+(34)+(36)		37			外 ※
欠損金又は災害損失金等の当期控除額(別表七(一)「4の計」+別表七(二)「9」若しくは「21」又は別表七(三)「10」)		38	△		※ △
総計 (37)+(38)		39			外 ※
新鉱床探鉱費又は海外新鉱床探鉱費の特別控除額(別表十(三)「43」)		40	△		※ △
残余財産の確定の日の属する事業年度に係る事業税の損金算入額		46	△	△	
所得金額又は欠損金額		47			外 ※

① 受取配当等

　企業会計においては，法人が受け取る利益の配当又は剰余金の分配等は当然収益として計上される。一方，法人税法では，所得税の前払的性格を有するものとして，個人株主が受ける配当については配当控除により二重課税が排除されている。そこで，法人が受ける配当については，すでに支払法人において課税された所得であるため，個人の段階での配当控除を容易にするため，法人段階で二重に課税せず，当該配当の支払原資である法人所得に対し，最初に課税された法人のみにするという趣旨のもとに，関係法人株式等及び連結法人株式等以外の株式等に係る受取配当等の50％を，確定申告に際し一定条件のもとに，益金の額に算入しないこととされている（法法23条1項，6項，7項）。

　昭和63年度までは益金不算入額が100％認められていたが，法人が行う財テクで多額の配当を受けている現状にかんがみ，徐々に80％，50％と益金不算入になる割合が引き下げられてきている。

　なお，関係法人株式等に係る配当等の額及び連結法人株式等に係る配当等の額は，その全額が益金不算入である[14]。

　益金不算入額は，法人税法施行規則別表4において，減算・社外流出項目として「受取配当等の益金不算入額」と表示される。

　また配当の額とみなす金額（みなし配当）には，合併（適格合併を除く），分割型分割（適格分割型分割を除く），資本の払戻し（剰余金の配当（資本剰余金の額の減少に伴うものに限る）のうち，分割型分割によるもの以外のものをいう）又は解散による残余財産の分配，自己株式又は出資の取得，出資の消却（取得した出資について行うものを除く），出資の払戻し，社員その他法人の出資者の退社又は脱退による持分の払戻しその他株式又は出資をその発行した法人が取得することなく消滅させること，組織変更（当該組織変更に際して当該組織変更をした法人の株式又は出資以外の資産を交付したものに限る）がある（法法24条1項）。

② 資産の評価益

　企業会計と同様，税法上も取得原価主義を原則とし資産の評価益の計上は認められておらず益金には算入されない。よって，内国法人が資産の評価換えをしてその帳簿価額を増額した場合には，その増額した部分の金額は各事業年度の益金に算入されない（法法25条1項）。

　益金不算入額は，別表4において，減算・留保項目として「○○評価益否認」と表示される。

　ただし，会社更生法の規定による資産の評価換え，組織変更による資産の評価換え，保険業法の規定による株式の評価換えについては，資産の評価益の計上が認められている（法法25条1項，法令24条）。

　売買目的有価証券に対しては時価法が適用されており，評価益は益金に算入される。

③ 還付金等

　法人税等は損金の額に算入されないこととなっているが，法人がその所得に対する法人税等の還付を受け，又はその還付を受けるべき金額を未納の租税に充当された場合は，その還付を受け又は充当された金額は益金の額に算入されない（法法26条）。

　益金不算入額は，別表4において，減算・留保項目として「○○に係る還付金額」と表示される。

(5) 損金の額の計算

　損金の額については，原則として，資本等取引以外の取引によるすべての原価・費用及び損失が含まれるが，法人税法には損金の額の計算において数多くの規定がある。本節では，この損金に関する規定の主なものについてみてみる。

① 売上原価（棚卸資産の評価）

 売上原価は損金の額に算入されるが，この金額は，「期首棚卸資産の価額＋当期仕入額－期末棚卸資産の価額」の算式により計算される。よって，売上原価の算定では期末棚卸資産の評価が重要で，この評価により利益操作の余地が生まれることになる。したがって，期末棚卸資産の評価方法は合理的なものでなければならない。

 法人税法に規定する棚卸資産とは，次に掲げる資産（有価証券を除く）で棚卸しをすべきものを指す（法法2条21号，法令10条）。

 ①商品又は製品（副産物及び作業くずを含む），②半製品，③仕掛品（半成工事を含む），④主要原材料，⑤補助原材料，⑥消耗品で貯蔵中のもの，⑦上記①から⑥に掲げる資産に準ずるもの。

 その合理的な評価方法として，法人税法では原価法と低価法の2つが定められており，これらのいずれかを選定できる（法法29条，法令28条1項）。原価法とは，その取得価額を基準として算出される価額をもって評価額を計算する方法である。これには，個別法，先入先出法，総平均法，移動平均法，最終仕入原価法，売価還元法の6種類の方式がある。低価法とは，原価法により計算された評価額とその期末時価とのうち，いずれか低い金額をもって期末棚卸資産の評価額とする方法である。なお，評価方法を選定しなかった場合には，最終仕入原価法による原価法によらなければならない（法令28条1項，31条1項）。

 棚卸資産の取得価額は，原則として，購入した棚卸資産の場合には，その購入代価（購入のために要した費用の額を加算した金額）とその棚卸資産を消費し又は販売の用に供するために直接要した費用の額の金額の合計額であり，自己が製造等をした場合には，製造のために要した原材料費，労務費及び経費の額とその棚卸資産を消費し又は販売の用に供するために直接要した費用の額の金額の合計額である（法令32条）。

② 有価証券関係

 法人税法が規定する有価証券とは，国債証券，地方債証券，特別の法律によ

り法人の発行する債券，社債券，特別の法律により設立された法人の発行する出資証券，株券又は新株引受権を表示する証券又は証書等の金融商品取引法2条1項に規定する有価証券，合名会社，合資会社又は合同会社の社員の持分，協同組合等の組合員又は会員の持分その他法人の出資者の持分等である（法法2条22号，法令11条）。

有価証券の譲渡損益の計算及び計上時期についてみてみよう。平成12年度改正により，有価証券の期末評価の方法として時価法が導入され，期中に生ずる有価証券の譲渡損益の額を正味の金額で計算する規定（法法61条の2）が設けられるとともに，期末に計上される有価証券の評価損益に対応するものとして有価証券の期末評価の規定（法法61条の3）が設けられた。

また，有価証券の譲渡損益の計上時期は，改正前までは，実務上，有価証券の引渡日の属する事業年度とされていたが，改正により，有価証券の売却等の約定日の属する事業年度となった。

有価証券の譲渡原価の額は，有価証券の1単位当たりの帳簿価額に譲渡をした有価証券の数を乗じた価額となる。有価証券の取得価額についてはその取得方法によりいくつかの規定がある。1単位当たりの帳簿価額は移動平均法又は総平均法により算出する。この計算は，売買目的有価証券，満期保有目的等有価証券又はその他有価証券に区分をしそれぞれの銘柄ごとに行う（法令119条，119条の2・2項）。

法人が，合併その他の組織再編成によって，合併法人等から株式等の交付を受けた場合の有価証券の譲渡損益の計算はおおむね次のように規定されている（法法61条の2）。

A 合併により新株を取得した場合

合併により被合併法人の株主が合併法人の株式のみの交付を受けた場合には，旧株（被合併法人の株式）の譲渡対価は，その合併の直前の帳簿価額とする。

B 分割法人の株主が分割承継法人の株式等を取得した場合

分割法人の株式が分割型分割により分割承継法人の株式その他の資産の交付を受けた場合には，旧株（分割法人の株式）のうちその分割により分割承継法

人に移転した資産等に対応する部分の譲渡があったものとする。この場合において，分割法人の株主が分割承継法人の株式のみの交付を受けたときの譲渡対価及び譲渡原価は，分割純資産対応帳簿価額とする。

C 自己の株式を譲渡した場合

この場合，譲渡に係る原価の額は当該自己の株式の当該譲渡直前の帳簿価額とする。

D 減資又は解散による残余財産の分配の場合

この場合，譲渡に係る原価の額は払戻し等の直前の帳簿価額を基礎として計算した金額とする。

E 有価証券の空売りの場合

この場合は，買戻しをした有価証券の数に対応する譲渡の対価の額から買戻しをした有価証券の買戻しの対価の額の差額をもって，譲渡損益の額とする[15]。

F 信用取引又は発行日取引の場合

この場合は，売付けをした株式の売付け対価の額と買付けをした株式の買付け対価の額の差額をもって，譲渡損益の額とする[16]。

次に，売買目的有価証券の時価評価についてみてみよう。

売買目的有価証券については企業会計でも時価評価の対象となっており，この期末評価額は時価法により評価した金額とされている（法法61条の3・1項1号）。資産の評価益の益金不算入や資産の評価損の損金不算入の規定にかかわらず，評価益又は評価損は益金の額又は損金の額に算入される（法法61条の3・2項)[17]。

売買目的外有価証券（売買目的有価証券以外の有価証券）の期末評価額は次のようになる。

償還期限及び償還金額の定めのある有価証券（償還有価証券）は償却原価法により，調整差益又は調整差損を益金の額又は損金の額に算入するとともに，その金額を帳簿価額に加算又は減算することとされている。償却原価法とは，帳簿価額と償還金額との差額のうち，各事業年度に配分すべき金額を加算し又は減額した金額で評価する方法をいう。償還有価証券以外の有価証券は原価法

により評価した金額とされている（法法61条の3・1項2号，法令119条の14，139条の2）。

③ 減価償却資産の減価償却

　減価償却資産とは，棚卸資産，有価証券及び繰延資産以外の資産のうち次に掲げるもの（事業の用に供していないもの及び時の経過によりその価値の減少しないものを除く）をいう。建物，構築物，機械及び装置，車両及び運搬具，工具，器具及び備品，鉱業権その他の資産で償却すべきものとされる一定もの（法法2条24号，法令13条）。

　これらの資産は長期間にわたり収益を生み出す源泉であるので，その取得に要した費用は，将来の収益に対する費用の前払いの性格を有することから，企業会計上は，取得の年度に一括して費用に計上するのではなく，その減価償却資産の予定利用期間に合理的な方法により，徐々に費用化する必要がある。

　法人税法においては，このような企業会計の考え方を参考にし詳細な規定を置いている。償却費としてその事業年度の損金の額に算入する金額は，原則，その事業年度においてその償却費として損金経理した金額のうち，当該内国法人が選定した償却方法に基づき計算した償却限度額に達するまでの金額となっている。また償却費として損金経理した金額には，繰越償却超過額を含むものとしている（法法31条1項，2項）。償却超過額がある場合には，その減価償却資産の帳簿価額は償却超過額の減額がなされなかったものとみなされる（法令62条）。

　償却方法は，原則として，有形減価償却資産（鉱業用減価償却資産を除く）については定額法又は定率法，鉱業用減価償却資産（鉱業権を除く）については定額法，定率法又は生産高比例法，無形減価償却資産（営業権及び鉱業権を除く）及び生物については定額法，鉱業権については定額法又は生産高比例法，営業権については取得価額を償却限度額とする方法が認められていたが，平成10年度改正により次のように一部改正された。平成10年4月1日以後に取得した建物の償却方法は定額法のみによることとなった。営業権については，平成

10年4月1日以後に取得したものは，任意償却から定額法（耐用年数5年）に改められた（法令48条）。事業年度の中途で事業の用に供した減価償却資産の初年度2分の1簡便償却制度は廃止された。

その後平成19年度改正により以下のように減価償却方法が改正された。

まず平成19年3月31日以前の取得資産と平成19年4月1日以後の取得資産に分けて，各資産ごとに償却方法について述べる。

建物については，平成19年3月31に以前の取得資産は旧定額法による。

旧定額法とは，減価償却資産の取得価額からその残存価額を控除した金額に，その償却費が毎年同一となるように当該資産の耐用年数に応じた償却率を乗じて計算した金額を，各事業年度の償却限度額として償却する方法である。有形減価償却資産の残存価額は，取得価額の10％とされている（法令48条1項1号）。

また，平成19年4月1日以後の取得資産は定額法による。定額法とは，減価償却資産の取得価額に，その償却費が毎年同一となるように当該資産の耐用年数に応じた償却率を乗じて計算した金額を，各事業年度の償却限度額として償却する方法である（法令48条の2・1項1号）。

建物付属設備，構築物，機械装置，船舶，航空機，車両運搬具，工具，器具備品（鉱業用減価償却資産を除く）については，平成19年3月31日以前の取得資産は旧定額法あるいは旧定率法を選択できる。旧定率法とは，減価償却資産の取得価額（すでにした償却の額で各事業年度の所得の金額又は各連結事業年度の連結所得の金額の計算上損金の額に算入された金額がある場合には，当該金額を控除した金額）に，その償却費が毎年一定の割合で逓減するように当該資産の耐用年数に応じた償却率を乗じて計算した金額を，各事業年度の償却限度額として償却する方法である（法令48条1項1号）。

また，平成19年4月1日以後の取得資産は定額法あるいは定率法を選択できる。定率法とは，減価償却資産の取得価額（すでにした償却の額で各事業年度の所得の金額又は各連結事業年度の連結所得の金額の計算上損金の額に算入された金額がある場合には，当該金額を控除した金額）に，その償却費が毎年一定の割合で逓減するように当該資産の耐用年数に応じた償却率を乗じて計算し

た金額(当該計算した金額が償却保証額に満たない場合には,改定取得価額にその償却費がその後毎年同一となるように当該資産の耐用年数に応じた改定償却率を乗じて計算した金額)を,各事業年度の償却限度額として償却する方法である(法令48条の2・1項2号)。

なお,償却保証額とは,各事業年度の調整前償却額が,その資産の取得価額に,耐用年数省令別表第8に規定する保証率を乗じて計算した金額をいう。調整前償却額とは,減価償却資産の取得価額に,その償却費が毎年一定の割合で逓減するようにその資産の耐用年数に応じた定率法の償却率を乗じて計算した金額をいう。

鉱業用減価償却資産(鉱業権を除く)については,平成19年3月31日以前の取得資産は旧定額法,旧定率法あるいは旧生産高比例法を選択できる。旧生産高比例法とは,鉱業用減価償却資産の取得価額からその残存価額を控除した金額を,当該資産の耐用年数(当該資産の属する鉱区の採掘予定年数がその耐用年数より短い場合には,当該鉱区の採掘予定年数)の期間内における当該資産の属する鉱区の採掘予定数量で除して計算した一定単位当たりの金額に,各事業年度における当該鉱区の採掘数量を乗じて計算した金額を当該事業年度の償却限度額として償却する方法である(法令48条1項3号)。

また,平成19年4月1日以後の取得資産は定額法,定率法あるいは生産高比例法を選択できる。生産高比例法とは,鉱業用減価償却資産の取得価額を当該資産の耐用年数(当該資産の属する鉱区の採掘予定年数がその耐用年数より短い場合には,当該鉱区の採掘予定年数)の期間内における当該資産の属する鉱区の採掘予定数量で除して計算した一定単位当たりの金額に,当該事業年度における当該鉱区の採掘数量を乗じて計算した金額を,各事業年度の償却限度額として償却する方法である(法令48条の2・1項3号)。

平成23年度税制改正大綱によれば,課税ベースの拡大措置の一貫として,平成23年4月1日以後に取得する減価償却資産の定率法の償却率は,定額法の償却率を現行の2.5倍した数から2.0倍した数とすることになっている。

無形固定資産(鉱業権を除く)及び生物については,平成19年3月31日以前

の取得資産は旧定額法による。また，平成19年4月1日以後の取得資産は定額法による。

　鉱業権については，平成19年3月31日以前の取得資産は旧定額法あるいは旧生産高比例法を選択できる。また，平成19年4月1日以後の取得資産は定額法あるいは生産高比例法を選択できる。

　償却方法を選定しなかった場合には，建物付属設備，構築物，機械装置，船舶，航空機，車両運搬具，工具，器具備品（工業用減価償却資産を除く）については定率法，工業用減価償却資産については生産高比例法となっている（法令53条）。

　減価償却費の計算の基礎となるべき取得価額は次のようになる。減価償却資産の取得価額は取得の態様に応じて求められる（法令54条1項）。例えば，購入した場合は，購入代価（購入のために要した費用の額を加算した金額）とその減価償却資産を事業の用に供するために直接要した費用の額の合計額となる。自己が建設等をした場合は，建設等のために要した原材料費，労務費及び経費の額とその減価償却資産を事業の用に供するために直接要した費用の額の合計額となる。

　耐用年数について述べる。耐用年数は，その法人がその資産の本来の用途に使用できる期間を物理的な側面と機能的な側面から減価を考え決めるべきものであるが，行政的便宜を図るため画一的に，「減価償却資産の耐用年数等に関する省令」（以下，耐用年数省令と略す）により，資産の種類，用途，構造等に応じて定められている。

　損金経理償却費が償却限度額を上回る場合には，別表4において，加算・留保項目として「減価償却超過額」と表示される。また，過年度において繰越超過額があり，かつ，当期に償却不足になっている場合には，別表4において，減算・留保項目として「減価償却超過額の当期認容額」と表示される。

　今まで述べてきたのは，法人税法に基づいて法人が選定した償却方法により減価償却するものであり，これを普通償却というが，税法上の償却を早め，設備投資の奨励や設備の近代化等を図る等政策的な観点から，普通償却のほかに

特別償却費を減価償却費として認める特別償却と呼ばれる制度がある。この特別償却には初年度一時償却と割増償却がある。初年度一時償却とは，取得し，事業の用に供した事業年度のみに適用があるもので，割増償却とは，取得し，事業の用に供した事業年度から一定期間適用があるものを指す。これらの制度は租税特別措置法により定められている。

　具体的には主なものとして，初年度一時償却には，エネルギー需要構造改革推進設備等の特別償却（措法42条の5），中小企業者等の機械等の特別償却（措法42条の6），情報基盤強化設備等の特別償却（措法42条の7）等があり，割増償却には，優良賃貸住宅等の割増償却（措法47条）等が挙げられる。

　特別償却は原則として普通償却と同様の会計処理を行うが，適用資産の帳簿価額に影響を与えず直接償却した場合と同様の効果を得るために，特別償却準備金を損金の額に算入することが認められている。なお，特別償却準備金は，各特別償却に共通の制度である。

　特別償却準備金の積立てには，損金経理をする方法と，費用計上せず剰余金の処分により積立金として積み立てる方法がある。剰余金処分経理をした場合は別表4で所得から減算することになる（措法52条の3・1項）。

④　繰延資産の償却

　企業会計上，法人が支出した費用のうちその支出の効果が翌期以降に及ぶものについては，資産性を認めることにより適正な期間配分が要求され，税法上もこれと同じ考え方を基礎として，繰延資産に関する規定が設けられている。税法上の繰延資産には，会社法で定められている創立費，開業費，開発費，株式交付費，社債等発行費のいわゆる会社法上の繰延資産以外に，自己が便益を受けるために支出する費用で，支出の効果がその支出後1年以上に及ぶものが含まれている。資産の取得に要した金額とされるべき費用及び前払費用は除かれる（法法2条24号，法令14条）。

　償却の方法は，会社法上の繰延資産についてはいわゆる任意償却が認められており，償却限度額はその繰延資産の未償却額となる。税法特有の繰延資産に

ついては，その支出の効果の及ぶ期間にわたって均等に償却すべきものとされている（法法32条1項，法令64条）。

⑤ 資産の評価損

　資産の評価益と同様に，税法上，取得原価主義を原則とし評価換えによる損益は認められていないことから，内国法人が資産の評価換えをしてその帳簿価額を減額した場合には，その減額した部分の金額は各事業年度の損金の額に算入されない（法法33条1項）。また，この規定の適用があった場合において，減額された金額を損金の額に算入されなかった資産については，その事業年度以後の帳簿価額はその減額がされなかったものとみなされる（法法33条3項）。

　ただし，資産（預金，貯金，貸付金，売掛金その他の債権を除く）につき次の事実が生じたことにより，その資産の価額がその帳簿価額を下回ることとなった場合において，その内国法人が評価換えをして損金経理により帳簿価額を減額したときは，その減額した金額のうち，評価換え直前帳簿価額とその事業年度終了のときにおける価額との差額に達するまでの金額は，その事業年度の損金の額に算入される（法法33条2項，法令68条）。

　損金不算入額は，別表4において，加算・留保項目として「〇〇評価損否認」と表示される。

　棚卸資産については，a災害により著しく損傷したこと，b著しく陳腐化したこと，c会社更生法等の規定により評価換えをする必要が生じたこと，d上記aからcまでに準ずる特別の事実があった場合である。

　有価証券については，a上場有価証券等の価額が著しく低下したこと，baの有価証券以外の有価証券について，その有価証券を発行する法人の資産状態が著しく悪化したため，その価額が著しく低下したこと，c会社更生法等の規定により評価換えをする必要が生じたこと，d上記b又はcに準ずる特別の事実があった場合である。

　なお，平成12年度の改正により，売買目的有価証券の評価損は損金に算入されることになっている。

固定資産については，a災害により著しく損傷したこと，b1年以上にわたり遊休状態にあること，cその本来の用途に使用することができないため他の用途に使用されたこと，d所在する場所の状況が著しく変化したこと，e会社更生法等の規定により評価換えをする必要が生じたこと，f上記aからeまでに準ずる特別の事実があった場合である。

⑥　同族会社
A　意　　義
　同族会社とは，会社の株主等（その会社が自己の株式又は出資を有する場合のその会社を除く）の3人以下並びにこれらと政令で定める特殊の関係（株主等の親族，株主等と事実上婚姻関係にある者，個人である株主等の使用人等）のある個人及び法人がその会社の発行済株式又は出資（その会社が有する自己の株式又は出資を除く）の総数又は総額の50％を超える数又は金額の株式又は出資を有する場合等におけるその会社をいう（法法2条10号，法令4条）。

B　同族会社の行為又は計算の否認
　法法132条において租税回避行為の一般的規定とされている同族会社の行為又は計算の否認規定がある。ここでは次のような規定となっている。
　税務署長は，同族会社に係る法人税につき更正又は決定をする場合において，その法人の行為又は計算で，これを容認した場合には法人税の負担を不当に減少させる結果となると認められるものがあるときは，その行為又は計算にかかわらず，税務署長の認めるところにより，その法人に係る法人税の課税標準若しくは欠損金額又は法人税の額を計算することができる。
　なお，平成13年の税制改正において組織再編成に関する行為又は計算の一般的否認規定として法法132条の2が，平成14年の税制改正において連結法人に係る行為又は計算の一般的否認規定として法法132条の3が創設された。
　法法132条の規定は，同族会社の行った行為や計算が事実として存在した場合でも，その事実を無視して，税務署長が相当と認めるところに基づいて，当該納税者の租税債務を計算することを税務署長に認めたものである。その結果，

当該同族会社の行った行為や計算ではなく，当該同族会社が行わなかった行為や計算に基づいて，課税計算がなされることになる。当該納税者との関係で別の言い方をすると，この場合の納税者は，自分が行わなかった行為や計算を押しつけられることになるとみることもできる[18]。

C 特定同族会社における留保金課税

特定同族会社とは，被支配会社で，被支配会社であることについての判定の基礎となった株主等のうちに被支配会社でない法人がある場合には，当該法人をその判定の基礎となる株主等から除外して判定するものとした場合においても被支配会社となるものをいう。なお，資本金の額又は出資金の額が1億円以下であるものを除く。ただし平成22年度税制改正において，平成22年4月1日以後開始の事業年度より，資本金の額若しくは出資金の額が5億円以上の法人又は相互会社等との間にこれらの法人による完全支配関係がある法人については，中小企業者等の法人税の税率の特例等の規定を適用しないこととなり，特定同族会社の留保金課税についても，たとえ資本金の額等が1億円以下であっても留保金課税が適用されることとなっている（法法66条6項2号，67条1項）。

特定同族会社は少数の株主により経営が支配されているので，株主の都合により配当せず必要以上に内部留保をし，所得税の課税を回避することが考えられる。

そこで，非同族会社の株主等との課税の公平を図るために，特定同族会社に対し，不当に内部留保をした場合には特別税額を課すこととなっており，これを留保金課税をいう。

具体的には，別表1(1)において，留保金額が留保控除額を超える場合には，通常の法人税額に特別税額（課税留保金額に対する税額）を加算することになる。特別税額の計算は，課税留保金額×特別税率となる。課税留保金額の計算過程と特別税率についてみてみる。

課税留保金額は，当期留保金額－留保控除額の算式により計算される。当期留保金額の計算の概要は次のようである。まず所得等の金額（別表4の総計に課税外収入を加えたもの）から社外流出額を控除して留保所得金額が求められ

る。課税外収入とは別表4の減算項目である益金不算入又は損金算入項目をいい，受取配当等の益金不算入額等が該当するが，これは現金支出を伴っていないため，内部留保されているので，所得等の金額に含められている。次に，留保所得金額から法人税及び住民税を控除して当期留保金額が求められる。

留保控除額は適正な留保額として課税されない。留保控除額の計算は以下の所得基準，定額基準，積立金基準の計算方法により算出した金額のうち，最も多い金額が選択される。

所得基準は，当期の所得等の金額×40％の算式により計算する。定額基準は，2,000万円×当期の月数/12の算式により計算する。積立金基準は，期末資本金の額×25％－期首利益積立金額の算式により計算する。

特別税率は次のようである。課税留保金額が，年3,000万円以下の金額では10％，年3,000万円超1億円以下の金額の部分は15％，年1億円超の金額の部分は20％である。

D　特殊支配同族会社における役員給与の損金不算入

この制度は，実質1人会社のオーナー役員報酬に対し，給与所得控除相当分を法人税の課税段階で損金不算入とするものであったが，平成22年度の税制改正により廃止され，平成22年4月1日以後に終了する事業年度からは適用しないこととされ，法法35条は削除された。

⑦　役員の給与等

内国法人が支出する給与等はその事業年度の販管費として損金の額に算入されるが，役員給与等の場合には役員自身がその給与等の決定に関与するという事実等により税法上特別の規定が設けられている。税法上の役員とは，会社法上の役員である，取締役，執行役，会計参与，監査役，理事，監事，清算人のみならず，法人の使用人以外の者でその法人の経営に従事している者，あるいは同族会社の使用人のうち一定の持株要件を満たしている者でその会社の経営に従事している者という，いわゆるみなし役員といわれる税法独自の役員を指す（法法2条15号，法令7条，71条）。

第2章　国税各種税法概説

　役員給与等とは，いわゆる役員報酬，役員賞与，退職金等をいい，金銭によるもののほか，債務の免除，ストック・オプションの付与等の経済的利益を含む（法法34条4項）。

　退職給与，新株予約権（ストック・オプション）によるもの及び使用人兼務役員の使用人分給与を除き，以下説明する定期同額給与，事前確定届出給与，及び利益連動給与に該当しない給与は，損金の額に算入されない（法法34条1項，法令69条）。この規定は，いわゆる後決めの役員給与については損金に算入されない旨を定めているものといえる。

　定期同額給与とはいわゆる役員報酬に該当するもので，支給期間が1月以下の一定の期間ごとであり，かつ，当該事業年度の各支給時期における支給額が同額である給与その他これに準ずる給与をいう（法法34条1項1号）。

　事前確定届出給与とはいわゆる役員賞与に該当するもので，その役員の職務につき所定の時期に確定額を支給する旨の定めに基づいて支給する給与で，一定の要件を満たすものをいう（法法34条1項2号）。

　利益連動給与とはいわゆる役員賞与に該当するもので，同族会社に該当しない法人がその業務を執行する役員に対して支給する利益に関する指標を基礎として算定される給与で，一定の要件を満たすものをいう（法法34条1項3号）。

　ただし，上記の3つの給与であっても，不相当に高額な部分の金額については，損金の額に算入されない（法法34条2項）。

　不相当に高額な部分の金額についての判定には，実質基準額と形式基準額が用いられ，どちらの基準額も超える部分の金額があるときは，いずれか多い金額が不相当に高額な部分の金額となる（法令70条1号）。実質基準額とは，個々の役員給与の額につき，その役員の職務の内容，会社の収益及び使用人に対する給与の支給の状況，会社と同業他社で，事業規模が類似するものの役員退職給与の支給状況等に照らしてその役員の職務に対する対価として相当であると認められる適正額をいう。形式基準額とは，定款や株主総会その他これらに準ずるものの決議により役員給与として支給することができる限度額を定めている場合におけるその支給限度額をいう。

91

不相当に高額な部分の損金不算入額は，別表4において，加算・社外流出項目として「過大役員給与否認」と表示される。また，そもそも上記の3つの役員給与に該当しない損金不算入額は「役員給与否認」と表示される。

退職給与については，原則として損金の額に算入されるが，その役員の会社の業務に従事した期間，その退職の事情，会社と同種の事業を営む法人でその事業規模が類似するものの役員退職給与の支給の状況等に照らし，その退職した役員に対する退職給与として不相当に高額な部分は，損金の額に算入されない（法法34条2項，法令70条2項）。

また，事実を隠ぺいし，又は仮装して経理をすることによりその役員に対して支給する給与の額は，損金の額に算入されない（法法34条3項）。

ストック・オプションは，平成9年の商法改正で株式譲渡請求権及び新株引受権として導入されたが，平成13年の商法改正において，ストック・オプションは新株予約権として一本化された。

ここでは，平成18年5月1日（会社法施行日）以後に発行決議する新株予約権に関する，発行法人側の取扱いについて述べることにする。

新株予約権を対価とした費用等の取扱いは次のようになる。個人から役務の提供を受ける場合，個人側で給与所得としての課税を受ける時点が，法人側の損金算入時期とされる。これは税制非適格ストック・オプションの場合である。会計上，付与日から権利確定日にかけて費用処理している場合，損金不算入となるため，損金不算入額は，別表4において加算・留保項目として「株式報酬費用否認」と表示される。その後，給与等課税事由が発生した時点で損金に算入されるので，別表4において「株式報酬費用認容」として減算（留保）される。

税制適格ストック・オプションの場合は，個人において権利行使時に課税は行われないので，新株予約権の発行法人の役務提供に係る費用の額は，損金の額に算入されない。

⑧ 寄 附 金

　寄附金とは，税法上の概念は通常のそれよりも広く捉えられており，寄附金，拠出金，見舞金その他いずれの名義をもってするかを問わず，法人が金銭その他の資産又は経済的利益の贈与又は無償の供与をした場合におけるその贈与又は利益の供与のことを指す。寄附金の額の計算は，その贈与した金銭の額若しくは金銭以外の資産のその贈与時における価額又は供与した経済的利益のその供与時の価額によるものとされている（法法37条7項）[19]。

　内国法人が資産の譲渡又は経済的利益の供与をした場合において，その譲渡又は供与の対価の額がその資産の譲渡時の価額又はその経済的利益の供与時の価額に比して低いときは，その対価の額とその価額との差額のうち実質的に贈与又は無償の供与をしたと認められる金額は寄附金の額に含まれる（法法37条8項）。

　寄附金は，その性質上反対給付がない等損金性に乏しく，従来の利益処分としての性格が強いことから，損金不算入的性格を有するが，事業活動を円滑に行うために必要な寄附もあるため，全額損金不算入とすべきではないといえる。一方，寄附金について無制限に損金計上を認めてしまうと，法人税の負担が寄附金に代えられる恐れがある。このような趣旨から，その支出した寄附金につき損金経理をした場合には，一定の限度額までは損金として認め，この限度額を超える部分は損金不算入とされる（法法37条1項）。

　具体的には，公益法人等以外の寄附金の損金算入限度額は次の算式による（法令37条1項）。

$$損金算入限度額 = (a\,資本基準額 + b\,所得基準額) \times \frac{1}{4}$$

$$a\quad 資本基準額 = 期末の資本金等の額 \times \frac{当期の月数}{12} \times \frac{2.5}{1,000}$$

$$b\quad 所得基準額 = 当期の所得金額 \times \frac{2.5}{100}$$

　なお，所得金額は寄附金を支出する前の金額であり，別表4の仮計の金額に支出した寄附金額を加えたものである。

平成23年度税制改正大綱によれば，一般の寄附金の損金算入限度額について，資本金等の額の1,000分の2.5相当額と所得の金額の100分の2.5相当額との合計額の現行2分の1から4分の1へ縮減される等課税ベースの拡大措置が行われている。

　また，連結法人が同一グループ内の他の連結法人に対して支出した寄附金の額は，その性質上，損金の額に算入されない(法法37条2項)。

　国等に対する寄附金等は，公共的寄附を奨励する措置であるため損金に算入される。よって損金不算入額を計算する際，支出した寄附金から国等に対する寄附金等は除外される。もう少し具体的にみてみる。

　損金不算入額の計算上，次の寄附金は，一般の寄附金とは区別して取り扱う。

　　a　指定寄附金等

　国又は地方公共団体に対する寄附金や財務大臣が指定した寄附金（指定寄附金）をいい，非常に公共性の高い寄附金である。指定寄附金等は，全額損金算入される(法法37条3項)。

　　b　特定公益増進法人等に対する寄附金

　公共法人，公益法人等（別表第2に掲げる一般社団法人及び一般財団法人を除く）その他特別の法律により設立された法人のうち，教育又は科学の振興，文化の向上，社会福祉の貢献その他公益の増進に著しく寄与するものとして政令で定めるものに対する当該法人の主たる目的である業務に関連する寄附金をいい，比較的公共性の高い寄附金である(法法37条4項，法令77条)。

　ただし，指定寄附金と違って，全額損金算入となるわけではなく，損金算入限度額がもうけられている。前述した公益法人等以外の損金算入限度額の算式における，a　資本基準額の計算が期末の資本金等の額に1,000分の3.75を乗じて計算，b　所得基準額の計算が当期の所得金額に100分の6.25を乗じて計算されることになっており，一般寄附金の場合に比べて拡大措置がなされている(法令77条の2)。

　別表4では，損金に算入されない寄附金の額は，「仮計」の下に「寄附金の損金不算入額」（加算・社外流出項目）と表示される。

⑨　租税公課

　法人の納付する租税公課は原則として損金算入される。しかし，法人税法上，一定の租税公課については損金算入されないこととなっている。損金算入されない租税公課の主なものは次のようになっている。法人税及び住民税（法法38条1項，2項2号），延滞税及び加算税，延滞金及び加算金（法法55条3項）罰金，科料等（法法55条4項），公益を目的とする事業を行う法人に課される相続税及び贈与税（法法38条2項1号），第二次納税義務の履行として納付した税額（法法39条），法人が税額控除を求めている所得税額及び外国税額である（法法40条，41条）。

　なお，事業税の損金算入の時期であるが，事業税は申告納税方式によるので申告を行った事業年度に損金算入されることになる（法基通9−5−1）。

　別表4では以下のように表示される。

　損金経理をした法人税は，「損金経理をした法人税」（加算・留保項目）と表示される。

　損金経理をした住民税は，「損金経理をした住民税」（加算・留保項目）と表示される。

　損金経理をした延滞税，加算税，延滞金及び過怠税は，「損金経理をした附帯税（利子税を除く），加算金，延滞金（延納分を除く）及び過怠税」（加算・社外流出）と表示される。

　法人が税額控除を求めている所得税額及び外国税額については，別表4にて仮計の下で，それぞれ「法人税額から控除される所得税額」（加算・社外流出項目），「税額控除の対象となる外国法人税の額」（加算・社外流出項目）と表示する。さらに別表1(1)にて控除税額の計算で「所得税の額」，「外国税額」と表示され，減算される。

⑩　圧縮記帳

　圧縮記帳制度は税法独自の制度である。法人税法では，資本等取引以外の取引に係る損益はその事業年度の益金の額及び損金の額に算入すべきこととされ

ているが，継続企業を前提とした場合には，一定の固定資産譲渡益又は受贈益については，租税政策等の配慮から一時に課税することが適当でない場合がある。そこで，一定の要件を具備する場合には，その取得資産について譲渡益相当額の損金算入を認めることにより譲渡益等と相殺し，一時に課税利益を生じさせないこととしている[20]。

圧縮記帳制度は，法人税法に定めがある場合と租税特別措置法に定めがある場合がある。法人税法では，国庫補助金等で取得した固定資産（法法42条，43条，44条），工事負担金で取得した固定資産（法法45条），非出資組合の賦課金で取得した固定資産（法法46条），保険金等で取得した固定資産（法法47条，48条，49条），交換により取得した資産（法法50条）の場合に，圧縮記帳が認められている。租税特別措置法では，収用等に伴い代替資産を取得した場合（措法64条），特定資産の買換えの場合（措法65条の7）等に圧縮記帳が認められている。

⑪ 貸倒損失

貸倒れについては，財務会計上は保守主義に基づいているのに対して，税務会計では一定の制限のもとにこれが認められ，貸倒れの事実認定は基本通達において規定されている。ここでは，法基通9－6－1，9－6－2，9－6－3に沿ってみてみる。

法基通9－6－1では，金銭債権の全部又は一部の切捨てをした場合の貸倒れについての規定がある。法人の有する金銭債権について次に掲げる事実が発生した場合には，その金銭債権の額のうち次に掲げる金額は，その事実の発生した日の属する事業年度において貸倒れとして損金の額に算入される。

> イ　会社更生法の規定による更生計画認可の決定又は民事再生法の規定による再生計画認可の決定があった場合において，これらの決定により切り捨てられることとなった部分の金額
> ロ　会社法の規定による特別清算に係る協定の認可の決定があった場合において，この決定により切り捨てられることとなった部分の金額

> ハ 法令の規定による整理手続によらない関係者の協議決定で次に掲げる
>   ものにより切り捨てられることとなった部分の金額
>   a 債権者集会の協議決定で合理的な基準により債務者の負債整理を定
>   めているもの
>   b 行政機関又は金融機関その他の第三者のあっ旋による当事者間の協
>   議により締結された契約でその内容がaに準ずるもの
> ニ 債務者の債務超過の状態が相当期間継続し，その金銭債権の弁済を受
>   けることができないと認められる場合において，その債務者に対し書面
>   により明らかにされた債務免除額

　この場合は会社の損金経理は要件とならない。よって原因となる事実が発生した事業年度に損金算入できるので，例えば，原因となる事実が発生した事業年度に何ら仕訳をしない場合には，別表4にて減算・留保項目として「貸倒損失認定損」と表示され，翌期に会社が貸倒損失の処理をすれば，別表4にて加算・留保項目として「前期貸倒損失否認」と表示される。

　法基通9－6－2では，回収不能の金銭債権の貸倒れについての規定がある。法人の有する金銭債権につきその債務者の資産状況，支払能力等からみてその全額が回収できないことが明らかになった場合には，その明らかになった事業年度において貸倒れとして損金経理をすることができる。

　この場合において，当該金銭債権について担保物があるときは，その担保物を処分した後でなければ貸倒れとして損金経理をできないものとする。

　なお，この場合は会社の損金経理が要件となる。

　法基通9－6－3では，一定期間取引停止後弁済がない場合等の貸倒れについての規定がある。債権者について次に掲げる事実が発生した場合には，その債務者に対して有する売掛債権について法人が当該売掛債権の額から備忘価額を控除した残額を貸倒れとして損金経理したときはその額を損金経理することができる。

> イ 債務者との取引を停止したとき以後1年以上経過した場合
> ロ 法人が同一地域の債務者について有する当該売掛債権の総額がその取立てのために要する旅費その他の費用に満たない場合において，当該債務者に対し支払いを催促したにも関わらず弁済がないとき

なお，この場合は会社の損金経理が要件となる。

⑫ 引当金・準備金

　企業会計において，引当金の計上は，将来の特定の費用又は損失であって，その発生が当期以前の事象に起因し，発生の可能性が高く，かつ，その金額を合理的に見積もることができる場合には，当期の負担に属する金額を当期の費用又は損失として認められている。法人税法では債務確定主義がとられ，原則として費用の見越計上は認められていないが，企業会計との調整から一定の引当金については別段の定めを設けてその計上を認めることとしている。

　具体的には，貸倒引当金及び返品調整引当金の2種類の引当金の計上が認められている。ちなみに，平成10年度税制改正以前は賞与引当金，退職給与引当金，特別修繕引当金，製品保証引当金も認められていた。退職給与引当金については，連結納税制度の採用に伴う法人税収の減少を緩和するため，平成14年7月の改正で廃止された。

　平成23年度税制改正大綱によれば，貸倒引当金制度については，適用法人を銀行，保険会社その他これらに類する法人及び中小法人等に限定し，これらの法人以外の法人については，平成23年度から平成25年度までの間に開始する各事業年度において縮小し，その後廃止することになっている。

A 貸倒引当金

　貸倒引当金の概要は次のようである。損金算入される金銭債権は，個別評価金銭債権と一括評価金銭債権からなる。個別評価金銭債権とは，会社更生法の規定による更生計画認可の決定に基づいてその有する金銭債権の弁済を猶予さ

れ，又は賦払により弁済される場合その他の政令で定める場合において，その一部につき貸倒れその他これに類する事由による損失が見込まれる金銭債権を指す。この場合の貸倒引当金勘定への繰入限度額は以下のようになる（法法52条1項）。

　a　当該個別金銭債権に係る債務者について生じた次に掲げる事由に基づいてその弁済を猶予され，又は賦払により弁済される場合は，当該個別評価金銭債権のうち当該事由が生じた日の属する事業年度終了の日の翌日から5年を経過する日までに弁済されることとなっている金額以外の金額（担保されている金額を除く）となる（法令96条1項1号）。

　　イ　会社更生法等の規定による更生計画認可の決定
　　ロ　民事再生法の規定による再生計画認可の決定
　　ハ　会社法の規定のよる特別清算に係る協定の認可の決定
　　ニ　イからハまでに掲げる事由に準ずるものとして財務省令で定める事由

　b　個別評価金銭債権に係る債務者につき，債務超過の状態が相当期間継続し，かつ，その営む事業に好転の見通しがないこと，災害，経済事情の急変等により多大な損害が生じたことその他の事由が生じていることにより，当該個別評価金銭債権の一部の金額につきその取立て等の見込みがないと認められる場合は，当該一部の金額に相当する金額となる（法令96条1項2号）。

　c　個別評価金銭債権に係る債務者につき次に掲げる事由が生じている場合には，当該個別評価金銭債権の額（取立て等見込額を除く）の100分の50に相当する金額となる（法令96条1項3号）。

　　イ　会社更生法等の規定による更生手続開始の申立て
　　ロ　民事再生法の規定による再生手続開始の申立て
　　ハ　破産法の規定による破産手続開始の申立て
　　ニ　会社法の規定による特別清算開始の申立て
　　ホ　イからニまでに準ずるものとして財務省令で定める事由

別表4では，損金経理繰入額から繰入限度額を控除し超過額がある場合には

その超過額を加算し,「個別貸倒引当金繰入超過額(加算・留保項目)」と表示される。

一括評価金銭債権とは,売掛金,貸付金その他これらに準ずる金銭債権をいい,この貸倒れによる損失の見込額として,損金経理により貸倒引当金に繰り入れられた金額については,実績率による計算により算定された金額に達するまでの金額が損金に算入される(法法52条2項)。

貸倒実績率の計算は,過去3年間の貸倒損失を基礎として以下のように計算される(法令96条2項)。

$$貸倒実績率 = \frac{②}{①} \text{(小数点4位未満切上)}$$

① = 当期首前3年以内に開始した各事業年度末の一括評価金銭債権の帳簿価額の合計額÷当期首前3年以内に開始した事業年度数

② = (分母の期間の貸倒損失の合計額+個別貸倒引当金繰入額－個別貸倒引当金戻入額) × $\frac{12}{\text{分母の期間の月数}}$

そして,繰入限度額は一括評価金銭債権に貸倒実績率を乗じて計算される。

なお,中小法人については法定繰入率による方法も認められている。具体的には次のようになる。ただし,前述したように,平成22年度税制改正において,平成22年4月1日以後開始の事業年度より,資本金の額等が5億円以上の法人等の100%子法人については,この中小法人に認められている貸倒引当金の法定繰入率の規定は適用されない(法法66条6項2号,措法57条の10・1項,68条の59・1項,措令33条の9)。

繰入限度額は,一括評価金銭債権から実質的に債権とみられないものの額を控除した額に法定繰入率を乗じて計算される。

実質的に債権とみられないものの額の計算方法には,原則法と簡便法とがある。

原則法とは,債務者から受け入れた金額で,債権と相殺できるものを取引ごとに計算する方法である。

簡便法とは，原則法による計算は煩雑であることから実務上の簡便性を考慮して次の算式により計算する方法である。

一括評価金銭債権 × $\dfrac{②}{①}$ （小数点3位未満切捨）

①＝基準年度の各事業年度終了のときにおける一括評価金銭債権の合計額

②＝分母の期間における原則法により計算した実質的に債権とみられないものの額の合計額

法定繰入率は業種別に次のように規定されている。

> イ　卸売及び小売業　1,000分の10
> ロ　製造業　1,000分の8
> ハ　金融及び保険業　1,000分の3
> ニ　割賦販売小売業及び個別信用購入あっせん業　1,000分の13
> ホ　その他の事業　1,000分の6

別表4では，損金経理繰入額から繰入限度額を控除し超過額がある場合にはその超過額を加算し，「一括貸倒引当金繰入超過額（加算・留保項目）」と表示される。

B　返品調整引当金

返品調整引当金の概要は次のようである。内国法人で出版業その他一定の事業を営むもののうち，常時その棚卸資産の無条件買戻し特約等を結んでいるものが，その棚卸資産の買戻しによる損失の見込額として，損金経理により返品調整引当金勘定に繰り入れた金額については，その金額のうち繰入限度額に達するまでの金額は，その事業年度の損金の額に算入される（法法53条，法令99条，100条）。

繰入限度額の計算について述べる。繰入限度額の計算方法には，売掛金基準と売上高基準があり，いずれか多い方の金額を選択することができる。

売掛金基準による繰入限度額の計算は以下の算式による（法令101条1項1号）。

$$繰入限度額＝期末売掛金等×返品率×売買利益率$$

売上高基準による繰入限度額の計算は以下の算式による（法令101条1項2号）。

$$繰入限度額＝期末以前2月間の売上高×返品率×売買利益率$$

返品率の計算式は次のようになる（法令101条2項）。

$$返品率＝\frac{当期及び前期の返品高}{当期及び前期の売上高}（端数処理なし）$$

売買利益率の計算は次のようになる（法令101条3項）。

$$売買利益率＝\frac{②}{①}（端数処理なし）$$
$$①＝当期の総売上高－返品高－売上割戻高$$
$$②＝分母の金額－（売上原価＋販売手数料）$$

別表4では，損金経理繰入額から繰入限度額を控除し超過額がある場合にはその超過額を加算し，「返品調整引当金繰入超過額（加算・留保項目）」と表示される。

C 準備金

法人税では引当金の制度のほかに，租税特別措置法において準備金の制度を設けている。引当金が当年度の収益に対応するのに対し，準備金は当年度の収益とは対応せず，将来の年度の収益に対応し，利益の留保としての性格を有している。準備金は，将来において損失が確実に発生するものかどうか必ずしも明らかではないが，租税政策的要請から一定の準備金についてはその計上が認められている。具体的には，海外投資等損失準備金（措法55条），特定災害防止準備金（措法55条の6，55条の7），新幹線鉄道大規模改修準備金（措法56条），使用済燃料再処理準備金（措法56条の3）等がある。

準備金と引当金は，その性格の相違から取り扱いにいくつかの差異がある。

準備金は青色申告法人でなければならないが、引当金は青色申告法人である必要はない。引当金は損金経理をすることが適用要件であるが、準備金は損金経理のほかに利益処分による積立てが認められている。

⑬　交際費等

　交際費等とは、交際費、接待費、機密費、その他の費用で、法人がその得意先、仕入先その他事業に関係のある者等に対する接待、供応、慰安、贈答その他これらに類する行為のために支出するものをいう。ただし、専ら従業員の慰安のために行われる運動会等のために通常要する費用、カレンダー、その他これらに類する物品の贈答費用、会議費、取材費等一定のものは除かれる。ただし、1人あたり5千円以下の一定の飲食費（専らその法人の役員若しくは従業員又はその親族に対する接待等のために支出するものを除く）については、一定の書類（当該飲食等のあった年月日、当該飲食等に参加した得意先、仕入先その他事業に関係のある者等の氏名又は名称及びその関係、参加した者の数、当該費用の金額並びにその飲食店、料理店等の名称及びその所在地等）を保存している場合に限り、損金不算入となる交際費等の範囲から除外される（措法61条の4・3項、措令37条の5、措規21条の18の4）。

　交際費等については、冗費の節約、資本の充実という産業政策上の理由から、原則として、全額損金不算入とされている。ただし、期末資本金額が1億円以下の法人については、一定の損金算入が認められている。

　具体的には、平成21年4月1日以後終了する事業年度から平成24年3月31日までの間に開始する各事業年度において、期末資本金額が1億円以下の法人については、年600万円までの部分は支出金額×10％、年600万円超の部分は支出金額全額が損金不算入額となっている（措法61条の4）。

　なお、平成22年度税制改正において、平成22年4月1日開始の事業年度より、期末資本金額が5億円以上の法人の100％子法人においては期末資本金額が1億円以下の場合であっても、支出交際費は全額損金不算入となる（法法66条6項2号、措法61条の4・1項、68条の66・1項）。

損金不算入額は，別表4において，加算・社外流出項目として「交際費等の損金不算入額」と表示される。

⑭ 欠損金

　欠損金額とは，各事業年度の所得の金額の計算上その事業年度の損金の額がその事業年度の益金の額を超える場合におけるその超える部分の金額をいう（法法2条19号）。法人税法では，事業年度単位課税を原則としているが，資本の維持，担税力等にかんがみ，一定の場合に限り，事業年度間の損益通算による繰越控除及び繰戻し還付が認められている。事業年度の欠損金を次年度以後の利益と通算することを欠損金の繰越といい，過去の年度の利益と通算することを欠損金の繰戻しという。

　まず，青色申告書を提出した事業年度に生じた欠損金については，平成16年度改正により，3年間遡って平成13年4月1日以後に開始した事業年度において生じたものより，翌期以後7年間の繰越控除が認められている。また青色申告書を提出しなかった事業年度に生じた欠損金についても，棚卸資産，固定資産，一定の繰延資産について災害により生じた損失に係るものだけ，上記と同様の時期のものより，翌期以後7年間の繰越控除が認められている。企業が実際に改正の恩恵を享受できるのは，平成19年度以降ということになる。なお，いずれの場合も，欠損金の生じた事業年度以後において連続して確定申告書を提出する必要がある（法法57条2項，58条2項）。

　平成23年度税制改正大綱によれば，欠損金の繰越控除制度等について，次のような見直しが行われる予定である。平成23年4月1日以後に開始する事業年度より，青色申告書を提出した事業年度の欠損金の繰越控除制度等における控除限度額について，その繰越控除をする事業年度のその繰越控除前の所得の金額の100分の80相当額と縮減される措置がとられている。なお，この縮減措置は中小法人等には適用されない。一方，青色申告書を提出した事業年度等の欠損金の繰越期間については，現行7年から9年に延長されることになっている。

　次に，青色申告書を提出した事業年度に生じた欠損金については，前1年間

の繰戻し還付も認められている（法法80条）。ただし，中小企業者等以外の法人については，平成24年3月31日までの間に終了する事業年度において，適用が停止されている（措法66条の13）。

ちなみにこの規定も，平成22年度税制改正において，平成22年4月1日以後開始の事業年度より，資本金の額等が5億円以上の法人等の100％子法人については，たとえ資本金の額等が1億円以下であっても適用されないこととなっている（法法66条6項2号，措法66条の13・1項1号，68条の98・1項1号）。

平成13年度の法人税の改正において組織再編税制の一環として，被合併法人等の繰越青色欠損金額の引継ぎ，繰越青色欠損金額に係る制限の規定が設けられた（法法57条2項，3項，5項）。

欠損金額は，別表4において，「差引計」の次に，「欠損金又は災害損失金の当期控除額」と表示，減算し，社外流出項目である。

(6) 税額の計算

さて所得金額を求めた後，法人税額の計算になるわけだが，まず，この各事業年度の所得金額，すなわち各事業年度の益金の額から損金の額を控除した金額に次の税率を乗ずることになる（法法66条1項，2項，3項）。

　資本金1億円超の普通法人（基本税率）：30％

　資本金1億円以下の普通法人（中小法人）及び人格のない社団：

　　　　　所得年800万円超の部分――30％

　　　　　所得年800万円以下の部分――22％

　協同組合等及び公益法人等：22％

なお，資本金1億円以下の普通法人等に適用されている年800万円以下の部分の税率は，平成21年4月1日から平成23年3月31日までの間に終了する各事業年度については，18％となっている。ただし，前述したように，平成22年度税制改正において，平成22年4月1日以後開始する事業年度より，資本金の額若しくは出資金の額が5億円以上である法人又はその後会社等との間にこれら

の法人による完全支配関係がある法人ついては，この中小企業者等の軽減税率は適用されないこととなった（法法66条6項2号，措法42条の3の2・1項）。

平成23年度税制改正大綱によれば，次のような法人税率の引下げが行われることになっている。具体的には，平成23年4月1日以後に開始する事業年度より，普通法人の場合は25.5％，中小法人の場合は所得年800万円超の部分は25.5％，800万円以下の部分は19％（なお，租税特別措置法により平成23年4月1日から平成26年3月31日までの間に開始する事業年度については15％）等となっている。

以上のような区分に従い，税率を乗じて求めた法人税額から，次に掲げる特別税額控除が適用できる場合にはこの特別税額控除を行う。特別税額控除とは特定の政策目的を遂行するために租税特別措置法により規定されているものである。これには，試験研究を行った場合の特別税額控除（措法42条の4），エネルギー需給構造改革推進設備等を取得した場合の特別税額控除（措法42条の5），中小企業者等が機械等を取得した場合の特別税額控除（措法42条の6），事業基盤強化設備等を取得した場合等の特別税額控除（措法42条の7），沖縄の特定地域又は特定中小企業に対する特別税額控除（措法42条の9，42条の10）等がある。

特別税額控除を行い差引法人税を求めた後，特定同族会社に対しては，各事業年度の留保所得金額から一定の留保控除額を控除した残額に対して特別の課税，いわゆる留保金所得課税がなされる（法法67条）。また，土地の譲渡利益金額に対しては特別税率が採用されるが，平成10年1月1日から平成25年12月31日までの間にした土地の譲渡等については適用されない（措法62条の3）。

このようにして法人税額計が求められ，次に税額控除を行う。この税額控除には次の3つがある。第1に，法人が各事業年度において支払いを受ける利子・配当等に対して源泉徴収された所得税の控除，いわゆる所得税額控除である（法法68条）。第2に，法人が各事業年度において外国政府に納付する法人税の控除，いわゆる外国税額控除である（法法69条）。これらの2つの税額控除は，その事業年度の所得の全部又は一部について別の側面から類似の税が課されているため，最終的に当該法人の法人税と調整を行うためのものである。第3は，

仮装経理に基づく過大申告の更正に伴う法人税額の控除である(法法70条)。

この税額控除を行い差引所得に対する法人税額を求め，中間申告分の法人税額を差し引いた後，納付すべき法人税額が求められる。

以上が税額の計算過程であるが，実務においては，別表１(１)にて納付すべき法人税額が求められる。別表１(１)のひな形を示す(108頁)ので参照されたい。

(7) 申告・納付

① 中間申告

法人のうち，その事業年度が６月を超える場合には，事業年度開始の日以後６月間に対応する税額を，当該事業年度開始の日以後６月を経過した日から２月以内に，中間申告・納付しなければならない。中間申告による納付税額は，確定申告の段階でその事業年度の法人税額から差し引かれることになる。中間申告による納付税額は前事業年度の法人税額の２分の１相当額であるが，６月の期間を一事業年度とみなして仮決算を行った結果に基づく税額とすることも認められている(法法71条，72条)。

② 確定申告

法人は事業年度終了の日の翌日から２月以内に，税務署長に対し確定した決算に基づき課税標準である所得金額又は欠損金額，法人税の額等を記載した申告書を提出し，その記載した税額を納付しなければならない。この確定申告書には，当該事業年度の貸借対照表，損益計算書その他財務省で定める書類を添付する必要がある(法法74条)。災害その他やむを得ない理由による場合，会計監査人の監査を受けなければならない場合等については，確定申告書の提出期限を延長することが認められている(法法75条，75条の２)。

別表一(一)　普通法人（特定の医療法人を除く。）、一般社団法人等及び人格のない社団等の分……平二十八・四・一以後終了事業年度等分（平二十八・一・一以後開始事業年度等用）

御注意

1　期末の資本金の額又は出資金の額が一億円以下の普通法人のうち、次の1から3までのいずれかの法人（以下「大法人」といいます。）との間にこれらの大法人による完全支配関係がある法人又は当該法人との間に完全支配関係がある全ての大法人が有する株式及び出資の全部をいずれか一の大法人が有するものとみなした場合において当該いずれか一の大法人による完全支配関係があることとなる法人に該当する場合には、この表の上段の「非中小法人等」を○で囲みます。
1) 資本金の額又は出資金の額が五億円以上である法人　2) 法人税法第4条の7に規定する受託法人（2において「受託法人」といいます。）　3) 相互会社

2　「48」から「50」までの各欄は、期末の資本金の額若しくは出資金の額が一億円以下の法人、資本若しくは出資を有しない法人、一般社団法人等又は人格のない社団等（1に該当する非中小法人等、相互会社、投資法人、特定目的会社及び受託法人を除きます。）に該当する場合に記載します。

税務署受付印	平成　年　月　日　税務署長殿
納税地	電話（　　）　－
(フリガナ)	
法人名	
法人番号	
(フリガナ)	
代表者自署押印	㊞
代表者住所	

所管 / 業種目 / 概況書 / 要否 / 別表等	
事業種目	
期末現在の資本金の額又は出資金の額	円　非中小法人等
同上が1億円以下の普通法人のうち中小法人等に該当しないもの	
同非区分	特定同族会社　同族会社　非同族会社
一般社団・財団法人のうち非営利型法人に該当するもの	非営利型法人
経理責任者自署押印	㊞
旧納税地及び旧法人名等	
添付書類	貸借対照表、損益計算書、株主（社員）資本等変動計算書又は損益金処分表、勘定科目内訳明細書、事業概況書、組織再編成に係る契約書等の写し、組織再編成に係る移転資産等の明細書

※税務署処理欄	
青色申告	一連番号
整理番号	
事業年度（至）	年　月　日
売上金額	兆　十億　百万
申告年月日	年　月　日
通信日付印 / 確認印 / 庁指定 / 局指定 / 指導等 / 区分	年月日
申告区分	法人税：中間　期限後　修正　／地方法人税：中間　期限後　修正

平成□□年□□月□□日　事業年度分の法人税　申告書
平成□□年□□月□□日　課税事業年度分の地方法人税　申告書
（中間申告の場合の計算期間　平成　年　月　日　平成　年　月　日）

翌年以降送付要否	要　否
適用額明細書提出の有無	有　無
税理士法第30条の書面提出有	有
税理士法第33条の2の書面提出有	有

この申告書による法人税額の計算

項目	番号	金額（十億　百万　千　円）
所得金額又は欠損金額（別表四「47の①」）	1	
法人税額（54）又は（55）	2	
法人税額の特別控除額	3	
差引法人税額（2）－（3）	4	
連結納税の承認を取り消された場合等における既に控除された法人税額の特別控除額の加算額	5	
土地譲渡税額　課税土地譲渡利益金額（別表三(二)「24」＋別表三(二の二)「25」＋別表三(三)「20」）	6	000
同上に対する税額（21）＋（22）＋（23）	7	
留保金　課税留保金額（別表三(一)「40」）	8	000
同上に対する税額（別表三(一)「48」）	9	
		00
法人税額計（4）＋（5）＋（7）＋（9）	10	
仮装経理に基づく過大申告の更正に伴う控除法人税額	11	
控除税額（(10)－(11)と(18)のうち少ない金額）	12	
差引所得に対する法人税額（10）－（11）－（12）	13	00
中間申告分の法人税額	14	00
差引確定法人税額（13）－（14）（中間申告の場合はその税額とし、マイナスの場合は、（25）へ記入）	15	00

項目	番号	金額（十億　百万　千　円）
控除税額の計算　所得税の額（別表六(一)「13」）	16	
外国税額（別表六(二)「20」又は別表六(五の二)「7」）	17	
計（16）＋（17）	18	
控除した金額（12）	19	
控除しきれなかった金額（18）－（19）	20	
土地譲渡税額の内訳　土地譲渡税額（別表三(二)「27」）	21	0
同上（別表三(二の二)「28」）	22	0
同上（別表三(三)「23」）	23	00
この申告による還付金額　所得税額等の還付金額（20）	24	
中間納付額（14）－（13）	25	
欠損金の繰戻しによる還付請求税額	26	外
計（24）＋（25）＋（26）	27	外
この申告が修正申告である場合　この申告前の所得金額又は欠損金額（60）	28	
この申告により納付すべき法人税額又は減少する還付請求税額（65）	29	外　00
欠損金又は災害損失金等の当期控除額（別表七(一)「4の計」＋(別表七(二)「9」若しくは「21」又は別表七(三)「10」)）	30	
翌期へ繰り越す欠損金又は災害損失金（別表七(一)「5の合計」）	31	

この申告書による地方法人税額の計算

項目	番号	金額
課税標準法人税額の計算　基準法人税額　所得の金額に対する法人税額（4）＋（5）＋（7）＋（10の外書）	32	
課税留保金額に対する法人税額（9）	33	
課税標準法人税額（32）＋（33）	34	000
地方法人税額（58）	35	
課税留保金額に係る地方法人税額（59）	36	
所得地方法人税額（35）＋（36）	37	
外国税額の控除額（別表六(二)「30」又は別表六(五の二)「48」）	38	
仮装経理に基づく過大申告の更正に伴う控除地方法人税額	39	
差引地方法人税額（37）－（38）－（39）	40	00
中間申告分の地方法人税額	41	00
差引確定地方法人税額（40）－（41）（中間申告の場合はその税額とし、マイナスの場合は、（43）へ記入）	42	00

項目	番号	金額
この申告による還付金額（41）－（40）	43	外
この申告が修正申告である場合　この申告前の　所得の金額に対する法人税額（68）	44	
課税留保金額に対する法人税額（69）	45	
課税標準法人税額（70）	46	000
この申告により納付すべき地方法人税額（74）	47	00
剰余金・利益の配当（剰余金の分配）の金額		
残余財産の最後の分配又は引渡しの日		平成　年　月　日
決算確定の日		平成　年　月　日

還付を受けようとする金融機関等	
銀行・金庫・組合・農協・漁協	本店・支店・出張所・本所・支所　預金
郵便局名等	
口座番号	ゆうちょ銀行の貯金記号番号　－
※税務署処理欄	

税理士署名押印	㊞

(8) 連結納税制度

① 概　　説

　連結納税制度とは，企業実体を法的実体ではなく経済的実体として捉え，企業集団に属する個々の法人単位の所得を一体のものとして課税する制度である。

　連結財務諸表制度と連結納税制度は，共に企業集団の連結経営を背景としたものであり，企業集団全体を１つの組織として捉えるという考え方は共通している。平成12年３月期から連結決算が本格的に導入され，平成15年３月期から連結納税制度も選択適用できるようになった。

　しかし，連結財務諸表制度と連結納税制度とは次のような大きな相違点があり，両者は全く別個の制度である。

　連結財務諸表制度は投資家に対する企業集団の会計情報の提供を目的としているのに対し，連結納税制度は企業集団の所得を基礎とした支払能力を把握し，公正・中立に法人税を課することを目的としている。

　連結の範囲については，連結財務諸表制度が国内・海外の子会社や関連会社であるのに対し，連結納税制度は持株割合が極めて高い国内の子会社に限定している。

　この連結納税制度には，一般的に所得通算型と損益振替型の２つの種類がある。前者は，アメリカ等が採用しているが，企業集団に属する個別会社の損益を合算して算出した連結所得に対して税額計算する方式である。後者は，イギリス等が採用しているが，企業集団に属する個別会社の損益を他の個別会社に振り替えて，振替後の各社の所得に対して税額計算する方式である。

　つまり，所得通算型は，連結グループ内の各社が単体所得の計算を行った後，相殺・修正等を行い連結課税所得を計算するが，損益振替型は，単体所得の計算を行った後損益の振替を行い，後は相殺・修正等は行わず各社ごとに課税所得を計算することになる。よって，損益振替型は，その仕組みから純粋な連結納税制度とはいえないという見方もある[21]。

② 仕組みの概要

わが国の連結納税制度は，基本的には所得通算型のアメリカ型を採用している。アメリカ型は代理人型と呼ばれ，各個別法人が連結納税債務全体に責任を負い，親会社はグループを代表（代理人）として納税する方式である。一方，フランスに代表される統合型は，親会社が納税義務者になり，子会社は個別の納税義務の範囲で配分を受ける方式である。

損益振替型には，イギリス等が採用している任意振替型，ドイツ等が採用している親会社拠出型等がある。任意振替型とは，グループ内の会社間で所得を振り替えるもので，振替の相手は自由に選択できる。親会社拠出型とは，親子会社間の利益拠出契約に基づき，子会社の所得を親会社の所得に振り替えるものである[22]。

ではここで，わが国の連結納税制度の概要を簡単にみてみよう。

A 連結納税制度の対象法人

連結納税制度の対象となる法人は，中小法人を含めたすべての内国法人である。

B 連結グループの範囲

連結対象とする子法人は，持株割合が100％（間接保有も含める）の国内子法人に限定する。このことを完全支配関係と呼ぶ。親法人と100％子法人のみが連結グループに参加することができ，100％子法人はすべて連結グループに参加しなければならないことになる（法法4条の2）。

C 納税義務者

納税義務者は連結参加法人のうち親法人である（法法4条の2）。国税庁長官の承認を受けた連結グループの中の親法人を連結親法人と呼び，その他の法人を連結子法人と呼ぶ（法法2条12号の7の2及び3）。

連結親法人は，連結所得に対する法人税の申告及び納付を行う（法法81条の27）。連結子法人は，連結所得に対する法人税について連帯納付責任を負う（法法81条の28）。

D 連結納税の承認

連結納税制度の適用を受けるためには，その適用を受けようとする最初の連結事業年度開始日の前日から起算して3ヶ月前の日までに，連結法人となるすべての法人の連名で，承認申請書を連結親法人となる法人の所轄税務署長を経由して，国税庁長官に提出しなければならない（法法4条の3・1項，法規8条の3の3・1項）。承認申請書の提出後，適用を受けようとする最初の連結事業年度開始日の前日までにその申請につき承認又は却下の処分がなかったときは，その開始の日においてその承認があったものとみなされる（法法4条の3・4項）。

連結納税の適用には，青色申告法人であることは要件とされていないが，連結法人は，青色申告法人と同様の帳簿を備え付けてこれにその取引等を記録し，かつ，当該帳簿書類を保存しなければならない（法法4条の4・1項）。

E 連結事業年度

連結事業年度とは，連結親法人の事業年度開始日からその終了日までの期間をいう（法法15条の2・1項）。連結子法人の事業年度が連結親法人の事業年度と異なる場合には，連結親法人の事業年度の期間を，連結納税におけるその連結子法人の事業年度とみなす（法法14条1項5号）。

F 連結納税所得の各種計算規定等

基本的な流れは，連結グループに参加する個々の会社が，確定した決算に基づき所得計算を行い，その結果を親法人において合算し，連結所得の計算に必要な調整を行い（連結所得調整），損益を通算して連結所得金額を算出する。内部取引に係る損益は，原則，調整を行い，課税を繰り延べるが，後述するように，譲渡損益調整資産に係る譲渡損益は所得金額の計算上，損金又は益金の額に算入されることになっている。

連結税額は，連結所得金額に税率を乗じた金額から各種の税額控除を行って計算される。これを調整前連結税額と呼ぶ。連結税額については，連結グループ内の各法人の個別所得金額又は個別欠損金額を基礎として計算される金額をもとにして連結親法人と連結子法人に配分される（法法81条の18）。

さらに次の連結税額調整を行い最終的な連結税額（連結グループとして納付

すべき税額）が計算され，上記の各単位法人に一定の配分方法を用いて配分される（配分額と呼ぶ）。連結税額調整には，各法人で適用される税額控除と，この調整を合算したうえで連結をベースとする税額控除（所得税額控除，外国税額控除等）がある。

完全支配関係がある法人の間の資産の譲渡取引等においては，連結法人間取引の損益の調整制度について，内国法人が譲渡損益調整資産を当該内国法人との間に完全支配関係がある他の内国法人に譲渡した場合には，その譲渡損益調整資産に係る譲渡利益額又は譲渡損失額に相当する金額を，所得の金額の計算上，損金の額又は益金の額に算入する。ここで譲渡損益調整資産とは，固定資産，土地等，売買目的有価証券に該当しない有価証券，金銭債権及び繰延資産のうち，譲渡直前の帳簿価額が1千万円未満の資産を除くものをいう（法法61条の13・1項，法令122条の14・1項）。

寄附金については，その全額を損金不算入とする（法法81条の6・2項）。寄附金を受け取った連結法人は，受贈益を益金の額に算入することとなっていたが，平成22年10月1日からは全額益金不算入とされる（法法25条の2）。

連結欠損金額については，平成16年度改正により7年間繰越控除される。ただし，最初の連結事業年度開始前に生じた繰越欠損金については，連結親法人で生じたもの等を除き繰越控除は認められない。欠損金の繰越控除は租税回避に利用される可能性が多いため，アメリカの連結納税制度で規定されている「SRLY」原則を参考に詳細な規定が設けられている。また，新たに連結グループに加入する場合，連結グループから離脱する場合は恣意的なものを排除するため一定の規定が置かれている。

連結納税の適用を取り止める場合には各連結法人に，連結子法人が連結グループから離脱する場合にはその連結子法人に，連結欠損金個別帰属額を引き継がなければならない。連結欠損金個別帰属額は次の算式により計算される。

$$\text{その連結事業年度に生じた連結欠損金額} \times \frac{\text{その連結法人の修正個別欠損金額}}{\text{各連結法人の修正個別欠損金額の合計額}}$$

修正個別欠損金額＝個別帰属損金額－個別帰属益金額

翌期以降においては，当該連結欠損金額について繰越控除が行われた場合には，この連結欠損金個別帰属額から次の算式により計算された金額を控除する。

$$連結欠損金当期控除額 \times \frac{その連結法人の直前の連結欠損金個別帰属額}{各連結法人の直前の連結欠損金個別帰属額の合計額}$$

なお，平成22年度税制改正において，連結欠損金の繰越制度について以下の改正が行われている。連結欠損金とみなす欠損金額の範囲に，連結納税の開始又は連結納税への加入に伴う資産の時価評価制度が適用されない連結子法人の最初の連結事業開始の日前7年以内に開始した事業年度において生じた欠損金額等及び連結子法人を合併法人とする適格合併に係る被合併法人の当該適格合併の日前7年以内に開始した各事業年度において生じた未処理欠損金額等を追加する。またこの欠損金額等及び連結親法人を合併法人とする適格合併に係る被合併法人の当該適格合併の日前7年以内に開始した各事業年度において生じた未処理欠損金額等で連結欠損金額とみなされるものを特定連結欠損金額とする。連結所得の金額から控除する特定連結欠損金額は，特定連結欠損金個別帰属額（特定連結欠損金額に係る連結欠損金個別帰属額をいう）を有する各連結法人の当該特定連結欠損金個別帰属額が個別所得金額に達するまでの金額の合計額とする（法法81条の9）。

G 税　　率

連結所得に対する法人税の税率は次のとおりである。親法人が普通法人である場合は30％，親法人が中小法人である場合の軽減税率（年800万円以下の部分）は18％，親法人が協同組合等である場合は年800万円を超える部分については23％，年800万円以下の部分の軽減税率は18％である（法法81条の12，措法68条の8）。

平成23年4月1日以後に開始する事業年度より，前述したように，連結所得に対する法人税の税率も，個別法人の税率引下げと同様の措置が行われるとみられる。

H　申告・納付等

　連結法人税は，法人所得税と同様に，申告納税方式による。連結親法人は連結中間申告と連結確定申告を行い，それにあわせて，中間申告税額と確定申告税額を納付する。申告・納付の期限も法人所得税と同様に，連結中間申告の場合は，連結事業年度開始の日以後6月を経過した日から2月以内に，連結確定申告の場合は，当該連結事業年度終了の日の翌日から2月以内となっている（法法81条の19，81条の22，81条の26，81条の27）。

(9)　グループ法人税制

　平成22年度の税制改正でグループ法人税制が導入された。その中で平成22年4月1日以後に適用された大法人の100％子法人等に対する中小企業向け特例措置の適用の見直しについては，随時項目ごとにふれてきたので，本項では，平成22年10月1日以後に適用されたグループ内における法人間の特定取引についての課税関係の見直しについて述べる。

　なお，このグループ法人税制はすべての株式会社を対象とする強制規定であり，連結納税制度が選択制であるのと異なる。

　まず，完全支配関係とは，一の者が法人の発行済株式等の全部を直接若しくは間接に保有する関係として政令で定める関係（以下この号において「当事者間の完全支配の関係」という）又は一の者との間に当事者間の完全支配の関係がある法人相互の関係をいう（法法2条12号の7の6）。

①　完全支配関係がある法人の間の取引の損益

　内国法人が譲渡損益調整資産を当該内国法人との間に完全支配関係がある他の内国法人に譲渡した場合に，その譲渡損益調整資産に係る譲渡利益額又は譲渡損失額に相当する金額について，その譲渡した事業年度の所得の金額の計算上，それぞれ損金の額又は益金の額に算入することにより，その譲渡損益が繰り延べられる（法法61条の13・1項）。なお，この繰り延べられた譲渡損益は，当

該譲渡損益調整資産を譲り受けた当該他の内国法人において当該譲渡損益調整資産の譲渡，償却等の一定の事由が生じた場合には，当該譲渡損益調整資産を譲渡した法人においてその計上を行う（法法61条の13・2項）。

② 完全支配関係がある法人の間の寄附

内国法人が当該内国法人との間に法人による完全支配関係がある他の内国法人に対して支出した寄附金の額がある場合には，その全額を損金不算入とするとともに，当該他の内国法人が受けた受贈益の額についてその全額が益金不算入となる（法法25条の2，37条2項）。

③ 完全支配関係がある法人からの受取配当等の益金不算入

配当等の額の計算期間中継続して内国法人との間に完全支配関係があった他の内国法人の株式又は出資を完全子法人株式等というがこの完全子法人株式等につき受ける配当等の額については，負債の利子を控除せず，その全額が益金不算入となる（法法23条1項，4項1号，5項）。

④ 完全支配関係がある法人内の法人の株式の発行法人への譲渡に係る損益

内国法人が，所有株式を発行した他の内国法人で当該内国法人との間に完全支配関係があるものから，みなし配当の額が生ずる基因となる事由により金銭その他の資産の交付を受けた場合又は当該事由により当該他の内国法人の株式を有しないこととなった場合には，その株式の譲渡対価の額は譲渡原価の額に相当する金額とされ，当該事由により生ずる株式の譲渡損益を計上しない（法法61条の2・16項）。

3 消費税法

(1) 概　　説

　消費税は，昭和63年12月，竹下登内閣の下に行われた戦後税制の抜本改革の目玉として導入が決定され，平成元年4月より実施された租税である。消費税の導入以前までは，戦後日本の税体系は，シャウプ勧告により，所得税や法人税といった直接税を中心としたものであったが，消費税が導入されることにより，間接税にもそれ相応に負担を求める税体系ができあがった。また，間接税制度という観点からみても，消費税の導入はこれを大きく変えるものであった。消費税導入前までは，わが国の間接税は，物品税，入湯税，ゴルフ場利用税等特定の物品及びサービスに対して課税される個別間接税制度に依存していた。これに対し，消費税が導入されることにより，付加価値税である消費税は一般消費税に分類されるもので，原則，あらゆる物品及びサービスがその課税対象となった。なお，消費税という用語は，従来は消費に対して課する租税の一般的な用語であったが，消費税が創設されてからは固有税目としての用語となった。

　消費税が導入された際に，物品税，トランプ類税，砂糖消費税，入湯税，通行税の5つの国税及び電気税，ガス税，木材引取税の3つの地方税が廃止された。

　消費税の基本的仕組みの特徴について述べる。まず，今述べたように，消費税は，特定の物品及びサービスに課税する個別間接税ではなく，消費一般に広く負担を求めるという，原則としてあらゆる取引を課税対象とする，課税ベースの広い間接税である。

　次の大きな特徴は，消費税は累積排除方式の多段階課税，いわゆる付加価値税であることである。消費一般に課する租税は，大きく2つのグループ，5つの類型がある[23]。

第1のグループは取引の単段階で課税するものである。これは，製造，卸し，小売りのいずれか一段階だけに課税するもので，メーカーから出荷される際に課税する製造者売上税，卸しから小売りに販売する際に課税する卸売売上税，小売店が消費者に販売する際に課税する小売売上税の3つの類型がある。

　第2のグループは，製造，卸し，小売りのすべての取引の段階で課税する多段階課税のものである。これは，さらに仕入れに係る税額を差し引くか否かで2つの類型に分かれる。1つは，仕入税額控除を行わず税の累積をそのままにしている取引高税で，いま1つは，仕入税額控除を行い税の累積を排除する付加価値税である。なお，仕入税額控除の方式には2つあり，インボイス（仕送状）や請求書に税額が記載されていることを条件としてその控除を認める方式，いわゆるインボイス方式あるいは税額票方式と呼ばれるものと，インボイス等への税額の記載を要求することなく，帳簿等の記載に基づき控除を認める方式，いわゆる帳簿方式あるいはアカウント方式と呼ばれるものがある。

　わが国の消費税は，第2のグループの付加価値税の類型に属し，仕入税額控除の方式として帳簿方式が採用されている。なお，平成6年11月の税制改革により帳簿だけでなく請求書等双方の保存を要件として税額控除を認める請求書等保存方式を併用する改正が行われ，平成9年4月1日から実施されている。

　消費税についての関連法令等には，消費税法，消費税法施行令，消費税法施行規則，租税特別措置法関連，消費税法関係通達（基本通達，個別通達）等がある。

(2) 課税対象

　消費税の課税対象は，国内において事業者が行う資産の譲渡等（国内取引）及び保税地域から引き取られる外国貨物（輸入取引）である。

① 国内取引

　国内において事業者が行った資産の譲渡等には消費税が課税される（消法4

条1項)。資産の譲渡等とは，事業として対価を得て行われる資産の譲渡及び貸付け並びに役務の提供をいう（消法2条1項8号)。

課税対象であるかどうかの判定は，A 国内において行うものであること，B 事業者が事業として行うものであること，C 対価を得て行うものであること，D 資産の譲渡，資産の貸付け又は役務の提供であることという4つの要件をすべて満たしているかどうかである。そこで，この4つの要件についてみていく。なお，資産の譲渡等から(3)で述べる非課税取引を除いたものを課税資産の譲渡等という（消法2条1項9号)。

A 国内において行われたかの判定

消費税は内国消費税であり，国内で消費される財貨やサービスに対して負担を求めるものであるので，国内において行われる取引についてのみ課税対象となる。よって，国外で行われる取引は，消費税の課税対象外であり不課税の取引となる。なお，輸出取引については輸出売上高に含まれることになるが，一定の要件を満たすことにより輸出免税として税負担の軽減が図られている。

資産の譲渡又は資産の貸付けについては，原則として，その譲渡又は貸付けが行われるときにおける当該資産の所在地が国内であれば，国内取引とされる（消法4条3項，消令6条1項)。

役務の提供については，原則として，その役務の提供が行われた場所が国内にあるかどうかにより判定する（消法4条3項，消令6条2項)。

B 事業者が事業として行う取引であるかの判定

事業者が事業として行う取引が課税対象である。よって，事業者以外の者の行う取引や事業者であっても非事業（事業以外）として行う取引は課税対象外の取引となる。事業とは，同種の行為を反復，継続かつ独立して遂行することをいう。なお，事業活動に付随して行われる取引も事業に含まれる（消令2条3項)。

法人が行う取引は，法人は事業活動を行う目的で設立されるので，その行う活動はすべて事業に該当する。個人事業者が行う取引は，事業者の立場と消費者の立場の二面性があるので，その取引のうち，事業として行う取引のみが消

費税の課税対象となり，消費者の立場で資産の譲渡等を行う場合は課税対象にはならない。

なお，消基通5－1－1によれば，「事業として」とは，対価を得て行われる資産の譲渡及び貸付け並びに役務の提供が反復，継続，独立して行われることをいう，とある。また，所得税法における「事業」と「業務」の区分は，所得金額の計算上，その者が支出する費用等について必要経費として収入金額から控除できる範囲を考える場合の基準として用いられているものであり，この区分けを消費税の場合に持ち込む必然性，必要性は特になく，消費税法にいう「事業」は，所得税法にいう「事業」よりも広い概念とされている[24]。

C 対価を得て行われるかの判定

対価を得て行われる取引に対して課税することになっている。対価を得て行うとは，資産の譲渡等に対して反対給付を受けること，つまり反対給付として対価を得る取引のことをいう。よって，無償取引は原則として課税対象から除外される。また，寄附金，見本品，試用品の無償提供，補助金等は課税の対象とはならない。

D 資産の譲渡，資産の貸付け又は役務の提供であるかの判定

a 資産の譲渡

資産の譲渡とは，売買や交換等の契約により，資産の同一性を保ちながら他人に移転することをいう。ここで，資産とは取引の対象となる一切の資産をいい，棚卸資産，固定資産等の有形資産のみならず，権利その他の無形資産も含まれる。

b 資産の貸付け

資産の貸付けとは，賃貸借や消費貸借等の契約により，資産を他の者に貸し付けたり，使用させる一切の行為をいう。資産の貸付けには，資産に係る権利の設定その他他の者に資産を使用させる一切の行為が含まれる（消法2条2項）。

c 役務の提供

役務の提供とは，請負契約，運送契約，寄託契約等に基づいて労務，便益，その他のサービスを提供（土木工事，修繕，運送，保管，印刷，広告，仲介，

興行，技術援助，情報の提供，出演等）することをいい，弁護士，公認会計士，税理士，作家，スポーツ選手，映画監督等による専門的知識，技能に基づく役務の提供も含まれる。

② 輸入取引

保税地域から引き取られる外国貨物には消費税が課される（消法4条2項）。また，保税地域において外国貨物が消費され又は使用された場合には，その消費又は使用した者がその消費又は使用のときに当該外国貨物をその保税地域から引き取るものとみなされる（消法4条5項，消令7条）。なお，引取者が事業者か否かは問われない。

外国貨物とは，輸出の許可を受けた貨物及び外国から本邦に到着した貨物（外国の船舶により公海で採捕された水産物を含む）で輸入が許可される前のものをいう（消法2条1項10号）。

(3) 非課税取引

消費税は，広く消費一般に負担を求める税であるので，原則としてあらゆる物品及びサービスに関する譲渡等が課税対象となるが，消費に負担を求める性格上課税対象になじまないものや，税の逆進性の強い消費税の性格を考慮して，低所得者や社会的弱者の税負担を軽減する見地等から政策的配慮に基づくものが非課税扱いとなっている[25]。

① 国内取引における非課税取引（消法6条1項・別表第1）

　　a　土地の譲渡・貸付け

　　b　有価証券・支払手段等の譲渡

　　c　金融・保険取引

　　d　国が行う郵便切手・印紙・証紙等の譲渡

　　e　物品切手等（商品券・プリペイドカード等）の譲渡

f　国・地方公共団体等が法令に基づき手数料その他の料金を徴収して行う登記・検査・裁判等一定の役務の提供
　g　外国為替業務等に係る役務の提供
　h　公的な医療保障制度に係る療養・医療・施設療養等
　i　社会福祉事業等として行われる資産の譲渡等
　j　医師，助産師その他医療に関する施設の開設者による助産に係る資産の譲渡等
　k　火葬料，埋葬料を対価とする役務の提供
　l　身体障害者用物品の譲渡等
　m　一定の学校の授業料，入学金，施設設備費及び入学・入園検定料に係る役務の提供
　n　教科用図書の譲渡
　o　住宅の貸付け
　a～gの項目はその性格上消費税にはなじまないもの，h～oの項目は政策的配慮から非課税とされているものである。

②　輸入取引における非課税取引（消法6条2項・別表第2）

　保税地域から引き取られる外国貨物は，前述したように，すべて課税対象であるが，今述べた国内取引で非課税となっているものとのバランスから，次の外国貨物については非課税扱いとなっている。

　a　有価証券等
　b　郵便切手類
　c　印紙
　d　証紙
　e　物品切手等
　f　身体障害者用物品
　g　教科用図書

(4) 輸出免税

　消費税は内国消費税であり，国内において消費されるものに対して負担を求める税であることから輸出物品等に対しては課税しないこととなっている。そこで，事業者が国内において輸出取引等を行う課税資産の譲渡等のうち，一定のものについては，輸出許可書，税関長の証明，輸出の事実を記載した帳簿・書類等による証明を要件として，消費税が免税されることになっている（消法7条，消令17条，消規5条）。

　また，税務署長の許可を受けて輸出品販売場を経営する事業者が，非居住者に対し，通常生活の用に供する物品（一定の消耗品を除く）で輸出するため一定の方法により購入されるものの譲渡を行った場合（税抜対価の合計額が1万円超の場合に限る）には，当該物品の譲渡については消費税が免税されることという輸出物品販売場における輸出免税の特例がある（消法8条，消令18条）。

(5) 納税義務者

① 原　　則

　国内取引については，事業者が国内において行った課税資産の譲渡等につき消費税を納める義務がある（消法5条1項）。ここで事業者とは個人事業者及び法人をいう。国，地方公共団体，公共法人，公益法人，人格のない社団等も国内で課税資産の譲渡等を行えば納税義務を負う。また，非居住者及び外国法人であっても，国内において課税対象となる取引を行った場合には納税義務者となる。

　輸入取引については，外国貨物を保税地域から引き取る者は課税貨物につき消費税を納める義務がある（消法5条2項）。なお，外国貨物を保税地域から引き取る者は納税義務者の免税規定はなく，非課税物品以外のすべての貨物について納税義務を負う。

　また，共同事業に属する課税資産の譲渡等については，その共同事業の各構

成員がその共同事業の持分の割合又は利益の分配割合に対応する部分につき，それぞれ課税資産の譲渡等又は課税仕入れを行ったこととして消費税の納税義務を負う[26]。

② 特　　例

中小零細事業者の事務負担を軽減する等の観点から免税点制度が設けられている。この制度は，課税期間の基準期間における課税売上高（輸出売上高を含む）が１千万円以下（平成16年３月31日以前に開始する課税期間で３千万円以下）の事業者については，その課税期間中の国内取引に係る納税義務を免除するというものである（この規定により消費税の納税義務を免除される事業者を免税事業者と呼ぶ）(消法９条１項)。

ここで，基準期間とは，個人事業者についてはその課税年度の前々年をいい，法人についてはその事業年度の前々事業年度をいう(消法２条１項14号)。したがって，新規の事業者は事業開始後２年間は基準期間がないため免税事業者となるが，資本又は出資の金額が１千万円以上の新設法人（平成９年４月以降に設立された法人）については，設立当初の２年間についても納税義務は免除されない(消法12条の２・１項)。つまり，資本又は出資の金額が１千万円以上の新設法人は，課税売上高の如何によらず，設立当初の２年間は消費税の納税義務を負うことになる。

なお，平成23年度税制改正大綱によれば，免税点制度における免税事業者の要件について，平成24年10月１日以後に開始する事業年度より，例えば法人のその事業年度の前事業年度開始の日から６月間の課税売上高が１千万円を超える事業者については，事業者免税点制度を適用しないなど縮減措置がとられている。

課税売上高とは，国内で行った課税資産の譲渡等の対価の額（税抜金額）であり，返品・値引き等が売上げに係る対価の返還等の金額（税抜金額）がある場合にはその金額を控除した金額となる。基準期間が１年でない法人の場合は，年換算した金額により判定される(消法９条２項)。

また，基準期間の課税売上高が免税点以下である事業者であっても，納税義務の免除措置の適用を受けない旨の届出書を所轄税務署長に提出することにより納税義務者（課税事業者）となることができる。この場合，2年間は納税義務を免除されない（消法9条4項，6項）。免税事業者にも関わらず課税事業者を選択するケースとは，免税事業者の場合には仕入税額控除の適用を受けることができないため，輸出等の取引を経常的に行っている場合や，多額の設備投資を行って赤字になるような場合等，仕入税額控除による還付を受けることができる場合等が考えられる。なお，この課税事業者となることをやめる場合にも，その旨の届出書を税務署長に提出する必要がある（消法9条5項，8項）。

　なお，平成22年度税制改正において，次の期間（簡易課税制度の適用を受ける課税期間を除く）中に後述する調整対象固定資産の仕入れ等を行った場合には，当該仕入れ等の日の属する課税期間から当該課税期間の初日から3年を経過する日の属する課税期間までの各課税期間については，事業者免税点制度を適用しないこととされた（消法9条7項，12条の2・2項）。

　a　課税事業者を選択することにより事業者免税点制度の適用を受けないこととした事業者の当該選択の強制適用期間
　b　資本金1千万円以上の新設法人の設立当初の基準期間がない事業年度

　この改正は，特に課税事業者を選択し，調整対象固定資産を購入した年度を含む以後3年度間の課税売上割合が大きく変動したため，第3年度の仕入れに係る税額の調整，つまり消費税の取戻しが行われるケースで，免税事業者に戻る申請をしその取戻しを回避する場合を念頭に行われたものであった。例えば，次のようなケースが考えられる。マンション等を取得し非課税である居住用の貸付けを行う。マンション取得時は家賃収入がゼロである。さらに自動販売機による売上げを計上し，マンション取得時の課税売上割合は100％になる。よって初年度は，マンション取得に係った消費税額全額を仕入税額控除に計上する。2年後に免税事業者に戻る申請をする。そのことにより，課税売上割合が大きく変動した場合に必要な3年目の仕入れに係る税額の調整を回避する。

　このようなケースで初年度に還付を受けた消費税額の取戻しの回避を，今回

の改正により防ぐことができるようになった。

なお事業者免税点制度を適用しないこととされた課税期間については，後述する簡易課税制度の適用も受けることができないこととされた(消法37条2項)。

(6) 税額の計算

納付すべき消費税の額は，まず課税標準の額を算出し，それに税率を乗じて計算した税額から仕入税額控除等の控除を行って求められる。

① 課税標準

国内取引については，課税資産の譲渡等に係る消費税の課税標準は，課税資産の譲渡等の対価の額とされている(消法28条1項)。対価の額とは，対価として収受し，又は収受すべき一切の金銭又は金銭以外の物若しくは権利その他経済的な利益の額とし，課税資産の譲渡等につき課されるべき消費税相当額及び地方消費税相当額は含まれない。

課税資産の譲渡等の対価の額は，原則として，その課税資産の譲渡等を行った場合の当該課税資産等の価額をいうのではなく，その譲渡等に係る当事者間で享受することとした対価の額をいう。

課税資産と非課税資産を一括して譲渡した場合で，これらの対価の額を区分しないで譲渡したときは，その対価の額を合理的に区分をする必要があるが，その対価の額が合理的に区分されていない場合には，課税資産と非課税資産とのそれぞれの時価の比により按分して計算する(消令45条3項)。

輸入取引については，保税地域から引き取られる課税貨物に係る消費税の課税標準は，当該課税貨物につき関税定率法の課税価格の計算方法の規定に準じて算出した価格に当該課税貨物の保税地域からの引取りに係る個別消費税及び関税の額に相当する金額を加算した金額である(消法28条3項)。

② 税　　率

　消費税の税率は4％の単一税率である(消法29条)。平成元年4月に導入された際は，税率は3％であったが，平成9年4月より4％になった。また消費税の税率引き上げの際，地方消費税も創設され，地方消費税の課税標準は消費税額でその税率は消費税額の25％であるので，消費税率換算でいえば1％に相当することになり，消費税と地方消費税を合わせると5％ということになる。

③　仕入税額控除

　仕入税額控除とは，課税売上げに係る消費税額から課税仕入れ等に係る消費税額を控除することをいう。この仕入税額控除は，課税の累積を排除するために，前段階に課された税額を控除する制度であるが，実務においてはこの計算が最も厄介である。課税事業者が，国内において課税仕入れを行った場合又は保税地域から課税貨物を引き取った場合には，課税仕入れを行った日又は課税貨物を引き取った日の属する課税期間の課税標準額に対する消費税額から仕入れに係る消費税額を控除することになる。

A　課税仕入れ等の税額

　課税仕入れとは，事業者が事業として他の者から資産を譲り受け，若しくは借り受け，又は役務の提供（所法28条1項（給与所得）に規定する給与等を対価とする役務の提供を除く）を受けること（当該他の者が事業として当該資産を譲り渡し，若しくは貸付け，又は当該役務の提供を行ったとした場合に課税資産の譲渡等に該当することとなるもので，輸出免税等の規定により消費税が免税されるもの以外のものに限る）をいう（消法2条1項12号）。

　ここで「事業として」とは，a　法人はすべて事業者に該当し，その仕入れはすべて事業として行われることになるので課税仕入れに該当し，b　個人事業者については，事業の一環として行う仕入れのみが課税仕入れとなり，家事用に資産を譲り受け，若しくは借り受け，又は役務の提供を受ける場合にはその仕入れは課税仕入れに該当しない。

　課税仕入れに係る税額の計算は，仕入取引の会計処理について税込経理を

行っている場合には，課税仕入れに係る支払対価の額に105分の4を乗じて行い（消法30条1項，6項），税抜経理を行っている場合には，消費税相当額を合計して行う。

仕入税額控除の適用を受けるためには，課税仕入れ等の内容を記載した帳簿の保存に加え，課税仕入れ等に係る請求書等も保存する必要がある（消法30条7項）。

B 仕入れに係る消費税額の計算方法

仕入れに係る消費税額の控除は課税資産の譲渡等に要する課税仕入れ等の税額を控除するもので，非課税資産の譲渡等に対応する課税仕入れ等の税額は仕入税額控除の対象とはならない。しかし，課税事業者が国内で行う資産の譲渡等には，例えば利子収入等非課税となるものが含まれており，このような非課税資産の譲渡等の割合が僅少な場合もすべて原則的な考え方で仕入れに係る消費税額を計算すると事業者の納税事務コストが増加することから，課税期間中の課税売上割合が95％以上である場合と，95％未満である場合とで計算方法が異なる。課税売上割合とは，簡単にいえば，資産の譲渡等の合計額に対する課税資産の譲渡等の合計額の割合をいう（消法30条6項，消令48条，51条参照）。

 a 課税売上割合が95％以上の場合（原則）

計算の簡便化のため，その課税期間中の課税仕入れ等の税額の全額を仕入れに係る消費税額として控除する（消法30条1項）。

 b 課税売上割合が95％未満の場合

この場合は，課税売上げに対する部分の仕入れ税額のみが控除され，次の個別対応方式又は一括比例配分方式によって，控除する税額と控除できない税額に区分し，計算された金額を仕入れに係る消費税額とする（消法30条2項）。

［個別対応方式］

この方式は，国内において行った課税仕入れ及び保税地域から引き取った課税貨物について，(ア)課税資産の譲渡等にのみ要するもの，(イ)課税資産の譲渡等以外の資産の譲渡等にのみ要するもの，(ウ)課税資産の譲渡等とその他の資産の譲渡等に共通して要するものに区分が明らかにされている場合において，次の

算式により計算した金額を税額控除とするものである。

(ア)に係る課税仕入れ等の税額＋(ウ)に係る課税仕入れ等の税額×課税売上割合

なお，(ウ)に係る課税仕入れ等の税額につき，課税売上割合に準ずる割合（例えば，従業員数割，床面積割等）で合理的な基準により算出したものとして税務署長の承認を受けた割合により計算する方法も認められている。この場合，課税売上割合に準ずる割合については，当該割合がその事業者の営む事業の種類の異なるごと又は当該事業に係る販売費，一般管理費その他の種類の異なるごとに区分して算出したものである場合には，当該区分をして算出した割合を用いることもできる（消法30条3項）。

[一括比例配分方式]

この方式は，その課税期間の課税仕入れ等の税額に課税売上割合を乗じて計算した額を控除するものである。算式で示せば次のようである。

課税仕入れ等の税額×課税売上割合

また，個別対応方式により控除税額を計算できる事業者でも，選択により一括比例配分方式により計算することもできる。

平成23年度税制改正大綱によれば，平成24年4月1日以後に開始する課税期間より，課税売上割合が95％以上の場合に課税仕入れ等の税額の全額を仕入税額控除できる制度については，その課税期間の課税売上高が5億円以下の事業者に限り適用されることとなっている。

C 仕入税額控除の調整

仕入れに係る消費税額の計算に際してはいくつかの調整項目が規定されている。これには，仕入れに係る対価の返還等を受けた場合の仕入税額控除の特例（消法32条），課税売上割合が著しく変動した場合の調整対象固定資産に関する仕入税額控除の調整（消法33条），課税業務用調整対象固定資産を非課税業務用に転用した場合の調整（消法34条），非課税業務用調整対象固定資産を課税業務用に転用した場合の調整（消法35条），免税事業者が新たに納税義務者となった場合の調整（消法36条1項），課税事業者が納税義務を免除されることとなった

場合の調整（消法36条5項）等がある。

　ここでは，調整対象固定資産に関する仕入税額控除の調整について簡単にみてみよう。

　消費税では，仕入れに係る消費税額は棚卸資産，固定資産を問わず原則として仕入れのときの課税期間において控除することとされている。しかし，固定資産のように長期間にわたり使用されるものについては，課税売上割合が著しく変動したり，非課税業務用の固定資産を課税業務用に転用する等使用形態が変更される場合等状況に変化が生じるケースが考えられるので，必ずしも仕入れのときの課税期間において控除することが適切な方法とはいえない。

　よって，固定資産のうち一定の金額以上の調整対象固定資産[27]については，課税売上割合が著しく変動した場合等は，一定の方法により仕入れに係る税額を調整することとなっている。

　ここでは，課税売上割合が著しく変動した場合の仕入れに係る税額の調整について簡単にみてみる。

　次の要件に該当する場合，その第3年度の課税期間における本来の仕入れに係る消費税額に調整税額を加算・減算し調整する。その調整後の金額をその第3年度の課税期間の仕入れに係る消費税額とみなすことになっている（消法33条，消令53条）。

　その要件とは，課税事業者が，国内において調整対象固定資産の課税仕入れを行い，又は調整対象固定資産に該当する課税貨物を保税地域から引き取り，かつ，当該課税仕入れ又は当該課税貨物に係る課税仕入れ等の税額につき比例配分法により仕入れに係る消費税額を計算した場合において，当該事業者が第3年度の課税期間の末日において当該調整対象固定資産を有しており，かつ，第3年度の課税期間における通算課税売上割合が仕入れ等の課税期間における課税売上割合に対して著しく変動していることである。

　比例配分法とは次の3つの場合をいう。

　ア　課税売上割合が95％以上の場合で調整対象固定資産に係る課税仕入れ等の税額の全額が控除される方法

イ　課税売上割合が95％未満の場合で，課税資産の譲渡等とその他の資産の譲渡等に共通して要する課税仕入れ及び課税貨物に係る課税仕入れ等の税額の合計額に課税売上割合を乗じて計算する方法
　ウ　一括比例配分方式により計算する方法

　通算課税売上割合とは，通算課税期間中の課税資産の譲渡等の対価の額の合計額を，通算課税期間中の資産の譲渡等の対価の額の合計額で除した値をいう。通算課税期間とは仕入れ等の課税期間から第3年度の課税期間までの各課税期間をいう。

　課税売上割合が著しく変動した場合とは，仕入れ時の課税売上割合と通算課税売上割合との差が5％以上，かつ，仕入れ時の課税売上割合と通算課税売上割合との差を仕入れ時の課税売上割合で除した値が50％以上である場合をいう。

④　簡易課税制度

　簡易課税制度は中小事業者の納税事務コストの軽減を考慮して導入されたものである。この制度は，導入時には，基準期間における課税売上高が5億円以下の事業者が選択適用できたが，いわゆる益税が問題となり世論の批判が多いことから縮小される傾向にある。簡易課税制度とは，前述したように仕入税額控除の計算が複雑であるため，売上げに係る消費税額にみなし仕入れ率を乗じて計算した金額を仕入れに係る消費税額とみなして納付税額を計算できる制度である。

　ここで簡易課税制度の変遷についてみてみよう。適用事業者については，平成3年度の改正により基準期間における課税売上高が4億円以下の事業者，平成8年度の改正ではこれが2億円以下の事業者，そして平成15年度の改正では適用上限が5千万円に引き下げられて現在に至っている（消法37条1項）。

　みなし仕入れ率の事業区分については，導入時が，一般事業者と卸売業者についてそれぞれ80％，90％の2区分であったが，平成3年度の改正では，第一種事業（卸売業）が90％，第二種事業（小売業）が80％，第三種事業（農業，漁業，林業，鉱業，建設業，製造業，水道業，ガス業，熱供給業）が70％，第

4種事業（その他の事業）が60％の4区分になった。

　さらに平成8年度の改正において，より実態の取引に近づけるため，次のように5つの事業に分類され現在に至っている。第一種事業（卸売業）が90％，第二種事業（小売業）が80％，第三種事業（農業，漁業，林業，鉱業，建設業，製造業，水道業，ガス業，熱供給業）が70％，第4種事業（第一種，第二種，第三種及び第五種以外の事業）が60％，第五種事業（不動産業，運輸・通信業，サービス業）が50％となっている（消法37条1項，消令57条1項，5項，6項）。

　このみなし仕入れ率を用いれば，税額は簡単に求められ，第一種から第五種までを順にみていくと，それぞれ課税売上高に，0.4％，0.8％，1.2％，1.6％，2％を乗じた金額となる。

　ただし，簡易課税制度の適用を受けるには，その旨の届出書を税務署長に提出しなければならず，2年間は継続適用が条件である（消法37条3項）。

　また，簡易課税制度の適用を受けることを止める場合も，その旨の届出書を税務署長に提出する必要がある（消法37条2項，4項）。

⑤　売上げに係る対価の返還等をした場合の税額控除

　課税事業者が，国内において行った課税資産の譲渡等につき，売上げに係る対価の返還等をした場合には，当該売上げに係る対価の返還等をした日の属する課税期間の課税標準額に対する消費税額から，その対価の返還等の金額に係る消費税額の合計額を控除する（消法38条1項）。この控除を受けるためには，売上げに係る対価の返還等をした金額の明細を記録した帳簿を保存しなければならない（消法38条2項）。

⑥　貸倒れに係る消費税額の控除等

　課税事業者が，国内において課税資産の譲渡等（輸出取引等その他法律又は条約の規定により消費税が免税されるものを除く）を行った場合において，相手方に対する売掛金その他の債権が貸倒れとなり，その対価を領収することができなくなった場合には，当該領収をすることができないこととなった日の属

する課税期間の課税標準額に対する消費税額から，当該領収をすることができなくなった課税資産の譲渡等の税込対価の額に係る合計額を控除する（消法39条1項）。この控除を受けるためには，貸倒れの事実が生じたことを証する書類を保存しなければならない（消法39条2項）。

⑦ 限界控除制度

この制度は，簡易課税制度と同様，中小事業者に対する特例として，消費税が導入された際に設けられたものであったが，平成9年4月以降，この制度は廃止された。

(7) 申告・納付

消費税の納付は申告納税方式が採用されている。課税期間は，個人事業者の場合は暦年，法人の場合は法人税法上の事業年度である。ただし，税務署長に届出書を提出することにより，課税期間を次のように短縮することができる。個人事業者の場合は，1～3月，4～6月，7～9月，10～12月に，法人の場合は，事業年度をその開始の日以後3月ごとに区分した期間となっている。なお，平成15年度税制改正において，新たに課税期間を1月とする特例が設けられ，平成16年4月1日以後に開始する課税期間について適用されている（消法19条，消令41条）。

確定申告は，課税期間終了の日から2月以内にすることになっている（消法45条）。個人事業者については，各年の12月31日の属する課税期間に係る確定申告の期限は，翌年の3月31日である（措法86条の4）。

また，中間申告・納付の制度が設けられている（消法42条）。課税期間が3月を超える事業者で，直前の課税期間の年換算確定税額が400万円超の者は，課税期間開始後3月ごとにその4分の1の金額を中間申告・納付する必要がある。課税期間が6月を超える事業者で，直前の年換算確定税額が48万円超・400万円以下である者は，課税期間開始後，6月を経過したところで，その2分の1

の金額を中間申告・納付する必要がある。平成15年度改正で，平成16年4月1日以後に開始する課税期間について，直前の課税期間の年税額が4,800万円を超える事業者の場合には，毎月中間申告をすることになっており，原則として当該確定税額の12分の1ずつを申告・納付する必要がある。

4 相続税法

(1) 概　説

相続税法には，前述したように，相続税と贈与税についての規定がある。

相続税は，相続により被相続人から相続人に移転する財産に対して課される租税である。贈与税は，贈与により移転する財産に対して課される租税であるが，これは相続税を補完するものと考えられる。このことは，被相続人が生前に財産を相続人となるべき個人に贈与することにより，相続税を回避することを封じることを目的としていることによる。

相続税の課税方式には大きく次の2つがある。1つ目は，遺産の取得に着目し，その財産の取得者である相続人に対して課税する方式，いわゆる遺産取得課税方式である。2つ目は，被相続人の遺産に着目し，残された相続財産そのものに課税する方式，いわゆる遺産課税方式である。

戦前の長子単独相続制のもとでは，遺産課税方式が採用されていたが，戦後の均分相続制のもとでは，遺産取得課税方式が採用されている。具体的には，遺産取得課税方式を基本として，相続税の総額を法定相続人の数と法定相続分によって算出し，各人の取得財産額に応じて課税する方式が採用されている。つまり，現在の制度は，実際の取得遺産そのものを課税対象とするのではなく，法定相続分どおりに相続が行われたものとして相続税を計算するやり方で，純粋な遺産取得課税方式の考え方を修正している[28]。

遺産取得課税方式は，ヨーロッパ大陸諸国において採用されており，偶然の理由による富の増加を抑制するという社会政策面からのものである。わが国が

この方式を採用している根拠は，遺産課税方式に比べて担税力に即した課税の要請によりよく適合するという考え方である。これに対し，遺産課税方式は，アメリカやイギリス等で採用されており，人は生存中に蓄積した富の一部を死亡にあたって社会に還元すべきであるという考え方に基づいている[29]。

相続税・贈与税ついての関連法令等には，相続税法，相続税法施行令，相続税法施行規則，租税特別措置法関連，相続税法関係通達（基本通達と個別通達），財産評価に関する基本通達等がある。

(2) 納税義務者

相続税の納税義務者は，相続又は遺贈（贈与する人の死亡により効力を生ずる贈与，すなわち死因贈与を含む）によって財産を取得した個人である（相法1条の3）。課税される財産の範囲は，財産の取得時に法施行地に住所を有する無制限納税義務者と，財産の取得時に法施行地に住所を有しない制限納税義務者により異なる。無制限納税義務者は，相続又は遺贈により取得した財産の全部，制限納税義務者は，相続又は遺贈により取得した財産のうち，法施行地にある財産である（相法2条）。

相続とは，人の死亡によって，その者（被相続人）に属した財産上の地位を，法律上の規定又は死亡者の最終意思（遺言）の効果として，特定の者に承継させることをいう。遺贈とは，遺言によって他人に財産の全部又は一部を無償で供与することをいう。遺言によって財産を与える人を遺贈者といい，財産を受け取る人を受遺者という。遺贈には包括遺贈と特定遺贈がある。包括遺贈とは，遺言者の遺産の全部又は一部を割合をもって受遺者に遺贈することである。特定遺贈とは，遺言者の遺産に属する特定の財産を目的として，受遺者に遺贈することである。死因贈与とは，人の死亡によって効力が発生する贈与契約である。死因贈与は，贈与者の意思と受遺者の意思双方が合致することにより成立する。

また，相続税は原則，個人に課税されるが，次の場合には個人とみなされ課

税される。代表者又は管理者の定めのある人格のない社団又は財団が遺贈を受けた場合，社団，財団が遺言による財産の提供により設立された場合，公益法人等に対する財産の遺贈があった場合に，遺贈者の親族その他特別の関係がある者の相続税や贈与税の負担が不当に減少する結果となると認められるときに，その公益法人等において法人税が課される場合を除いて，相続税が課税される（相法66条）。

　贈与税の納税義務者は，贈与により財産を取得した個人である（相法1条の2）。課税財産の範囲は，相続税と同様で，無制限納税義務者と制限納税義務者で異なり，無制限納税義務者は贈与により取得した財産のすべてが，制限納税義務者は贈与により取得した財産のうち国内にある財産である（相法2条の2）。また，贈与税も，相続税と同様の場合に，人格のない社団又は財団あるいは公益法人等に課税される（相法66条）。

(3) 課税財産の範囲

　相続税の課税対象となる財産は，原則，相続又は遺贈により取得した財産である。これを相続財産と呼ぶ。ここに財産とは，金銭に見積もることができる経済的価値のあるもの（相基通11の2－1）をいう。よって，動産や不動産のみならず，特許権や著作権等の無体財産権，鉱業権や漁業権等の営業上の権利，私法上・公法上の各種の債権等も相続税の課税対象となる。

　また公平負担の見地から，このほか法律的には相続又は遺贈により取得したものとはいえないが，実質的に相続又は遺贈により取得したものとみなされる一定のものがあり，これらは相続税の課税対象財産に含まれる。

　また，財産の性格や社会政策的見地等から非課税財産とされているものもある（相法12条）。

　次に贈与税の課税財産について説明する。贈与税は贈与により取得した財産に課税されるが，相続税と同様，公平負担の見地から，実質的に贈与により取得したものとみなされる一定のものは，贈与税の課税対象財産となる。

また，贈与税にも非課税財産となるものがありこれは課税価格に算入されない（相法21条の3）。

(4) 課税価格及び税額の計算

【相続税】

相続税は，被相続人から相続又は遺贈により財産を取得したすべての者に係る相続税の課税価格の合計額をもとに相続税の総額を計算し，それを各相続人及び受遺者に，その者が相続又は遺贈により取得した財産の価格に応じて按分し，相続税を算出する仕組みとなっている。つまり，相続税の税額は，各相続人又は受遺者ごとに，その者が相続又は遺贈により取得した財産の価額に税率を乗じて算出するものではない。

① 課税価格の計算・債務控除・基礎控除

相続税の課税価格及び税額の計算プロセスについて述べる。まず課税価格の計算を行うことから始めるが，これは，相続又は遺贈によって財産を取得した者ごとに，その取得した財産の価額を合計して計算される。

相続人及び包括受遺者は一切の権利義務を承継するので，正味財産課税を行うため，被相続人の債務を課税価格の計算上控除する。これを債務控除と呼ぶ。相続人は，多額の債務があるような場合には相続したくないこともあり，相続の開始があったことを知った日から3月以内に，単純承認（民法920条，921条），限定承認（民法922条，924条），相続の放棄（民法938条，939条）のうちいずれかを選択し，相続するかどうかの意思決定をする（民法915条）。単純承認とは，被相続人の財産のすべてを無条件で相続することである。限定承認とは，相続人は受け継いだ資産（積極財産）の範囲内で負債（消極財産）を支払い，積極財産を超える消極財産については責任を負わないという相続の方法をいう。なお，葬式費用は他の債務と異なり，相続開始時において現に存するものではないが，相続開始に伴い必然的に生じる費用であるため控除が認められる。

債務控除には，相続開始の時現に存するもので確実なもの，公租公課，葬式費用がある（相法13条, 14条）。

各遺産取得額から非課税財産や債務を控除した課税価格を合計し（このほか，小規模宅地の負担軽減措置等課税価格の計算の特例があり，これが適用できれば適用（措法69条の4）），この課税価格の合計額から遺産に係る基礎控除を行う。基礎控除額は，5千万円＋1千万円×法定相続人の数により計算される。法定相続人の中に相続を放棄した者がある場合には，その放棄がなかったものとみなして相続人の数とし，養子がある場合には，養子の数は，実子がある場合には1人，実子がない場合には2人に制限され，租税回避行為としての養子は認められない（相法15条）。

平成23年度税制改正大綱によれば，相続税の増税措置がとられており，基礎控除の引下げはその1つである。具体的には，平成23年4月1日以後の相続又は遺贈により取得する財産に係る相続税について，基礎控除額は3千万円＋600万円×法定相続人の数により計算され，大きく引き下げられることになっている。

② 相続税の総額の計算

以上のような計算過程を経て算出された残額に，相続税法に規定する法定相続人の全員が民法900条及び901条の規定による相続分（法定相続分）の割合によって取得したものとみなして，それぞれに次の超過累進税率を乗じて算出し（ここでは速算表を示す），相続税の総額を求める（相法16条）。

なお，下記に示す速算表は，平成15年1月1日より適用され，平成14年度税制改正で，相続税における最高税率の引下げ（70％から50％へ）等に伴う制度減税が行われた。

法定相続人の取得金額	税　率
10百万円以下	10%
10百万円超　30百万円以下	15%
30百万円超　50百万円以下	20%
50百万円超　100百万円以下	30%
100百万円超　300百万円以下	40%
300百万円超	50%

　平成23年度税制改正大綱によれば，最高税率が現行50％より55％に引き上げられることになっており，平成23年4月1日以後の相続又は遺贈により取得する財産に係る相続税について適用されるが，具体的には次のようである。

法定相続人の取得金額	税　率
10百万円以下	10%
10百万円超　30百万円以下	15%
30百万円超　50百万円以下	20%
50百万円超　100百万円以下	30%
100百万円超　200百万円以下	40%
200百万円超　300百万円以下	45%
300百万円超　600百万円以下	50%
600百万円超	55%

③　各相続人等の相続税の計算・税額控除

　このようにして求められた相続税の総額に基づき，実際に財産を取得した者

の相続税の課税価格により按分をして、各相続人等の相続税額を求める（相法17条）。具体的には次の算式による。

$$\frac{T \times B}{A} = 各相続人等の相続税額$$

T：相法16条の規定により算出した相続税の総額
A：相続又は遺贈により財産を取得したすべての者に係る課税価格の合計額
B：その者の相続税の課税価格

相続又は遺贈により財産を取得した者が、被相続人の一親等の血族（その者の代襲相続人を含む）及び配偶者以外の者である場合には、その者の相続税額にその20％相当額が加算される。ただし、被相続人の直系卑属が養子となっている場合には、20％相当額が加算される（相法18条）。孫は直接的には相続人とはならないが、相続発生時に子（孫の父母）が死亡していた場合、孫は子の相続分について相続することになり、これを代襲相続という。

各相続人等の算出相続税額が計算された後、税額控除を行い各相続人等の納付税額が算出される。税額控除は、A贈与税額控除、B配偶者に対する相続税額の軽減、C未成年者控除、D障害者控除、E相次相続控除、F在外財産に対する相続税額の控除であり、これらを順次控除して納付税額を求める。

A　贈与税額控除（相法19条）

相続又は遺贈により財産を取得した者が、その相続に係る被相続人からその相続の開始前3年以内に贈与により財産を取得したことがある場合は、その贈与により取得した財産の価額を相続税の課税価格に加算したものを相続税の課税価格とみなして相続税が計算される。この場合、その贈与財産に課せられた贈与税額があるときには、この贈与税額は相続税額から控除される。

B　配偶者に対する相続税額の軽減（相法19条の2）

配偶者の税負担は、被相続人の死亡後の配偶者の生活の保障、被相続人の蓄積した財産のうちには夫婦の協力に負うところが多くあること、配偶者の取得

財産については次の相続開始の時期が比較的早い等の理由から，特別の軽減措置が講じられている[30]。

これは，申告書にこの規定を受ける旨の記載をなす等一定の手続をとることにより，配偶者の実際取得額が，配偶者の法定相続相当額又は1億6千万円のいずれか多い金額（「控除限度額」）以下のときは課税されないというものである。また，実際取得金額が「控除限度額」を超える場合には，控除限度額に相当する税額として，次の算式により計算された金額を控除した後の税額相当額が納税額となる。

$$その相続に係る相続税の総額 \times \frac{控除限度額}{その相続に係る課税価格の合計額}$$

C　未成年者控除（相法19条の3）

相続又は遺贈により財産を取得した者が20歳未満である場合には，その者が成年に達するまでの間の教育費の負担を考慮し，社会福祉の増進の見地から，相続税額からその者が20歳に達するまでの年数の各1年につき6万円が控除される。

平成23年度税制改正大綱によれば，平成23年4月1日以後の相続又は遺贈により取得する財産に係る相続税について，未成年者控除額は，20歳に達するまでの年数の各1年につき10万円に引き上げられる予定である。

D　障害者控除（相法19条の4）

相続又は遺贈により財産を取得した者が障害者又は特別障害者である場合には，より多くの生活費等を必要とするという特殊事情を考慮し，社会福祉の向上の見地から，相続税額からその者が85歳に達するまでの年数の各1年につき障害者6万円，特別障害者12万円が控除される。

平成23年度税制改正大綱によれば，平成23年4月1日以後の相続又は遺贈により取得する財産に係る相続税について，障害者控除額は，85歳に達するまでの年数の各1年につき障害者の場合10万円，特別障害者の場合20万円に引き上げられる予定である。

E　相次相続控除（相法20条）

　被相続人が，その死亡前10年以内に相続により財産を取得している場合には，前回の相続税額の一定割合相当額に，次に相続までの期間を10年から差し引いた年数（１年未満の端数は１年として計算）の10年に対する割合に相当する年数を乗じた額が今回の相続税額から控除される。この控除は，短期間に重ねて相続の開始があった場合，その都度相続税が課されることとなり，長期間相続が開始しない場合と比べて，税負担が大きくなるので公平負担の見地から設けられたものである。

F　在外財産に対する相続税額の控除（相法20条の２）

　相続財産が本法の施行地外にあることによって外国の法令により相続税に相当する税が課せられた場合には，相続税額からその税額を控除する。この規定は，相続税の無制限納税義務者の国際間の二重課税の調整を行うために設けられている。

【贈与税】

①　課税価格の計算・基礎控除・配偶者控除

　贈与税の課税価格は，その年の１月１日から12月31日までの間に贈与により取得した財産の価格の合計額である（相法21条の２）。もちろん，非課税財産は控除される。負担付贈与の場合には，贈与を受けた財産の評価額から負担の金額を控除した残額が課税価格となる。課税価格が求められた後，基礎控除と配偶者控除を行う。

　基礎控除とは少額不追求の見地から設けられたもので，金額は贈与を受けた者１人について年間110万円である（相法21条の５によれば基礎控除は年間60万円であるが，措法70条の２の２により，平成13年１月１日以後に贈与により財産を取得した者に係る贈与税については，課税価格から基礎控除の110万円を控除することとなっている）。

　配偶者控除の制度は，夫婦財産の形成は夫婦の協力により得られたものであるという考え方が強くあり，夫婦間における財産の贈与は贈与の観念が薄いこ

とや，夫婦間の財産の贈与は配偶者の老後の生活を保障するもの等の観点から設けられている。これは，婚姻期間が20年以上の夫婦間における贈与で，贈与財産の中に居住用不動産又は居住用不動産の取得に充てた金額が含まれている場合には，贈与を受けた者のその年の居住用不動産等に係る贈与税の課税価格から2千万円を控除するというものである。受贈した居住用不動産又は居住用不動産の取得に充てた金額が2千万円未満の場合には，それらの価額の合計額に相当する金額が控除限度額となる（相法21条の6）。

② 贈与税額の計算

贈与税は，課税価格から基礎控除と配偶者控除を控除した残額に，次の超過累進税率を乗じて算出される（ここでは速算表を示す）(相法21条の7)。

なお，下記に示す速算表は平成15年1月1日より適用され，平成14年度税制改正で，贈与税における最高税率の引下げ（70％から50％へ）等に伴う制度減税が行われた。

基礎控除後の課税価格	税 率
2,000千円以下	10%
2,000千円超　3,000千円以下	15%
3,000千円超　4,000千円以下	20%
4,000千円超　6,000千円以下	30%
6,000千円超　10,000千円以下	40%
10,000千円超	50%

平成23年度税制改正大綱によれば，原則として平成23年1月1日以後の贈与により取得する財産に係る贈与税の税率について，次のような改正が行われる予定である。

イ 20歳以上の者が直系尊属から贈与を受けた財産に係る贈与税の税率構造

基礎控除後の課税価格	税率
2,000千円以下	10%
2,000千円超 4,000千円以下	15%
4,000千円超 6,000千円以下	20%
6,000千円超 10,000千円以下	30%
10,000千円超 15,000千円以下	40%
15,000千円超 30,000千円以下	45%
30,000千円超 45,000千円以下	50%
45,000千円超	55%

ロ イ以外の贈与財産に係る贈与税の税率構造

基礎控除後の課税価格	税率
2,000千円以下	10%
2,000千円超 3,000千円以下	15%
3,000千円超 4,000千円以下	20%
4,000千円超 6,000千円以下	30%
6,000千円超 10,000千円以下	40%
10,000千円超 15,000千円以下	45%
15,000千円超 30,000千円以下	50%
30,000千円超	55%

贈与により本法施行地外にある財産を取得した場合，財産所在地の外国の法令により贈与税に相当する税が課せられていたときには，贈与税からその税額が控除される（相法21条の8）。

　また，生前贈与を容易にして，次世代への資産の移転を促進するため，平成15年度改正で，平成15年1月1日以後の贈与・相続について，生前贈与の相続時精算課税制度が創設されている。この制度は，生前贈与について，受贈者の選択により，暦年課税の贈与税に代えて，贈与時に贈与財産に対し低い税率で贈与税（相続時精算課税に係る贈与税）を課し，その後の相続時にその贈与財産と相続財産とを合計した価額をもとに計算した相続税額から，すでに支払った相続時精算課税に係る贈与税額を控除することにより，贈与税と相続税を通じた納税を可能とする制度である。この場合の適用対象者は，受贈者がその年の1月1日において20歳以上の者で贈与者の推定相続人である直系卑属，贈与者がその年の1月1日において65歳以上の者である（相法21条の9）。

　平成23年度税制改正大綱によれば，原則として平成23年1月1日以後の贈与により取得する財産に係る贈与税における相続時精算課税制度の適用要件について，次のような見直しが行われる予定である。まず，受贈者の範囲に，20歳以上である孫（現行は推定相続人のみ）が追加される。また，贈与者の年齢要件を60歳以上（現行は65歳以上）に引き下げられる。

　具体的には，前述した基礎控除，配偶者控除及び税率についての規定は適用せず，相続時精算課税に係る贈与者ごとに累積した課税価格から，複数年にわたり利用できる特別控除の2,500万円を控除し，この金額に20％の税率を乗じて納税額を計算することになる（相法21条の11，21条の12，21条の13）。

　なお，次のような住宅取得等資金に係る相続時精算課税の特例がある（措法70条の3，旧70条の3の2）。住宅取得のための頭金相当額の贈与につき贈与税を軽減することにより，住宅の取得を促進するために，この特例が設けられている。これは，平成15年1月1日から平成23年12月31日までの間に，20歳以上の一定の受贈者が，自己の居住の用に供する一定の家屋を取得するための資金又は自己の居住の用に供する家屋の一定の増改築のための資金（住宅取得等資

金）を親からの贈与により取得した場合には，その親が65歳未満である場合においても相続時精算課税の適用を選択することができ，これらの資金の贈与（平成15年1月1日から平成21年12月31日）については，2,500万円の特別控除に1,000万円を加算できたが，この特別控除1,000万円上乗せ特例は平成21年12月31日をもって廃止された。

また，平成22年1月1日から平成23年12月31日までの間に，その直系尊属からの贈与により住宅取得等資金の取得をした特定受贈者（その年1月1日において20歳以上であって，当該年の年分の所得税に係る合計所得金額が2,000万円以下である者）が，贈与を受けた年の翌年3月15日までにその住宅取得等資金を自己の居住の用に供する一定の家屋の新築若しくは取得又は一定の増改築等の対価に充てて，その家屋を同日までに自己の居住の用に供したとき又は同日以後遅滞なく自己の居住の用に供することが確実であると見込まれるときには，住宅取得等資金のうち1,500万円（贈与を受けた年が平成23年のみである場合には1,000万円）までの金額について贈与税が非課税とされる（措法70条の2）。なお，この非課税制度の適用後の残高には，暦年課税の場合は基礎控除額110万円，相続時精算課税の場合は特別控除額2,500万円が適用できる。また，この非課税制度の適用を受けた住宅取得等資金相当額は，相続税の課税価格に加算する必要はない。

(5) 申告・納付

相続又は遺贈により財産を取得した者は，納付すべき税額がある場合には，原則として，相続の開始があったことを知った日の翌日から10月以内に，被相続人の死亡時の住所地の所轄税務署長に対して申告書を提出し，あわせて納付しなければならない（相法27条，33条）。

納付すべき相続税額が10万円を超え，かつ納期限までに金銭で納付することを困難とする事由がある場合には，担保を提供したうえで，5年以内の年賦延納が認められている（相法38条）。

延納によっても金銭で納付することが困難とする事由がある場合には，国債，不動産，社債，株式等による物納が認められている。物納は一種の代物弁済であり，現在，物納が認めれているのは相続税のみである（相法41条～44条）。

　次に贈与税の申告・納付について述べる。納付すべき税額がある場合には，翌年の２月１日から３月15日までに，住所地の所轄税務署長に申告書を提出し，それとともに納付をしなければならない（相法28条，33条）。

　贈与税も延納の制度がある。納付すべき贈与税額が10万円を超え，かつ，納期限までに，又は納付すべき日までに金銭で納付することを困難とする事由がある場合，これらの日までに納税義務者が申請することにより，担保の提供（延納税額が50万円未満，かつ，延納期間が３年以下の場合は要しない）を要件として，５年以内の年賦延納が認められている（相法38条）。なお，物納は認められていない。

(6) 財産の評価

① 総　　説

　納付すべき相続税額又は贈与税額を計算するには，前述したように，まず相続，遺贈又は贈与により取得した者に係る課税価格の計算をする必要がある。この課税価格を計算するには，相続，遺贈又は贈与により取得した財産を評価する必要がある。相続税法では，財産の評価の原則を，相続，遺贈又は贈与により取得した財産の価額は取得のときにおける時価により，債務控除の金額はそのときの現況によるものとし（相法22条），いわゆる時価主義を採用している。取得のときというのは，相続税の場合は，被相続人又は遺贈者の死亡の日であり，贈与税の場合は，贈与により財産権を取得した日である。

　また，相続税法では，地上権及び永小作権（相法23条），定期金に関する権利（相法24条），定期金給付事由が発生していない定期金に関する権利（相法25条），及び立木（相法26条）については，評価方法が具体的に定められている（これを法定評価という）。よって，これら以外の財産は同法22条の規定により時価と

されるが，この時価の解釈については，財産評価基本通達に規定されており，現実にはこの通達をもとに評価が行われている。

評通によれば，時価とは，課税時期（相続，遺贈又は贈与により財産を取得した日又は相続税法の規定により相続，遺贈又は贈与により取得したとみなされた財産のその取得の日をいう）において，それぞれの財産の現況に応じ，不特定多数の当事者間で自由な取引が行われる場合に通常成立すると認められる価額をいい（評通1），取得財産の客観的交換価値と解するとされている。

では，わが国において特に問題となる土地と株式の評価についてみてみよう。

② 土　　地

土地の価額は，a宅地，b田，c畑，d山林，e原野，f牧場，g池沼，h鉱泉地及びi雑種地の地目の別に評価する。ただし，一体として利用されている一団の土地が2以上の地目からなる場合には，その1団の土地は，そのうち主たる地目からなるものとして，その1団の土地ごとに評価する。なお，地目は課税時期の現況によって判定する（評通7）。

また，土地の上に存する権利の価額は，今述べた土地の評価上の区分に従い，a地上権（区分地上権及び借地借家法に規定する借地権に該当するものを除く），b区分地上権，c永小作権，d区分地上権に準ずる地役権，e借地権（借地借家法の定期借地権，事業用定期借地権等，建物譲渡特約付借地権及び一時使用目的の借地権（定期借地権等という）は除く），f定期借地権等，g耕作権，h温泉権，i賃借権，j占有権の別に評価する（評通9）。

宅地の評価について述べる。宅地は，市街化地域にあるものとそれ以外のものに区別され，市街化地域にあるものには路線価方式で，その他のものについては倍率方式で評価される（評通11）。土地の評価について，実務上最も問題となるのは，市街地にある宅地である。

路線価方式により評価する場合の価額は，その宅地の面する路線に付された路線価をもととし，奥行価格補正（評通15），側方路線影響加算（評通16），二方路線影響加算（評通17），三方又は四方路線影響加算（評通18），不整形地（評通20），

無道路地（評通20－2），間口が狭小な宅地等（評通20－3），がけ地等（評通20－4），容積率の異なる二以上の地域にわたる宅地（評通20－5）の所要の画地調整を行って計算される（評通13）。

路線価方式により評価する路線価地域については，宅地の利用状況がおおむね同一と認められる一定の地域ごとに，国税局長が次に掲げる地区を定めることとされている（評通14の2）。

　　a ビル街地区，b 高度商業地区，c 繁華街地区，d 普通商業・併用住宅地区，e 普通住宅地区，f 中小工場地区，g 大工場地区

一般的に路線価は時価の50％～70％位といわれてきたが，いわゆるバブル経済崩壊後，時価が路線価を下回る地域が出現し，相続税の負担が過大になっているケースも出ることがある。

倍率方式は，固定資産税評価額に国税局長が一定の地域ごとにその地域の実情に即するように定める倍率を乗じて計算した金額により評価する（評通21）。

③　家　　屋

家屋の価額は，その家屋の固定資産税評価額に1.0倍を乗じて計算した金額により評価する（評通89）。

④　株　　式

株式は，A上場株式，B気配相場等のある株式，及びC取引相場のない株式の3種類に分けてその評価を行うこととされている（評通168）。この中で実務上特に問題となるのは，例えば中小企業の上場されていない株式のようなC取引相場のない株式の評価である。

A　上場株式（評通169）

上場株式については，次のaからdまでのうち最も低い価額によって評価する。

　a　課税時期の最終価格
　b　課税時期に属する月中の最終価格の月平均額

c　課税時期の属する月の前月中の最終価格の月平均額

　d　課税時期の属する月の前々月中の最終価格の月平均額

　なお，負担付贈与等による取得については課税時期の最終価格によって評価する。

B　気配相場等のある株式（評通174）

　a　登録銘柄及び店頭管理銘柄

　課税時期の取引価格等をもとに上場株式の評価方法に準ずる。取引価格は「高値」と「安値」の平均額による。

　なお，負担付贈与等による取得については課税時期の最終価格によって評価する。

　b　公開途上にある株式

　公募・売出しが行われている場合には当該株式の公開価格によって評価する。公募・売出しが行われていない場合には当該株式の課税時期以前の取引価格等を勘案する。

C　取引相場のない株式

　取引相場のない株式については，基本的には評価会社を，従業員数，総資産価額，及び直前期末以前1年間における取引額の3つの要素により，大会社，中会社，及び小会社に区分をして評価する（評通178）。

　大会社の株式の評価については，類似業種比準方式と純資産価額方式の選択が認められている（評通179(1)）。大会社とは，従業員数が100人以上のもの，総資産価額が一定額以上で従業員数が一定数以下でないもの，又は年間取引金額が一定額以上のものをいう。

　類似業種比準方式とは，1株当たりの配当・利益・簿価純資産の3つの要素を評価会社と類似業種とで対比させ，それを通じて類似業種の平均株価に対応する金額を算出したうえ，この金額の70％（この割合を調整割合という）をもって評価額とする方法である。なお，中会社又は小会社の場合は調整割合が60％又は50％になる（評通180）。

　純資産価額方式とは，評価会社の1株当たりの純資産価額によりその株価を

評価する方法である。具体的には次の算式による。

$$\frac{総資産価額（相評ベース）-負債の合計額-評価差益に対する法人税等相当額}{発行済株式数}$$

（注）相評ベース：相続税評価額によって計算した金額

　なお、評価差益に対する法人税等相当額は、(相続税評価額による純資産価額－帳簿価額による純資産価額)×0.45により求める。ちなみに従来の算式では、法人税法による清算所得課税があったため乗数は0.42であったが、平成22年度の税制改正において清算所得課税が廃止されたため0.45に改正された。

　中会社の株式の評価については、類似業種比準方式と純資産価額方式とを併用する方式と純資産価額方式との選択が認められている（評通179(2)）。中会社とは、従業員数が100人未満の会社で、総資産価額が一定額以上である（ただし、従業員数が一定数以下のものを除く）か、又は年間取引金額が一定の範囲に達しているものをいう。類似業種比準方式と純資産価額方式とを併用する方式とは、次の算式による。

類似業種比準価額×L＋純資産価額（相評ベース）×（1－L）

　　Lの割合＝大会社に近いもの………0.90
　　　　　　　中間のもの　　………0.75
　　　　　　小会社に近いもの………0.60
　　　　　　（小会社）　　　………0.50)

　小会社の株式の評価については、純資産価額方式によって評価するが、類似業種比準方式と純資産価額方式とを併用する方式を用いることもできる（評通179(3)）。小会社とは、従業員数が100人未満で、総資産価額が一定額未満であるか又は従業員数が一定数以下であり、かつ年間取引金額が一定金額未満のものをいう。

　以上が原則であるが、類似業種比準方式を適用すると純資産価額方式で評価する場合に比べて低くなるが、これを利用して株式評価額を圧縮することによ

る相続税額回避のケースが出てきたため，比準要素数1の会社，株式保有特定会社，土地保有特定会社，開業後3年未満の会社，開業前又は休業中の会社，清算中の会社といった特定の評価会社については純資産価額方式を用いる。なお，株式保有特定会社については，修正した類似業種比準方式の選択もできる（評通189，189－2，189－3，189－4，189－5，189－6）。

同族株主のうち経営支配権のない株主及び従業員株主等のような零細株主が取得した株式には，配当還元方式が適用される（評通188，188－2）。

配当還元方式とは，次の算式による。

$$\frac{その株式に係る年配当金額}{10\%} \times \frac{その株式の1株当たりの資本金の額}{50円}$$

注

1) 金子宏『租税法〔第15版〕』弘文堂，2010年，168－169頁参照。
2) 同上，168頁参照。
3) 水野勝『租税法』有斐閣，1993年，152頁。
4) 金子，前掲書，170頁参照。
5) 川崎昭典『税法学』木鐸社，2002年，112－113頁。
6) 水野，前掲書，165頁。
7) 金子，前掲書，198頁。
8) 水野，前掲書，173頁。
9) 金子，前掲書，201－202頁参照。
10) 同上，200－201頁参照。
11) 同上，209頁。
12) 特定口座とは，特定口座開設届出書を提出して，当該証券業者との間で締結した上場株式等保管委託契約又は上場株式等信用取引契約に基づき設定された上場株式等の保管又は上場株式等の信用取引に係る口座をいう。
13) 泉美之松『法人税法の読み方－法人税法の基礎－』東京教育情報センター，1987年，11－12頁。
14) 関係法人株式等とは，その法人が配当等を行う他の内国法人の株式等の保有割合が25％以上のもので，その配当等の支払義務が確定する日以前6月以上引き続き所有している場合をいう。連結法人株式等とは，内国法人が完全連結支配関係のある他の内国法人の株式を有している場合をいう。
15) 有価証券の空売りとは，有価証券を有しないでその売付けをし，その後にその有価

証券と銘柄を同じくする有価証券の買戻しをして決済する取引等をいう。
16) 発行日取引とは，有価証券が発行される前にその有価証券の売買を行う取引をいう。
17) 売買目的有価証券とは，短期的な価格の変動を利用して利益を得る目的で取得した有価証券をいう（法令119条の12）。
18) 田中治［監修］近畿税理士会編『租税回避行為をめぐる事例研究』清文社，1998年，27頁。
19) 広告宣伝費，見本費，交際費，接待費及び福利厚生費とされるべきものを除く。
20) 圧縮記帳をした場合，圧縮記帳以後のその取得資産の減価償却等は圧縮記帳後の取得価額で行われることとなり，圧縮記帳をした金額はいずれ取り戻され課税されることになる。すなわち，圧縮記帳制度は減免措置ではなく減価償却や譲渡等を通じて課税利益を取り戻すことを前提とした課税の繰延制度であるといえる。
21) 八ツ尾順一『入門連結納税制度』財経詳報社，1999年，112頁参照。
22) 同上，112頁参照。
23) ＮＨＫ日本プロジェクト取材班・磯村尚徳『なぜ税が問われているのか』日本放送出版協会，1988年，136頁。
24) 国税庁サイト「消費税における『事業』の定義」を参照。
25) 政策的配慮に基づくものは，医療，教育，社会福祉等極めて限定されている。
26) 共同事業に係る部分の消費税の納付については，納税義務者である各構成員が連帯して納税義務を負う（国通法9条）。
27) 調整対象固定資産とは，棚卸資産以外の資産で建物，構築物，機械及び装置，船舶，航空機，車両及び運搬具，工具，器具及び備品，鉱業権その他の資産でその価額が少額ではないものをいう。ここに少額でないものとは，その資産に係る課税仕入れに係る支払対価の額の105分の100に相当する金額，又は保税地域から引き取られるその資産の課税標準である金額が一の取引の単位つき100万円以上のものをいう（消法2条16号，消令5条）。
28) 川崎，前掲書，198頁参照。
29) 金子，前掲書，487－488頁参照。
30) ただし，脱税を防止するため，配偶者に係る相続税の課税価格の基礎となる事実の全部又は一部を仮装・隠ぺいし，それを基礎として申告をしていた場合において，税務調査があったことにより，更正・決定を予知して期限後申告・修正申告を行った場合には，配偶者の軽減される税額の計算にあたり，仮装・隠ぺいした事実に相当する金額は，税額軽減の基礎となる課税価格の合計額又は配偶者の課税価格に相当する金額に含めることができない。

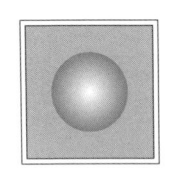

第 3 章

地方税法概説

1　住　民　税

(1)　個人住民税

　所得に課税されるものには，住民税と事業税がある。住民税には道府県民税と市町村民税があり，いずれも，個人に対するもの（個人住民税）と法人に対するもの（法人住民税）がある。

　個人住民税には，道府県民税，市町村民税とも，均等割及び所得割がある（地法23条1項1号, 2号）。

　個人住民税は，基本的には所得税と同様の仕組みである。所得税との違いは，均等割の制度があること，前年分の所得をベースに課税されること，そして納税の時期が6月から始まること等が挙げられる。

　納税義務者は，都道府県又は市町村内に住所のある者と，都道府県又は市町村内に住所はないが事務所，事業所又は家屋敷のある者である（地法24条1項1号, 2号, 294条1項1号, 2号）。前者に対しては均等割と所得割の合算額が，後者に対しては均等割のみが課される。

　納税額と税率は次のようになる。まず均等割については，その標準税率は，道府県民税が1,000円（地法38条），市町村民税がその市町村の人口規模に応じて，2,000円, 2,500円, 3,000円の3区分であるが，平成17年度より，すべて3,000円に統一される（地法310条）。

所得割は，原則として所得税における前年中の総所得金額，退職所得金額及び山林所得金額から所得税の場合に準じた各種の所得控除を行った後の金額に対して課税されるものである。標準税率は課税所得金額にかかわらず，道府県民税の場合は4％，市町村民税の場合は6％となっている（地法35条，50条の4，314条の3，328条の3）。なお，制限税率は現在設けられていない。

　納付については次のようになる。一般の事業所得者等の場合は，市町村から交付される納税通知書により，通常6，8，10月及び翌年1月の4回に分けて納付する（普通徴収）（地法41条，320条）。また，給与所得者の場合は，給与支払者が6月から翌年5月までの間，毎月の給与から税額を徴収し，徴収した月の翌月の10日までに市町村に納付する（特別徴収）（地法319条，321条の3～321条の7）。

(2) 法人住民税

　法人住民税は法人税の税額を課税標準とするので，基本的には法人税と同様の仕組みである。法人住民税には，個人と同様，均等割の制度がある。

　納税義務者は，①都道府県又は市町村内に事務所又は事業所のある法人，②都道府県又は市町村内に寮等の施設はあるが事務所又は事業所のない法人，③都道府県又は市町村内に事務所，事業所又は寮等の施設のある人格のない社団等である（地法24条1項3号，4号，294条1項3号，4号）。①の法人に対しては均等割と法人税割の合算額が，②及び③の法人に対しては均等割のみが課される。

　納税額と税率は次のようになる。まず均等割は所得の有無にかかわらず課税される。その標準税率は，道府県民税では資本等の金額に応じて，2万円から80万円までの5段階に，市町村民税では資本等の金額と従業員数に応じて，5万円から300万円までの9段階になっている。市町村民税の制限税率は標準税率の1.2倍となっている（地法23条1項1号，52条，地令8条の5，地法312条）。

　次に法人税割について述べる。法人税割は，法人税額に一定税率を乗じて求めるが，連結申告法人以外の法人の法人税割の課税標準は法人税額である。法人税額は，源泉所得税額，外国税額，仮装経理に基づく過大申告の場合の更正

に伴う法人税額及び措置法による法人税額の税額控除適用前の金額である。連結申告法人の法人税割の課税標準は個別帰属法人税額である（地法23条1項, 292条1項3号, 4号, 4号の2）。

法人税割の標準税率は，道府県民税では5％，市町村民税では12.3％の単一税率となっている。制限税率は，道府県民税では6％，市町村民税では14.7％である（地法51条, 314条の4）。

法人住民税の納付は申告納付の方式で行われ，申告納付期限は法人税に準ずる。

また，道府県民税には利子割と呼ばれるものがあり，法人の受け取る預貯金や公社債の利子に対しても，支払いを行う金融機関等において5％の税率で特別徴収を行う利子割が課税される（地法23条1項3号の2, 24条1項5号, 8項, 71条の6, 71条の9, 71条の10）。さらに，平成15年度の所得税制度の改正に対応して，第2章第1節でふれたように，配当割，株式譲渡所得割が創設されている（地法23条1項3号の3, 3号の4, 24条1項6号, 7号）。

2 事 業 税

(1) 個人事業税

事業税は，事業を課税客体とし，事業が収益活動を行っている事実に担税力を見出して課する収益税の一種である。よって，その性格は，「事業」に対して課する物税であると説明され，所得税や住民税のように同一の人を目標として，これに帰属する所得はすべて総合し，その負担能力に応じて課する人税とは異なる。しかし，現状では，基本的に所得を課税標準としていること等から，所得課税である所得税や個人住民税と近似したものとなっている。個人，法人とも事業税は道府県税のみである。

納税義務者は，その道府県で事務所又は事業所を設けて，第一種事業（物品販売業，金銭貸付業等），第二種事業（畜産業，水産業等），第三種事業（医業，

155

弁護士等）を行う個人である（地法72条の2・6項,7項,8項,9項,10項,地令10条の3,12条,13条,13条の2,14条)。

　課税標準は，前年中の事業から生じた所得の金額から，事業主控除290万円（地法72条の49の10）を控除した金額である。なお，事業専従者がある場合には，青色申告の場合は支給された給与の金額全額，白色申告の場合は50万円（配偶者の場合は86万円）をそれぞれ控除できる（地法72条の49の8・2項,3項)。

　標準税率は次のようである。第一種事業が5％，第二種事業が4％，第三種事業のうちあん摩，マッサージ又は指圧，はり，きゅう，柔道整復その他の医業に類する事業及び装蹄師業は3％，その他の第三種事業は5％である。制限税率は標準税率の1.1倍である（地法72条の49の13・1項,3項)。

　申告については次のとおりである。納税義務者は前年中の事業の所得その他必要な事項を3月15日までに事務所又は事業所所在地の道府県知事に申告しなければならないが，所得税の確定申告書を提出した者及び道府県民税の申告書を提出した者は，個人事業税の申告書を提出したものとみなされる（地法72条の55・1項,72条の55の2・1項,2項)。

　納付は，都道府県知事から送付された納税通知書に記載された税額を8月と11月に分けて（事業税額が一定金額以下の者はいずれかの1回）都道府県あるいは代理の金融機関等の窓口に納付する（普通徴収）（地法72条の49の14,72条の51)。

(2) 法人事業税

　事業税の意義等については，個人事業税のところですでに述べたとおりである。ただし，個人事業税が個人の行う事業活動のうち一定のものだけを課税対象とするのに対し，法人事業税は法人の行うすべての事業を課税対象としている。

　納税義務者は，事業を行う内国法人，外国法人である。法人でない社団又は財団で代表者又は管理人の定めがあり，かつ，収益事業を行うものは法人とみ

第 3 章　地方税法概説

なされ納税義務を負う。外国法人については，日本国内に一定範囲の恒久的施設がある場合は，その施設を事務所又は事業所とみなして課税されることとなっており，単に国内に資産を有するだけで事業を行わないものは納税義務を負わない（地法72条の 2 ）。

　また事業税は，国，都道府県，市町村，独立行政法人（法人税法別表第 1 に規定するもの），国立大学法人等，政府出資団体等，公益法人等，法人税が非課税である外国法人が行う事業に対しては課されない。林業又は鉱物の掘採事業を行う法人，農事組合法人の事業に対しても課税されない（地法72条の 4 ）。独立行政法人（法人税法別表第 2 に規定するもの），日本赤十字社，商工会議所，公益社団法人及び公益財団法人，一般社団法人（非営利型法人（法人税法第 2 条第 9 号の 2 に規定する非営利型法人をいう）に該当するものに限る）及び一般財団法人（非営利型法人に該当するものに限る），日本公認会計士協会，税理士会及び日本税理士会連合会，法人である労働組合等については，その収益事業のみに課税される（地法72条の 5 ）。

　課税標準については次のようになる。①電気供給業，ガス供給業及び保険業を行う法人にあっては各事業年度の収入金額，②その他の法人にあっては各事業年度の付加価値額，資本等の金額，そして所得を課税標準として課税される（地法72条の12）。

　所得の算定は，連結申告法人以外の法人の場合は，特別の定めがあるものを除き，法人税の課税標準である所得の計算により行われる。連結申告法人の場合は，各連結事業年度の個別帰属益金額から個別帰属損金額を控除した金額で，法人税の連結所得に係る当該連結申告法人の個別所得金額の計算の例によって行う（地法72条の18）。

　税率については，標準税率が，①の収入金額課税法人の場合は0.7％（地方税法本則では1.3％と規定されているが（地法72条の24の 7 ・ 2 項），平成20年10月 1 日以後に開始する事業年度より，地方法人特別税等に関する暫定措置法（以下，暫定法と略す）第 2 条により0.7％に軽減されている），②のその他の法人の場合は，資本金が 1 億円以下の普通法人又は資本金を有しないもの，資本金

157

が1億円超の普通法人，そして特別法人（地法72条の24の7・5項に規定されている法人で，農業協同組合，信用金庫，医療法人等をいう）に分けて次のように規定されている。

資本金が1億円以下の普通法人又は資本金を有しないものの場合，地方税法本則によれば，課税所得金額が年400万円以下では5.0％，年400万円超800万円以下では7.3％，年800万円超では9.6％となっているが，暫定法第2条により，平成20年10月1日以後に開始する事業年度から以下のように軽減されている。

<資本金が1億円以下の普通法人又は資本金を有しないものの標準税率>

課税所得金額	標準税率（％）
年400万円以下	2.7
年400万円超　800万円以下	4.0
年800万円超	5.3

特別法人の場合，地方税法本則によれば，課税所得金額が年400万円以下では5.0％，年400万円超では6.6％となっているが，暫定法第2条により，平成20年10月1日以後に開始する事業年度から以下のように軽減されている。

<特別法人の標準税率>

課税所得金額	標準税率（％）
年400万円以下	2.7
年400万円超	3.6

なお，資本金が1億円超の普通法人の税率については後述する。

納付については申告納付方式で行われ，納税義務者である法人は事業年度終了の日から2月以内に事務所又は事業所の所在地の都道府県知事に申告書を提出するとともにその申告税額を納付しなければならない。2つ以上の都道府県にまたがり事務所等を設けて事業を行う法人は，各事務所等が所在している都

道府県に対し，従業者の数や固定資産の価額等に基づく一定の分割基準に従って税額を分割納付する(地法72条の24の12，72条の25，72条の28，72条の48)。

　事業年度の期間が6月を超える法人は，事業年度開始の日から6月を経過した日から2月以内に中間申告納付を行わなければならず，中間申告による納付額は前年度分の納税額の2分の1相当額か仮決算に基づく金額による税額である(地法72条の26)。

　さて，平成16年4月1日以後開始の事業年度より，前述した資本金が1億円を超える普通法人に対して外形標準課税の導入が実現している。これは，事業税の性格の明確化と都道府県の税収の安定化を図り，所得に対する税負担の軽減や赤字法人の負担の適正化に資する観点から中小法人の取扱いや税負担の変動等にも配慮しつつ導入されたものであった。

　外形標準課税の概要についてみてみよう。

　資本金が1億円超の普通法人に対しては，課税標準が付加価値割，資本割，所得割となっている。付加価値割の算定は，各事業年度の収益配分額(報酬給与額，純支払利子及び純支払賃借料の合計額をいう)と各事業年度の単年度損益を合算する(地法72条の14～72条の20)。

　付加価値を課税標準とする法人事業税はシャウプ勧告にあるが，「法人事業税を付加価値を課税標準として構成せよ」というシャウプの思考については様々な議論がある。

　シャウプの意図した付加価値税とは法人事業税という直接税のことである。付加価値は外形標準とすることはできるが，それを課税標準として直接税を構成すれば，売上げがあるときは，売上げを通じて外部に転嫁されるが，売上げが減少するとか，なくなるようなことが起これば，その付加価値税は事業者の負担となり，つまり赤字課税となり適当ではないとみることもできる。間接税として付加価値税を構成すれば，それは個々の売上げを通じて消費者に転嫁され，売上げがない場合は，付加価値もないので，課税関係は起こらず，税が事業者の負担になることはないのである。このようなことから，法人事業税の課税標準を付加価値とする外形標準課税を行うことは適当ではないという考え方

もある[1]。

　資本割の算定は，原則として，各事業年度終了の日における資本等の金額（資本金と資本積立金額の合計額をいう）となる（地法72条の21）。所得割の算定は，従来どおり原則として，法人税の課税標準である所得の計算の例によって行う（地法72条の23・1項）。

　資本金が1億円超の普通法人の場合の標準税率は次のとおりである。付加価値割が0.48％，資本割が0.2％（地法72条の24の7・1項1号），所得割は次のとおりである。

　地方税法本則によれば，課税所得金額が年400万円以下では3.8％，年400万円超800万円以下では5.5％，年800万円超では7.2％となっているが，暫定法第2条により，平成20年10月1日以後に開始する事業年度から以下のように軽減されている。

<資本金が1億円超の普通法人の標準税率>

課税所得金額	標準税率(％)
年400万円以下	1.5
年400万円超　800万円以下	2.2
年800万円超	2.9

　ちなみに，東京都では，平成12年4月1日以降，5年以内に開始する各事業年度に対し，一定規模の金融業等を対象として，法人事業税への外形標準課税を実施していた。具体的には，資金量5兆円以上の大手銀行に対し，業務粗利益を課税標準として税率3％を課していくものであった。これは5年間の時限立法であったが，銀行業界の強い反発等もあり，また地方税法上問題があるとの意見も少なからずあったため，当時の21行の銀行団が東京都及び東京都知事を相手どって行政訴訟を起こした。以下でふれる条文は訴訟当時のものを用いることにする。

　事業税の課税標準の特例として，地法72条の19（現行の72条の24の4に相

当）において「事業の情況に応じ，所得及び清算所得によらないで，資本金額，売上金額，家屋の床面積若しくは価格，土地の地積若しくは価格，従業員数等を課税標準とし，又は所得及び清算所得とこれらの課税標準とをあわせ用いることができる。」（一部省略）とあった。これが外形基準である。つまり，外形標準課税とは，従業員数，資本金等外部から把握しやすい法人の規模を基準にする課税方法である。外形基準によれば，赤字法人（所得基準で赤字）であっても課税されることになる。

石原慎太郎都政による上記の税は，地法72条の19に着目して，資金量が一定規模以上の大手銀行に対して，業務粗利益を課税標準とし事業税を課すものであった。業務粗利益とは，一般企業の売上総利益に相当するものである。

この外形標準課税の適用については，いくつか問題点が指摘された。

第1が「事業の情況に応じて」というくだりに当てはまるかどうかという点であった。この点に関して，東京都は，銀行は「不良債権」という過去のツケ払いのために課税所得は赤字となってはいるものの，低金利により利益は十分にあがっている点に着目し，「銀行業の場合，所得が事業の本来の活動量を示していない」とし，「事業の情況に応じて」というくだりに当てはまると説明した[2]。

第2は地法72条の22・9項との絡みであった。同条同項では，「道府県が第72条の19の規定によって事業税を課する場合における税率は，第1項，第2項，第6項及び前項の税率による場合における負担と著しく均衡を失することのないようにしなけばならない。」としている。この規定は，所得を課税標準としない場合は，原則の方法を用いる場合と比較して著しく負担の均衡を失しないことが条件となっていることを述べていた。

平成11年度の東京都における，この外形標準課税の対象となる銀行30行の事業税の税収は34億円にすぎず，これは平成元年度の税収2,000億円超の60分の1となっていた（30行のうち11行が赤字法人で事業税を納めていなかった）。仮に，これが他の業種のように事業税収全体並の減収（50％程度の落ち込み）にとどまっていれば，30行からは約1,100億円程度の税収がある計算になり，

この金額は，この外形標準課税による東京都の増収にほぼ匹敵した。東京都は，「過去15年間の税収水準を考慮して3％の税率を設定しており，30行に対する税収が底を打った平成11年度を基準にみれば増税になるが，バブル前・中・後すべてを網羅すれば，あくまでも合理的な税率であり，著しく負担の均衡を失しない。」と説明した[3]。

この外形標準課税をめぐる行政訴訟について，平成14年3月26日に第一審の判決が東京地裁にて，平成15年1月30日に第二審の判決が東京高裁にて下された。第一審，第二審とも結果は銀行側の勝訴であった。ここで，第一審及び第二審の判決理由についてみてみたい。

第一審で最大の争点となったのは，事業税の課税標準として「所得」以外の課税標準を認める特例の適用要件である「事業の情況」がある場合に該当するかどうかという点であった。この点につき第一審判決では，「このような事態は，バブル崩壊という一時的な景気状況を直接のきっかけとして生じたものにすぎず，銀行業自体が有する客観的情況とは到底いい難い」旨を判示し，東京都側の主張を一蹴した。また，業務粗利益は地方税法で規定している外形基準としての課税標準ではないとした。つまり，「地方税法72条の19に反して違法であり，無効」と結論づけた[4]。

第二審の争点は，①事業税の性格，②事業の情況の解釈，③資金量5兆円の区分，④課税標準である業務粗利益，⑤税負担の均衡であった。東京高裁は，上記5つの争点について次のような判断を行った。

①については，事業税の性格は応益的な考え方に基づくものである。②については，銀行業の「事業の情況」は，地法72条の19による外形標準課税を導入することができる場合に該当する。③については，資金量5兆円の区分は，中小事業者への妥当な政策的配慮と評価できる。④については，業務粗利益は，銀行業等の事業の規模又は活動量を表すものとして許容される。⑤については，過去，将来における一定期間における税負担の比較吟味が必要で，均衡要件に適合しない。

つまり，第二審は，地法72条の19には違反しないとしたが，外形標準課税を

実施しなかった場合との「税負担の均衡」の点で，都条例による外形標準課税は著しく均衡を失していると判断し，地法72条の22・9項に違反するものとしたのであった[5]。

以上のように，第一審と第二審の判決理由をみるとかなり違っている。第二審は，業務粗利益を外形標準とすることを認めた点で，第一審判決とは全く逆の態度であった。第一審では，どのような情況が，課税標準の変更が認められる情況かということにふれず，業務粗利益は外形標準に足り得るかもしれないが，現行の地方税法では，外形標準の1つとしてそれを認めておらず，法人事業税の課税標準としては不適当であるとしたと考えられる[6]。

第二審では，均衡要件の判断について，過去や将来（導入後2，3年度）の一定期間の比較検討も必要であるとしたわけであるが，この判断には曖昧さが残る。よって法解釈からすれば，第一審の判決理由により地方税法違反と判断する方がよりよいのではないかといえる。

東京都のこの外形標準課税は，事業税の特例の規定を用いると以上のように法的に無理が生ずるので，法定外普通税として導入を図れば，法理論的にかなりすっきりしたものになったといえないだろうか。地方分権一括法が平成12年4月より施行され，地方分権の時代が叫ばれる中，都民の賛成が得られれば，法定外普通税としての外形標準課税の導入は評価されたものであったといえる。

第二審の東京高裁判決後，東京都側，銀行側双方が最高裁で協議し，税率を3％から0.9％に引き下げ，銀行側15行が納めた3年度分の税金の差額等約2,300億円を返還することで和解した。税率0.9％は，平成6年度から平成15年度の過去10年間の銀行の納税額をもとに「平均的に税収が確保できる水準」として算出されたものであった。

この和解により東京都の税収は約952億円に減額され，残りの約2,221億円に加算金約123億円を上乗せした約2,344億円が銀行側に返還されることになった。この双方の判断は，銀行業への外形標準課税自体を否定したものではなく，金額で折り合いをつけたわけで，メンツを保ちたい東京都側，税返還に伴う「臨時収入」を確実に手にしたい銀行側双方が実利優先で歩み寄ったものとみるこ

163

とができる[7]。

3 地方消費税

　消費に対して課される地方税の税目は多数ある。道府県税には，地方消費税，道府県たばこ税，ゴルフ場利用税，自動車税，自動車取得税，軽油引取税等がある。市町村税には，軽自動車税，市町村たばこ税，入湯税等がある。

　地方消費税は，地方分権の推進と地域福祉の充実等のために，消費譲与税に代えて，地方財源の充実を図る目的で創設されたもので，平成9年4月1日より実施されたものである。地方税法では，国内取引に対する地方消費税を「譲渡割」といい（地法72条の77・2号），輸入取引に対する地方消費税を「貨物割」という（地法72条の77・3号）。

　課税標準は消費税の税額であり，税率は25％である（地法72条の77・2号，3号，72条の83）。つまり，消費税率換算でいえば，1％の税率に相当する。

　消費税及び地方消費税の地方財源としては，まずこの地方消費税（上記の1％）と，消費税のうち地方交付税として地方公共団体に交付される分（第1章で述べたように，消費税のうちの29.5％）となる。

　納税義務者は，消費税と同様で，都道府県は，課税資産の譲渡等を行った事業者に対して地方消費税を課す（地法72条の78・1項）。

　申告・納付については，納税事務負担を軽減する見地から執行を国に委託することとされ，国内取引（譲渡割）については，当分の間，税務署に対して消費税の申告・納付とあわせて行うこととなっている（地法附則9条の4・1項，9条の5，9条の6参照）。輸入取引（貨物割）については，税関に対して消費税の申告・納付とあわせて行うこととなっている（地法72条の100・1項，72条の101，72条の103参照）。

　地方消費税では，都道府県間の清算が重要である。これは，地方消費税の課税地と最終消費地の不一致を解消し，その税収を最終消費地の所在する都道府

県に帰属させるために行うものである。各都道府県は，その区域内の税務署及び税関から払い込まれた地方消費税の合計額から国に支払った徴収取扱費を減額した金額を，みずからを含む各都道府県ごとの消費に相当する額に応じて按分し，按分額を他の都道府県に支払う（地法72条の114・1項，地法附則9条の15）。この場合の按分の基準となる「各都道府県ごとの消費に相当する額」の指標は，商業統計の小売年間販売額及びその他政令で定める指標を用いる（地法72条の114・3項）。

また，地方消費税については，市町村への交付が定められている。つまり，各都道府県は，清算を行った後の地方消費税の税収の2分の1を，その区域内の各市町村に，その人口及び従業者数に按分して交付するというものである（地法72条の115・1項，地法附則9条の15）。

4 固定資産税

資産等に対して課される道府県税には不動産取得税等が，市町村税には固定資産税，都市計画税，特別土地保有税等がある。平成9年度の税制改正以降，バブル経済崩壊後の土地取引の活性化を狙って，土地・住宅税制の改正がなされており，国税の地価税のみならず，不動産取得税，固定資産税，特別土地保有税についても改正がなされ，税負担が緩和された。

固定資産税は，その固定資産（土地，家屋及び償却資産[8]）が所在する市町村で課される物税である。不動産取得税が不動産の取得の事実に着目して課される流通税であるのに対し，固定資産税は不動産を含む固定資産の所有の事実に着目して課される財産税である。固定資産税は市町村税の中で主要な税目であり，市町村民税と並んで，市町村税総額の約40％強を占めている。

固定資産税は，シャウプ勧告に基づき，地租・家屋税及び特定種類の償却資産に対する諸税に代わり導入されたものであった。地租・家屋税等は，土地・家屋等の賃貸価額を課税標準として課されており収益税の性格を有していた。

また，固定資産税は，本来資産の保有と市町村の行政サービスとの間に存在する受益関係に着目し，行政サービスから受ける便益の大きさに従ってその税額が決定されるもので，応益税（応益負担の原則に立脚した税）であるといえる。

納税義務者は固定資産の所有者である。具体的には，土地又は家屋については，土地登記簿（あるいは土地補充課税台帳）又は建物登記簿（あるいは家屋補充課税台帳）に所有者として登記又は登録されている者，償却資産については，償却資産課税台帳に所有者として登録されている者である（地法343条）。各年度の固定資産税の納税義務者は，賦課期日現在でその固定資産を所有している者であるが，実際には登記の名義者ということになる。これを，台帳課税主義という。固定資産課税台帳というのは，固定資産の状況，その価格等を明らかにするため，市町村に備えられる帳簿である[9]。

課税標準は固定資産の価格である。具体的には次のようになっている。土地又は家屋は，基準年度（昭和31年度及び昭和33年度並びに昭和33年度から起算して3年度又は3の倍数年度を経過したごとの年度）においては，基準年度の賦課期日（1月1日）現在の価格で課税台帳に登録されているものである。また第2年度（基準年度の翌年度）又は第3年度（第2年度の翌年度）においては，原則として基準年度の賦課期日における価格で課税台帳に登録されているものである（地法349条）。償却資産は，賦課期日における価格で償却資産課税台帳に登録されているものである（地法349条の2）。

平成14年度の税制改正で，固定資産税に係る評価額等を確立するための制度が改正され，平成15年の4月から実施されたが，具体的には，縦覧制度と閲覧制度であった。これらは，台帳課税主義を支える重要な制度であるといえる。

固定資産課税台帳の縦覧制度は，本来，納税者が知らぬ間に一方的に課税されることを未然に防止し，課税の適正化・均衡化を図ることを目的としたものであった。しかし，昭和40年代以降，縦覧の意義は閲覧と同義に解され，納税者は自分の所有する固定資産に関する部分以外はみることができず，期間も原則として毎年3月1日から同月20日までの間であった。

これに対し，「地方税法が，わざわざ縦覧という言葉を用いていることから

第3章　地方税法概説

すると，納税義務者は，自己所有の不動産に関する部分のみではなく，その評価が適正・公平に行われているかどうかを知るために合理的に必要な範囲内で，その他の部分も自由にみることができると解すべきである。そのように解さないと，法が縦覧を要求している趣旨の大半とはいわないまでも，相当部分が失われる。」等という批判があった[10]。

　平成14年度改正では，まず，市町村長は，毎年3月31日までに，一定の事項を記載した土地価格等縦覧帳簿及び家屋価格等縦覧帳簿を作成しなければならなくなった(地法415条)。そして，市町村長は，毎年4月1日から4月20日又は当該年度の最初の納期限の日のいずれか遅い日以後の日までの間，当該市町村内に所在する土地あるいは家屋に対して課する固定資産税の納税者に，それぞれ土地価格等縦覧帳簿，家屋価格等縦覧帳簿を縦覧に供しなければならなくなった(地法416条)。この改正により，かねての縦覧の要請に対応する措置ができたといえる。

　次に，固定資産課税台帳の閲覧制度についてであるが，これにより，市町村長は，納税義務者その他一定の利害関係者（賃借権者等）の求めに応じて，固定資産課税台帳のうち，これらのものに係る固定資産に関する事項が記載されている部分又はその写しをこれらのものの閲覧に供しなければならなくなった(地法382条の2)。つまり，従来は土地や家屋の所有者（納税義務者本人）のみ固定資産税評価額を知ることができなかったものを，固定資産を有償で借り受けている借地人や借家人までその対象を広げ，1年を通じていつでも，固定資産課税台帳の記載事項を閲覧することができるようになったのである。

　これらの制度の借地人，借家人への影響は，固定資産税の課税動向をみずから知ることにより地代や家賃の値上げ交渉等に対して防御策を講じることができることや，借り上げ社宅住宅を従業員や役員に提供している場合の，税務上の給与課税されない最低ラインとしての「賃貸料相当額」の計算が可能になること等が考えられる。

　土地や住宅についてはいくつかの特例が認められている。土地については，従来，一般に時価を大きく下回る価格で固定資産税の評価額が決定されていた。

これは，土地の価格が常に上昇していた頃は，この上昇に応じて固定資産税額を増大させると，納税者の税負担が急激に増大することになるからであった。具体的には，負担調整措置と呼ばれるものである。

しかし，平成6年度からは，土地は，基準年度の前年の1月1日の地価公示価格ないし不動産鑑定士の鑑定評価額の7割を目処として評価されることとなった。ただし，平成6年分の評価替えでは，急激な税負担の増大を防ぐため，土地の上昇率に応じて負担調整率を定め，負担調整措置がなされた。

平成9年分の評価替えにあたっては，バブル経済崩壊による土地の下落に対応し，あわせて負担水準の均衡化を図るため，平成9年度の税制改正で，土地に係る平成9年度から平成11年度までの各年度分の固定資産税の負担について次のような調整措置が講じられた。

商業地等については，負担水準が0.8を超えるものは税負担を引き下げることとし（評価額の80％まで），負担水準が0.6以上，0.8未満のものは税負担を前年度の税額とし，0.6未満のものは負担調整率を用いてなだらかに税負担を増加させることとした。住宅用地については，負担水準が0.8以上のものは前年度の税額とし，0.8未満のものはなだらかに税負担を増加させることとされた。

また，その後の税制改正においても，負担調整措置の改正が実施された。平成15年度から平成17年度までの負担については，商業地等のうち負担水準が0.7を超える土地に対しては評価額の70％までの引下げ，住宅用地のうち負担水準が0.8以上の土地及び商業地等のうち負担水準が0.6以上0.7以下の土地に対しては，前年度の税額に据え置く等の措置がとられた。なお，評価率を含め，評価額が全国平均以上で，かつ負担水準が全国平均以上である土地については，前年度の税額となった。

さらに，負担調整措置として，商業地等については，負担水準の相当に高い（80％超）ものについては税負担を引き下げる（課税標準を評価額の80％とした額まで）一方，負担水準の低い（60％未満）ものについてはなだらかに税負担を増加させ，その他の大部分（負担水準が60％以上，80％以下）については税

第3章 地方税法概説

負担を据え置くこととした[11]。

具体的には次のようになっている(地法附則18条)。宅地等に係る税負担の調整措置については、平成21年度から23年度までの各年度分の固定資産税の税額は、当該年度分の固定資産税額が、次の算式によって求められる宅地等調整固定資産税額を超える場合には、当該宅地等調整固定資産税額となる。

宅地等調整固定資産税額=(「前年度分の固定資産税の課税標準額」
　　　　　　　　　　　　+「当該年度分の価格(×住宅用地の特例率)」
　　　　　　　　　　　　×0.05)×税率

ただし、住宅用地及び商業地等については、宅地等調整固定資産税額が次の算式によって求められた税額を超える場合には、当該税額をもって当該年度分の固定資産税額となる。

住宅用地の場合は「当該年度分の価格」×住宅用地の特例率×0.8×税率となる。

商業地等の場合は「当該年度分の価格」×0.6×税率となる。

また宅地等調整固定資産税額が次の算式によって求められた税額を下回る場合には、当該税額をもって当該年度分の固定資産税額となる。

住宅用地の場合は「当該年度分の価格」×住宅用地の特例率×0.2×税率となる。

住宅用地以外の宅地等の場合は「当該年度分の価格」×0.2×税率となる。

なお上記の規定にかかわらず、住宅用地のうち負担水準が80%以上の土地及び商業地等のうち負担水準が60%以上、70%以下の土地については、前年度の税額に据え置くこととなる。

さらに商業地等のうち負担水準が70%を超える土地については、当該年度の価格に10分の7を乗じて得た額を課税標準となるべき額とした場合の税額となる。

以上のように、土地(家屋も含む)の固定資産税評価額については、その時々の土地等の価格の現状にかんがみ、地方税法附則において様々な措置が講

じられている。

　さらに住宅用地については，小規模住宅用地（住宅用地のうち200平方メートルまでの部分）はその課税標準は評価額の6分の1，その他の住宅用地（床面積の10倍相当までの部分）は評価額の3分の1とされる（地法349条の3の2）。

　税率は，標準税率が1.4％である（地法350条）。また固定資産税には免税点制度が設けられており，一の市町村の区域内において同一の者の所有する固定資産税の課税標準が，土地は30万円，家屋は20万円，償却資産は150万円未満の場合は免税となる（地法351条）。

　賦課・徴収については次のようになる。賦課期日は1月1日である（地法359条）。納期は，4月，7月，12月及び2月中に市町村の条例により定められる（地法362条）。徴収は普通徴収による（地法364条）。

　固定資産の価格等は固定資産評価員の評価に基づく評価調書を受けて，市町村長が毎年3月31日までに決定し，直ちに当該固定資産の価格等を固定資産課税台帳に登録しなければならない（地法409条，410条1項，411条1項）。なお，納税者が固定資産評価審査委員会の決定に不服がある場合の措置については，第1章第4節(4)を参照されたい。

注

1） 川崎昭典「『付加価値』を課税標準とすることについての諸問題」『帝京経済学研究第36巻第1号』，2002年，33－37頁参照。
2） 『週刊税務通信』（No.2612）税務研究会，2000年，6頁。
3） 同上，7頁。
4） 『週刊税務通信』（No.2717）税務研究会，2002年，7－8頁，及び川崎昭典「構造改革は何をめざすべきか」『帝京経済学研究第36巻第2号』，2003年，5頁参照。
5） 『週刊税務通信』（No.2758）税務研究会，2003年，8－10頁参照。
6） 川崎「『付加価値』を課税標準とすることについての諸問題」，37頁，及び同「構造改革は何をめざすべきか」，5－6頁参照。
7） 「日本経済新聞」，2003年9月13日参照。
8） 償却資産とは，土地及び家屋以外の事業の用に供することができる資産でその減価償却額又は減価償却費が法人税法又は所得税法の規定による所得の計算上損金又は必要経費に算入されるもののうちその取得価額が少額である資産その他の政令で

定める資産以外のものをいう（地法341条4号）。
9） 金子宏『租税法〔第15版〕』弘文堂，2010年，542-543頁。
10） 同上，543頁。
11） 同上，555頁。

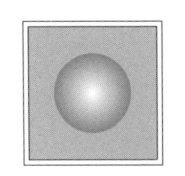

第4章

消費税法に関する判例・裁決例研究

1 概　　説

　本章では，第2章及び第3章でみてきた国税の各種税法，地方税法の中で，特に，消費税法に関する判例・裁決例研究を行うことにする。消費税法は竹下登内閣のもと，平成元年4月より実施されたものであったが，導入までには大平正芳内閣の一般消費税，中曽根康弘内閣の売上税の失敗があり，導入当初は消費税に対し国民からの根強い反対があった。

　導入当初は，消費税法は憲法違反ではないかとの意見もあり，これは特に，中小事業者への配慮により設けられた免税点制度，簡易課税制度，限界控除制度による，いわゆる「益税」問題を指摘するものであった。

　現在では消費税は国民生活に定着し，消費税法が憲法違反である等の意見は少なくなったが，消費税法が絡む様々な取引についての実務的な問題が多く生じてきている。

　消費税が定着した今日では，その取引が課税売上げになるか否か等の課税対象に関するもの，課税仕入れになるか否か等の仕入税額控除に関するもの，そして，特に中小企業においては，業種区分について等簡易課税制度に関する問題等が多く発生している。

　そこで，第2節では憲法との関係を問う事例，第3節では課税取引等，輸出免税をめぐる事例，第4節では免税点制度をめぐる事例，第5節では簡易課税

制度をめぐる事例，第6節では課税仕入れ等をめぐる事例を取り上げ，各節において，これらの代表的な判例や裁決例の詳細を分析，検討することにしたい。

なお，本章において断りなく「法○条」，「法施行令○条」，「法基本通達」，「法別表1」等という表現を用いている場合の「法」は消費税法を指す。また，判例，裁決例における条文は，当時のものをそのまま用いることにする。

2 憲法をめぐる事例

第1節において述べたように，消費税法導入当初は，消費税制度そのものの是非を争い，憲法との関係を問う訴訟がいくつか提起された。これらの訴訟では，いずれも原告の主張が棄却され，消費税法が憲法に違反するものではないとの判決が出ている。

では，憲法との関係を問う代表的な判例をみてみる。

＜東京地裁　平成2年3月26日判決・平成元年(ワ)5194号＞[1]

当判例の主な争点は次のようである。まず，消費税の問題点として，仕入税額控除制度の不合理，免税点制度の不合理，簡易課税制度の不合理，こと業者間の不公平，消費税の逆進性，課税要件の不明確性，不服申立制度の欠如等が挙げられ，消費税制度そのものの是非を争点としている。また，消費税の納税義務者は法5条により事業者と規定されているが，税制改革法11条1項が国会において修正され，現行条文のようになったことから，消費者が納税義務者で，事業者は単なる徴収義務者ではないかということが問題となっている。

そして，これらの問題点と関連させて，消費税法が憲法84条（租税法律主義），29条（財産権），14条（法の下の平等），32条（裁判を受ける権利）に違反するものであるかどうかが争われた事例である。

仕入税額控除制度の不合理については，事業者が行う仕入れの中には，免税業者からの仕入れも含まれており，免税業者からの仕入れには消費税額が上乗せされていないにもかかわらず，これらの仕入れをも含めて全仕入額の103分

の3を仕入れに係る消費税額として税額控除を認めており、事業者が納税義務者である消費者から消費税分を徴収しながら、過剰な控除を認めることにより、その一部を国庫に納めず、事業者が取得するといういわゆるピンハネを許したものであるというものである。

免税点制度や簡易課税制度の不合理についても、前述した仕入税額控除制度のものと本質的には同様の理由で、事業者が納税義務者である消費者から徴収した消費税の一部を国庫に納めずピンハネの結果をもたらしたというものである。

事業者間の不公平については、免税事業者からの仕入れに頼る事業者は、前述したように仕入税額控除の恩恵を受けることができ、免税点制度は免税業者を非免税業者に比し不当に優遇し、簡易課税制度は簡易課税事業者を非簡易課税事業者に比し不当に優遇するというものである。

消費税の逆進性については、所得の高低にかかわらず同額の税を課すことから、「応能負担の原則」、「公平負担の原則」に全く逆行するというものである。

課税要件の不明確性については、法4条1項に、事業者が納税義務者であるとの規定があるものの消費者が納税義務者と解される余地もあり、また、国内の課税対象取引であるための4つの要件の中で、「事業」とは何か、あるいは「対価」の意味するところが明らかではないということである。

不服申立制度の欠如については、「納税義務者である消費者」に対して、課された消費税額につき不服申立手続あるいは訴訟手続により争う権利が与えられていないというものである。

以上の消費税法に対する問題点の指摘は、現行消費税制度そのものが抱える根本的なものであるといえるが、次のような理由により、当判例では、原告の主張する消費税制度の問題点の一部を認めながらも全体として消費税制度そのものについて不合理性は認められず、消費税法は憲法に違反するものではないとしている。

判決の内容について主なものを原告が主張する消費税の問題点と違憲性を絡めながら簡単にみてみよう。

消費税法における納税義務者が消費者であるという原告の主張についてであるが，当裁判所においては，消費者は消費税の実質的負担者であるが，納税義務者ではないのであって，税制改革法11条1項では，「事業者は，消費に広く薄く負担を求めるという消費税の性質にかんがみ，消費税を円滑かつ適正に転嫁するものとする。」と規定されてはいるが，消費税法及び税制改革法には消費者が納税義務者であるとの規定はなく，また，事業者が消費者から徴収すべき具体的な税額，消費者から徴収しなかったことに対する事業者への制裁等についても全く規定がないことから事業者に徴収義務を，消費者に納税義務を課したものとはいえないとしている。

　この点について，当裁判所の判断に賛成である。消費税は間接税であり，消費税の納税義務者はあくまでも事業者であるといえる。

　憲法84条との関係では，原告は消費者への消費税分の過剰転嫁を問題にし，消費税法は恣意的な租税の賦課・徴収を定めているとの問題点を指摘しているが，消費税相当分の転嫁の方法は，事業者の対価等の決定如何に委ねられており，その運用如何によっては，消費者に対する実質的な過剰転嫁ないしピンハネが生ずる可能性もなくはないが，消費者が消費税相当分として事業者に支払う金銭はあくまで商品ないし役務の提供の対価としての性質を有するものであり，消費者は税そのものを恣意的に徴収されるわけではなく，法律上の納税義務者である事業者が，恣意的に国から消費税を徴収されるわけでもないのであり，当裁判所は租税法律主義を定めた憲法84条の一義的な文言に違反するものではないとしている。

　憲法29条との関係では仕入税額控除制度の不合理，免税点制度及び簡易課税制度の不合理等と絡んでいるが，次のようである。仕入税額控除制度等は，確かに運用如何によっては，消費者に対する実質的な過剰転嫁ないしピンハネを許す余地を含んだ制度であることは否定できないが，税制改革法はむしろ適正な転嫁を要求しているのであるから，仕入税額控除制度等が，事業者に対して，消費者に対する実質的な過剰転嫁ないしピンハネを法的に保障しているということはできない。

第4章　消費税法に関する判例・裁決例研究

　もっとも，運用の如何により過剰転嫁等につながり得るような制度を定める法律は，財産権を侵害するという議論も考えられないわけではないが，憲法29条により保障される財産権は，政策的目的により制約され得るものであって，政策目的による制約が憲法に違反するといい得るのは，政策目的からみて財産権制約の手段が明らかに不合理である場合に限られるものというべきである。しかも，対象者数が極めて多いうえ，国家財政，社会経済，国民生活等広範な分野に関係してくる租税法律関係の特質上，その立法にあたっては，広範な分野にわたる資料を前提として，徴税コスト，納税義務者の事務量等をも考慮のうえ，政策的技術的判断を行わざるを得なく，基本的にはその裁量的判断を尊重すべきであり，具体的手段の選択が著しく不合理でない限り，その合理性を否定することはできず，当裁判所は憲法29条に違反するものでないとしている。
　憲法14条との関係についても，仕入税額控除制度，免税点制度及び簡易課税制度は事業者に異なった取扱いをもたらすものではあるが，これらの立法目的及び事業者に及ぼす差別の程度が著しく不合理であることが明らかであるとはいえなく，こと業者間の著しい不公平を生み出すわけではないとしている。消費税の逆進性についても，所得の再分配等による実質的平等実現のための政策は，租税制度，各種社会保障等をも含めた総合的な施策によって実現されるべきものであり，当裁判所は各種政策の一部にすぎない消費税法の課税のあり方のみを捉えて憲法14条の一義的な文言に違反するとは到底いえるものではないとしている。
　憲法32条との関係についてであるが，当裁判所は，消費税法が消費者に特別の不服申立手続を認めていないことは，ことの性質上不合理ではないことが明らかであるので，憲法32条の一義的な文言に違反するものではないとしている。また，消費税法における納税義務者は消費者ではないので，消費者が負担した消費税分につき，行政不服申立や抗告訴訟を提起して裁判上争う余地はなく，消費税分の本質が対価にすぎないことを考慮すれば，これにつき不服があるからといって課税処分と同様の国に対する不服申立方法を保障する必要はないとしている。

177

課税要件の不明確性については，消費税法及び税制改革法の解釈として，事業者が納税義務者であることは明確で，また「事業」,「事業者」及び「対価」という用語は，法令用語として十分に熟した用語であり，これ自体曖昧な概念であるとはいえないとしている。

　先に述べた消費税の問題点の中で，免税点制度及び簡易課税制度の不合理，これに伴う仕入税額控除制度の不合理や事業者間の不公平については，憲法29条，14条も絡んで，上記の判決には納得いかない点もある。

　特に，憲法29条との関係であるが，中小事業者に対する配慮のために創設された免税点制度や簡易課税制度は，運用の如何によっては，消費者に対する実質的な過剰転嫁ないし実質的なピンハネを許す余地を十分に含んだ制度であることは否定できず，徴税コストや納税義務者の事務量等を考慮して政策的に技術的判断を行わざるを得ないとし，その裁量的判断を尊重し，具体的な手段の選択が著しく不合理でない限り憲法29条に違反するものではないとしたところはいささか疑問が残る。ちなみに現実的には，これらの制度は縮小傾向にあり，平成16年4月より，免税事業者の免税点が課税売上高1千万円，簡易課税事業者の適用が課税売上高5千万円以下となっている。

　憲法84条，32条との関係については，上記の判決理由を認めざるを得ない。消費税の逆進性，課税要件の不明確性についても，上記の判断を支持したい。

　消費税が定着した今日では，消費税法の違憲性を問題とする判例はなくなったが，当判例は消費税の根本的な問題を指摘したものであり，今後の消費税のあり方を考えるうえで意義のあるものであるといえる。

3　課税取引等，輸出免税をめぐる事例

　消費税が課されるか否かの問題は，主に，課税の対象についての規定である法4条と，非課税取引についての規定である法6条に関連する。課税対象であるかどうかの判定については第2章第3節(2)で，非課税取引については同章同

第4章 消費税法に関する判例・裁決例研究

節(3)でみたとおりである。消費税が課される取引であるか否かは，納税義務者にとって非常に重要な問題であり，また，簡易課税制度あるいは免税点制度の適用事業者になるかどうかの課税売上高の算定にも影響を及ぼすものであるので，判例や裁決例も少なからずある。

　法4条をめぐる事例には，古物の譲渡が課税対象とされた事例（平成3年8月26日大阪地裁判決・平成2年(ワ)3244号（この控訴審平成4年3月5日大阪高裁判決・平成3年(ネ)1925号，この上告審平成5年7月20日最高裁判決・平成4年(オ)1097号）），原材料の支給は有償支給であり「資産の譲渡」に該当するとされた事例（平成9年9月10日熊本地裁判決・平成8年（行ウ）5号，平成10年12月22日大分地裁判決・平成8年（行ウ）3号（この控訴審平成12年9月29日福岡高裁判決・平成11年（行コ）6号）），事業用資産であるマンションを相続税納付のため物納したことが課税資産の譲渡とした事例（平成12年10月11日裁決）等がある。法6条をめぐる事例には，パチンコ景品交換業務が課税取引とされた事例（平成10年7月7日裁決），請求人が行ういわゆるエアー・オンチケットと称する格安国際線航空券に係る取引は，取次ぎという役務の提供取引ではなく，国際線航空券の売買取引であると認められ，航空券は消費税法第6条第1項に規定する別表第1第4号ハに掲げる物品切手等に該当することから当該取引は非課税取引であるとした事例（平成20年4月2日裁決），市が国民健康保険の被保険者の健康の保持増進を目的とする施策により，施術料の一部を負担している鍼灸師が行う施術は，消費税法施行令第14条第19号に規定する「医療及び療養」に該当しないとした事例（平成20年5月13日裁決）等がある。

　また，輸出免税をめぐる事例もいくつかみられ，消費税の輸出免税取引該当性について法7条1項3号の「貨物の輸送」を限定的に解釈し国際輸送取引に該当しないとされた事例（平成20年10月30日名古屋地裁判決・平成18年（行ウ）17号），輸出予定先の事情により売買契約書どおりの船積みができなかった本件取引は，国内において引渡しが行われていたことから輸出免税は適用できないとした事例（平成20年4月1日裁決），国外向けに出航する船舶の外国人乗組員に対する中古車販売は，輸出の許可を受ける前に引渡しが完了しているこ

179

となどから，輸出免税が適用される外国貨物の譲渡に該当しないとした事例（平成21年6月22日裁決）等がある。

まず法4条及び法6条をめぐる代表的な事例を1つずつ取り上げ，検討してみる。

法4条をめぐるものとして，原材料の支給が有償支給であり「資産の譲渡」に該当するとされた事例をみる。

A　＜平成9年9月10日熊本地裁判決・平成8年（行ウ）5号＞[2]

本件は，電子部品組立製造業を営む原告SのM会社からの原材料の支給が有償支給であるか否か，Mが原告Sに対して支給した原材料を自己の資産として管理しているといえるか否か及び本件課税期間における課税対象である課税売上高の算定が争われたもので，判決は，本件取引においてMから原告Sに対する原材料の支給は有償支給であり，原告SとMとの間の本件取引は製造販売契約の方式によるものであることから，原告SがMに対し電子部品を譲渡することは，法4条1項にいう「資産の譲渡」に該当し，本件課税期間における消費税の課税売上高は，原告SからMへ販売された電子部品の販売価格の合計額としたものである。

本件の問題となっている消費税の課税期間は平成2年4月1日から平成3年3月31日まで，平成3年4月1日から平成4年3月31日まで，及び平成4年4月1日から平成5年3月31日までである。

本件の事実関係の概要は次のとおりである。Mが原告Sに対し電子部品の原材料を供給した際，Mの会計処理は売掛金として処理され，原告Sから加工された電子部品が納入された際は買掛金として処理され，いずれの場合も消費税額を加算した金額で売買代金が請求されているが，代金の決済は，原告SがMへ納入した電子部品の売買代金債権と，Mが原告Sに支給した原材料の売買債権とを相殺することによって行われている。

原告のSの主張によれば，上記のように，原材料部品の取引は有償支給の形態をとってはいるものの，その実態は，法基本通達5－2－16[3]の「自己の資産として管理しているとき」に該当するので，課税資産の譲渡等にはあたらな

第4章 消費税法に関する判例・裁決例研究

いとし，消費税の課税標準額に算入される金額は，Mに電子部品を納入した際の代金ではなく，加工賃のみの代金であるというものである。

本件のポイントは，有償支給かどうかの判定，さらに形式的に有償支給であっても「自己の資産としての管理」かどうかの判定であったといえる。

判決の要旨の概要は次のとおりである。

① Mは，原材料を原告Sに引渡した段階で，会計上売掛金として処理し，原材料を加工した電子部品が納入された場合，その製品の引渡しを受けた日に買掛金として処理していること。

② Mは，原告Sに対し原材料を供給するにあたり，支給した原材料の代金に消費税額を加算した金額で原材料の売買代金を請求し，原告Sは，製品をMに納入するにあたって，製品の代金に消費税額を加算した金額で売買代金の請求をしていること等から，Mから原告Sに対する原材料の支給は有償支給である。

③ Mは，原告Sに支給した原材料を自己の棚卸資産として計上していない。

④ Mは，原材料の支給を資産の譲渡として計上して消費税を納税していること等から，Mがこれを自己の資産として管理していると認められず，原告SがMに対し製品を譲渡することは，法4条1項にいう「資産の譲渡」に該当し，その対価の総額が課税売上高に算入される。

以上のような判示により，原告の請求は棄却され，被告の主張が全面的に採用されている。

原告SにとってMとの上記のような取引は毎期継続的なものであり，加工賃のみの代金を課税売上高に算入できれば簡易課税の適用事業者であったことから，当判決は簡易課税の不適用事業者になる等かなり不利になるものである。原告Sのような下請業者は，消費税の確定申告の際，原材料の支給を受ける場合，有償なのか無償なのか，有償であっても発注会社が原材料等を自己の資産として管理しているか否かにより，納税額がかなり違ってくることになる。

しかし上記の判示のとおり，Mの会計処理，MがSに対し支給した原材料を棚卸ししていない事実，よってMがSに支給した原材料を「自己の資産として

181

管理」しているとはいえない事実等を考慮すると，当判決は妥当なものであると考えられる。

次に，法6条をめぐるものとして，パチンコ景品交換業務が課税取引とされた事例をみる。

B ＜平成10年7月7日裁決＞[4]

本件は，パチンコ景品交換所において遊技客から提示を受けた景品を景品回収業者に売り渡した行為が，法6条の非課税売上げに該当するか否かが争われたもので，裁決ではこれを課税取引にあたるとした。

本件の問題となっている消費税の課税期間は，平成6年1月1日から同年12月31日までである。

まず審査請求人の主張の概要を説明する。請求人がパチンコ景品交換所で行っていた景品交換に係る事業は，パチンコ店が遊技客に金銭の請求権として特定の「もの」（当事例では，シャープペンシル及びコーヒー豆を指し，以下これらの景品を本件景品という）を景品として提供し，請求人は，遊技客からの景品の提供に対し金銭を支払い，その取扱高に対してパチンコ景品回収業者から一定のレートにより金銭の支払いを受けるものであり，これらの金銭の差額を利得するというものである。

よって，この金銭の請求権を表示するものとして提供された本件景品は，はじめから消費を目的としたものではなく，単に金銭の請求権の存在を証明するためのものにすぎず，本件景品は法別表第1に掲げられている非課税項目であり消費税を課すには無理があるとした。

また，本件取引がたとえ非課税取引でないとしても，請求人はパチンコ景品回収業の取引を代行し，その取扱高により手数料を受領しているのが実態であり，請求人が本件景品を販売しているわけではないので，請求人の売上げは手数料相当額を基礎として課税売上高を算定すべきであるとした。

これに対して原処分庁の主張は本件取引が課税取引に該当するというものであったが，当審判所の判断も，パチンコ景品回収業者は本件景品を請求人からの買取りとして経理処理していること及び本件景品の取引価格は請求人を含め

た当事者間で取り決められていたものであること等から，請求人が行っている本件取引は本件景品の販売行為であり，本件景品は販売を目的とした商品そのものと認められるので，本件取引は非課税取引には該当しないというものであった。

そして，本件取引は，法別表第1に規定されている非課税項目とはその性質が異なるものであり，本件取引について法6条1項を類推適用する余地はないとし，原処分庁の主張を全面的に採用するものであった。

課税売上高の算定についても，請求人が主張していた手数料相当額を基礎として算定すべきである旨を退け，本件景品の譲渡の対価の額として請求人が収受した金額の総額を基礎とする判断を行った。この判断の理由は，本件取引は請求人の販売行為そのものであって非課税取引には該当しないものであり，請求人は独立して遊技客から買取業務を行っていたものと認められ，また，当審判所に対しパチンコ景品回収業者が委託契約はない旨を述べ，ほかにも請求人との間に買取業務の委託契約があると認めるに足る証拠がないということによるものであった。

当裁決は，毎期継続的に行われる取引をめぐる事例であるので，本件取引が課税取引であるとされた点，さらに本件取引は業務の委託行為ではなく売買行為であるとの理由から課税売上高の算定については本件景品の譲渡の対価の額として収受した金額の総額を基礎とするとされた点等により，請求人にとってかなり不利なものであったといえるが，妥当な判断であったものと考えざるを得ない。なお，非課税項目を規定してる法別表第1は限定列挙されているものであり，拡大解釈や類推適用されるべきものではないといえる。

次に，輸出免税をめぐる事例として，消費税の輸出免税取引該当性について法7条1項3号の「貨物の輸送」を限定的に解釈し国際輸送取引に該当しないとされた事例を取り上げ，その概要をみていく。

C ＜平成20年10月30日名古屋地裁判決・平成18年（行ウ）17号，平成19年（行ウ）第59号，平成20年（行ウ）第34号＞[5]

本件は，外国の各航空会社の国内支店の指定貨物代理店として，航空貨物の

運送に関わる業務を行う原告が、処分行政庁から本件業務は輸出免税取引にあたらないとして消費税等の更正処分及び過少申告加算税賦課決定処分を受けたことから、これらの処分の取消を求めた消費税の輸出免税取引該当性等をめぐる事案である。本件の問題となっている消費税の課税期間は、平成12年4月1日から平成13年3月31日まで、平成13年4月1日から平成14年3月31日まで、及び平成14年4月1日から平成15年3月31日までである。

本件の主要な争点は、原告の業務内容、及び原告の業務の輸出免税取引該当性、具体的には法7条1項3号、あるいは同項5号・法施行令17条2項4号に該当するか否かである。

まず本件取引の概要について述べる。

本件で原告が行っている取引方式は取引の相手により様々で、おおむね以下のaからdのとおりである。a.航空貨物については、国際条約で定められた世界共通の公定運賃が定められておりこの制度を厳守し、公定運賃がいったん混載業者から本件各航空会社国内支店に支払われ、仕入運賃（合意運賃）と販売運賃（市場運賃）との精算が必要となり、本件各航空会社国内支店から原告に合意運賃との差額が返戻され、原告から混載業者に市場運賃との差額が返戻されるというもの、b.aのような精算過程をとらずに、混載業者が原告に販売運賃を支払い、原告が本件各航空会社国内支店に仕入運賃を支払って決済するというもの、c.bにおいて原告が本件各航空会社国内支店に支払う仕入運賃に返戻金制度が存在する場合で、仕入運賃が市場を無視した価格で設定されているため、いったんは原告から本件各航空会社国内支店に仕入運賃が支払われるが、それを補正するためその後返戻されるというもの、d.混載業者への販売価格は、原告と混載業者との交渉で決められているが、例外的に、ある航空会社の国内支店との取引については当該支店が販売価格を決定し、混載業者から当該運賃を収受したうえ、原告の取扱高に応じて定められた割合によって、手数料が支払われるというもの等である。

以上の取引形態をどのようにみるか、つまり原告の業務内容について争われている。原告の主張は以下のとおりである。航空貨物は、荷送人が混載業者に

第4章　消費税法に関する判例・裁決例研究

対して貨物の運送を委託し，混載業者が直接又は間接に貨物の運送業者である航空会社に委託し，受託した航空会社が仕向地まで貨物を運送するという手順で行われる。原告は，通常，貨物販売代理店に分類される業者であり，本件各航空会社国内支店の従属的な立場にはなく，本件各航空会社国内支店とは独立した業者であって，その業務は，本件各航空会社国内支店から航空機内の積載スペース（貨物運送枠）を仕入れてこれを多用なメニューで混載業者に提供し販売するという業務を行っているものであって，これは運送契約にほかならないものである。そして，原告は航空会社から独立した業者として，みずからの判断で混載業者から受注した外国貨物の国際輸送運賃を本件各航空会社国内支店へ発注し，輸送料金を支払うというのが実態であり，その損益の負担も原告に帰属していると主張した。

　これに対して被告の主張は以下のとおりである。原告は，混載業者に対して本件各航空会社国内支店から預かった航空運送状を渡すとともに，本件各航空会社国内支店の航空機の積載スペースを確保し，混載業者が荷送人から預かった貨物が仕向地に届くように混載業者からの依頼に応じて，当該貨物を積み込むために確保した積載スペースに割り付け，その航空会社に予約を入れるという業務を主として行っているものである。そして，原告は外国に主たる事務所を有する本件各航空会社国内支店から，航空貨物運送に関する予約業務，販売促進業務及び航空貨物運賃回収業務等を委託され，本件各航空会社国内支店と混載業者との間で，上記各業務を行い，委託販売手数料を受領しているものであり，航空運送代理店事業者であるとし，原告の業務は，本件各航空会社国内支店から航空機内の積載スペースを仕入れ，混載業者に対して販売している等というものではない。

　以上のように原告の業務内容については原告と被告の主張が大きく対立しているが，裁判所の判断は以下のとおりであり，おおむね被告の主張を取り入れたものとなった。

　原告は，みずから運送業を行う法定の許認可等を受けているものではなく，そのための設備・機器を有するものでもないうえ，本件各航空会社国内支店と

の間における契約等の取決めに従って，混載業者から依頼を受け，本件各航空会社国内支店に対して，混載業者が集貨した航空貨物を積載するための航空機の積載スペースを手配し，基本的に混載業者から支払いを受ける金額と航空会社の国内支店に支払われる金額の差額（上記b，cの方式。上記aの方式では航空会社国内支店から支払いを受ける金額と混載業者に支払われる金額との差額）及び航空会社国内支店から支払いを受ける金額（上記c，dの方式）をもって，その営業上の利益としていることが認められる。そうすると，その業務の実態は，航空貨物の運送を行うとか，本件各航空会社国内支店から航空機の積載スペースを購入し，これを混載業者に転売する等というものではなく，原告は本件各航空会社国内支店から委託を受けた仲介業者あるいは代理人として，混載業者と本件各航空会社国内支店との間で締結される運送契約の仲介ないし取次ぎを行って本件各航空会社国内支店からの手数料収入を得ているものとみるのが相当である。

　原告は，そもそもみずから物品の運送を行うために必要な設備・機器を有していないうえ，荷主の保護，事業者間の過当競争の防止，零細な事業者の集約化等を目的として，約款の認可，新規参入や事業計画の規制等の行政的規制が行われている運送事業に関し，実運送事業者，利用運送事業者としての関係法令上の登録等を経ていないのであるから，みずから荷送人に対し，物品の運送という役務を提供することはできないのであって，原告が混載業者や本件各航空会社国内支店との間で締結する契約を，航空貨物に係る運送契約であると解することはできない。

　また，原告は，本件各航空会社国内支店ごとに，その代金の精算方法等を前述したようにaからdの方式に区分をし，「販売運賃（市場運賃）」，「仕入運賃（合意運賃）」等の表現を用いて，いずれの方式においても，運送契約の対価であるかのように主張しているが，原告は，混載業者と本件各航空会社国内支店との立場にたって，運送契約の取次ぎを行う業者であって，本件各航空会社国内支店から本件各航空会社国内支店発行に係る航空運送状を預かり，これを混載業者に交付することはあってもみずから運送契約の当事者として航空運送状

を発行することはないのであるから，運送契約の当事者は，あくまで混載業者と本件各航空会社国内支店であると認められる。

したがって，原告は，みずから運送契約の当事者として空港貨物の運送に係る役務の提供を行うものではないのであるから，原告が混載業者や本件各航空会社国内支店との間で授受する金銭は，その額が混載業者と本件各航空会社国内支店との間の運送契約における運賃に依拠して定められているものであるとしても，航空貨物の委託手数料というべきものであって，これをもって運送契約上の運賃であるとかその返戻であるなどとは認められないとした。

では次に，2つ目の争点である原告の業務の輸出免税取引該当性についてみていく。

まず関連する法令を示す。法7条1項では，「事業者が国内において行う課税資産の譲渡等のうち，次に掲げるものに該当するものについては，消費税を免除する。」とあり，3号及び5号の規定は次のようである。

> 三　国内及び国内以外の地域にわたって行われる旅客若しくは貨物の輸送又は通信
>
> 本件に関連する3号に関する基本通達は法基本通達7−2−1及び7−2−5と考えられ，これらの規定は次のとおりである。
> 7−2−1　法第7条第1項及び令第17条各項の規定により輸出免税とされるものの範囲は，おおむね次のようになるのであるから留意する。
> 　　(3)　国内及び国外にわたって行われる旅客又は貨物の輸送（国際輸送の一環として行われる国内輸送区間における輸送を含む。）
> 7−2−5　国際輸送として行う貨物の輸送の一部に国内輸送が含まれている場合であっても，当該国内輸送が国際輸送の一環としてのものであることが国際輸送に係る契約において明らかにされているときは，当該国内輸送は国際輸送に該当するものとして取り扱う。

> 五　前各号に掲げる資産の譲渡等に類するものとして政令で定めるもの
>
> **本件に関連する５号の政令：**
> 　法施行令17条２項４号　外国貨物の荷役，運送，保管，検数，鑑定その他これらに類する外国貨物に係る役務の提供

　原告の主張は以下のとおりである。

　法７条１項各号は，輸出免税となる対象について，取引に着目して定めており，当該取引に関与する主体に着目して定めていないことは，その規定の文言から明らかである。したがって，ある主体（納税者）が関与した取引が輸出免税の対象となる取引であるか否かが，当該主体に消費税が課税されるか否かの判断基準となるものである。

　これを本件に則していえば，法７条１項３号の国際輸送取引は，日本の荷送人を起点として外国の受取人を終点とする取引であり，この輸送取引に関わる主体，すなわち，荷送人，混載業者，航空会社及び原告のような貨物販売代理店のすべてが，消費税について免税とされるものである。

　以上を前提に，上記ａからｄの方式の各取引において，原告は混載業者に対する役務の提供と本件各航空会社国内支店に対する役務の提供を行っており，これらは法２条１項８号の「資産の譲渡等」に該当し，それぞれの対価を得ているものであることから，混載業者に対する役務の提供と本件各航空会社国内支店に対する役務の提供それぞれについて，法７条１項の輸出免税取引に該当するか否かを個別に判断すべきであるとし，貸方勘定（売上）に計上したものと借方勘定（経費）に計上したものに分けて検討しながら，原告，混載業者及び航空会社との間の取引は輸出免税取引に該当するものであるとしている。

　例えば，ｂあるいはｃの方式において混載業者から受け取る販売運賃については，次のように主張している。原告は，貨物利用運送事業法上の第一種貨物運送事業者でも第二種貨物運送事業者でもないが，そうであるからといって，原告が法７条１項３号の国際輸送取引に従事できないわけではなく，原告は貨

物の運送取引に従事していたものである。混載業者が国際輸送取引の当事者であることは明らかであり，これらの混載業者と原告との取引が，国際輸送取引にあたることもまた明らかである。混載業者が運送の事業者である以上，原告がその資格を有する必要はない。

また，原告と混載業者との間の取引は，貨物の輸出入取引に直接関連する業務として，法7条1項5号，法施行令17条2項4号の輸出類似取引に該当するものである。

よって，原告と混載業者との間の取引は輸出免税取引に該当するものであり，混載業者から受け取る販売運賃は輸出免税取引の対価であるとした。

また，bあるいはcの方式において本件各航空会社国内支店に支払う仕入運賃については，原告が本件各航空会社国内支店に対して支払っている運賃は輸出免税取引の対価として支払っているものであり，国際輸送取引の対価に該当するものであると主張した。

これに対して被告の主張は以下のとおりである。

原告は，本件各航空会社国内支店及び混載業者との取引が法7条1項3号の国際輸送取引又は同項5号，法施行令17条2項4号の輸出類似取引に該当する旨主張するが，次のとおり，原告の業務内容は国際輸送取引又は輸出類似取引のいずれにも該当しないものとした。

国際輸送取引該当性について，次のように主張する。原告は，貨物利用運送事業法上の第一種貨物利用運送事業者の登録及び第二種貨物利用運送事業者の許可を受けておらず，貨物の運送を行っているものではないし，国内及び国外の地域にわたって行われる貨物の輸送をするものでもない。現に，航空貨物の運送契約において発行される航空運送状には，荷送人欄，荷受人欄，運送状発行貨物代理店欄のいずれにも原告の名称はなく，原告は運送契約の当事者にはなっていない。

原告は，運送を請け負うことができず，私的にも法的にも運送営業ができないばかりか，実際に貨物を運ぶことさえないのであるから，原告が運送取引を行っていないことは明らかであり，法7条1項3号の国際輸送取引を行い，そ

の対価を得ていることもないとした。

次に輸出類似取引該当性について，次のように主張する。原告は貨物利用運送事業法上の運送事業者ではないから，法施行令17条2項4号でいう外国貨物の運送を行っているわけではない。また，原告は本件各航空会社国内支店に対して予約業務，販売促進業務及び航空運賃回収業務等という役務の提供をしているものであって，外国貨物に対して直接役務の提供を行っているのではないうえ，通関業者ではないことはもとより，保税地域までの運送や保税地域内での作業にも関与していないのであるから，同号の「これらに類する役務の提供」を行っているものでもない。

よって，原告は，航空機内の積載スペースの取次ぎを行っているにすぎず，外国貨物を取り扱っているものでもないから，外国貨物に係る役務の提供を行ってはおらず，法施行令17条2項4号に該当する取引を行うものではないとした。

以上のように原告の業務の輸出免税取引該当性についても，前述した原告の業務内容に対する主張と密接に関連し，原告と被告の主張が大きく対立しているが，裁判所の判断は以下のとおりであり，原告の業務内容に関する判断と同様，おおむね被告の主張を取り入れたものとなった。

まず国際輸送取引該当性については次のとおりである。法7条1項3号は，事業者が国内において行う課税資産の譲渡等が「国内及び国内以外の地域にわたって行われる貨物の輸送」に該当する場合には，当該課税資産の譲渡等に係る消費税を免除する旨定めていることからも明らかなとおり，事業者が同号所定の「貨物の輸送」という課税資産の譲渡等（この場合は役務の提供）を行う場合に適用される規定であって，事業者の行う課税資産の譲渡等が同号所定の「貨物の輸送」にあたらない場合には適用されないものである。

これを本件についてみると，原告は本件各航空会社国内支店から委託を受けて，混載業者と本件各航空会社国内支店との間で締結される運送契約の仲介ないし取次ぎを行う業者であって，みずから貨物の輸送を行うものではなく，原告が混載業者に対して提供している役務の内容も，混載業者が集貨した混載貨

物の積載スペースの手配にすぎないと認められるから,このような取引をもって同号所定の「貨物の輸送」に該当すると認めることはできないとした。

輸出類似取引該当性については次のとおりである。輸出類似取引に係る法7条1項5号,法施行令17条2項4号は,外国貨物の荷役,運送,保管,検数,鑑定等が貨物の輸出入取引に直接関連する業務であり,輸出入取引に必然的に発生するものであることから,これら外国貨物に係る役務の提供をもって輸出免税取引としたものであると解するのが相当である。また,法施行令17条2項4号にいう「その他これらに類する外国貨物に係る役務の提供」とは,外国貨物に係る検量,梱包等の業務,通関手続等のように保税地域内で行われる外国貨物に係る直接の役務の提供をいうものと解するのが相当である。

なお,消費税法上の外国貨物とは,関税法2条1項3号に規定する外国貨物をいい(法2条1項10号),関税法上,外国貨物とは,輸出の許可を受けた貨物及び外国から本邦に到着した貨物で輸入が許可される前のものをいうとされ,外国貨物は原則として保税地域以外の場所に置くことはできず,外国貨物の運送も税関長の承認を要する行為である。

これを本件についてみると,原告は,そもそも保税地域内での業務を行うものではなく,本件各航空会社国内支店から委託を受けた航空貨物の取次業者であって,外国貨物の運送はもとより,外国貨物に直接関わる役務の提供を行っているものではないから,原告の行っている航空貨物の取次ぎに係る取引をもって,法7条1項5号,法施行令17条2項4号所定の「外国貨物に係る役務の提供」に該当すると認めることはできないとした。

以上,原告の主張,被告の主張,そして裁判所の判断についてみてきたが,これらについて簡単にまとめてみる。

原告の業務内容については,原告が混載業者や本件各航空会社国内支店との間で締結した契約を,原告は航空貨物に係る運送契約であることを主張し,一方被告は運送契約ではないと主張し,裁判所の判断は運送契約であると解することはできないというものであった。つまり,裁判所は,原告が本件各航空会社国内支店から航空機の積載スペースを購入し,これを混載業者に転売すると

いう原告の主張を否定し，原告は混載業者と本件各航空会社国内支店との間で締結された運送契約の仲介ないし取次ぎを行って本件各航空会社国内支店から手数料を得ているという判断をした。

　この点は本件業務の輸出免税取引該当性に対する判断にも関係し，法7条1項3号の「貨物の輸送」をどのように解釈するかという点につながっている。裁判所の判断は，原告がそもそもみずから物品の運送を行うために必要な設備・機器を有しておらず，実運送事業者，利用運送事業者としての関係法令上の登録等も経ていないことから，みずから荷送人に対し，物品の運送という役務を提供することはできないとし，原告の行為が貨物の移動をしていない点を捉え輸送取引には該当しないと判断したわけである。

　「貨物の輸送」をどのように解釈するかが問題となるが，法基本通達7－2－1(3)では，貨物の輸送について，国際輸送の一環として行われる国内輸送区間における輸送を含むとし，同7－2－5では，国際輸送として行う貨物の輸送の一部に国内輸送が含まれている場合，当該国内輸送が国際輸送の一環としてのものであることが国際輸送に係る契約において明らかにされているときは，当該国内輸送は国際輸送に該当するものとして取り扱う旨が規定され，この規定は混載業者の行う国内運送業務を想定しているものとみられ，さらに，混載業者が行う集荷，荷役などの付随業務も，その全体を国際輸送に係る料金として収受している場合には，その全体が国際運送としての役務の提供に該当するものとして，国際輸送に含まれるものと一般的に解されている。

　本件の場合，混載業者と航空会社の間に入った原告のような貨物販売代理店が行った業務を国際輸送の一環としてみることができるかどうかが問題であるといえる。

　消費税が仕向地主義の立場をとることは国際的慣行となっており，この点からすると，輸送取引に関わる主体，すなわち，荷送人，混載業者，航空会社及び原告のような貨物販売代理店のすべてが，消費税について免税とされるものであるという原告の主張には同意できる。

　「貨物の輸送」の解釈を，貨物の移動に限定するのではなく，付随する業務

第4章 消費税法に関する判例・裁決例研究

を含むと解することは仕向地主義の立場から妥当なものといえ，図子善信教授が指摘しているように，混載業者が原告の行っている積載スペースの手配等を行っていれば，これは国際輸送の一環と認められ，単に原告が輸送手段を有しないからといって輸送業務（梱包，書類作成，荷役作業等も含む）をしていないとする裁判所の判断には疑問が残る。

ただし，本件の場合，原告と航空会社との関係が問題であり，経理処理の如何に関わらず，原告が航空会社から独立して，混載業者に対し積載スペースの販売を行っていたかどうかの実態を確かめる必要があり，被告が主張するように，その実態が，各航空会社からの航空貨物運送に関する予約業務，販売促進業務及び航空運賃回収業務等を委託されている場合には，輸出免税取引には該当しないものといえる。

なお，法7条1項5号，法施行令17条2項4号の「外国貨物に係る役務の提供」に該当するかどうかの裁判所の判断も，原告を航空会社から委託を受けて航空貨物の取次業者であるとの前提にたてば当然のもので，原告の業務内容を積載スペースの販売とみるか，単なる取次業とみるかの認定がすべての判断に影響を与えているといえる。

4 免税点制度をめぐる事例

免税点制度をめぐる問題は法9条1項に関連するが，多くの判例，裁決例をみると，基準期間における課税売上高の3千万円以下（平成16年3月31日以前に開始する課税期間の場合）であるかどうかの免税事業者の判定において，課税資産の譲渡等の対価の全額の合計額を用いなければならないかどうかが問題となっている。つまり，課税売上高が3千万円を若干上回る場合，消費税の税率を5％（地方消費税を含む）とするとそれに105分の100を乗じた金額が3千万円以下であるかどうかで，免税事業者の判定ができるのではないかということである。

このような免税事業者の判定をめぐる事例には，平成11年1月29日東京地裁判決・平成9年（行ウ）121号（この控訴審平成12年1月13日東京高裁判決・平成11年（行コ）52号），平成12年5月16日鳥取地裁判決・平成11年（行ウ）2号，平成8年11月22日裁決のもの等がある。

では次の免税点をめぐる代表的な判例をみてみよう。

＜平成11年1月29日東京地裁判決・平成9年（行ウ）121号＞[6]

本件は，問題となっている消費税の課税期間の平成5年10月1日から平成6年9月30日までの基準期間において，事業者である原告は売上総額として3,052万9,410円を収受し，その課税売上高を消費税額に相当する額を除外した金額，すなわち，売上総額3,052万9,410円に103分の100（当時の消費税の税率は3％である）を乗じた2,964万203円と算定，よって法9条1項の適用により免税事業者になると主張した。

免税事業者の行う課税資産の譲渡等に対しても消費税が課されることは，法4条1項，5条1項，9条1項のみならず，課税標準について規定する法28条あるいは消費税の転嫁を規定する税制改革法11条が事業者の中から免税事業者を除外していないこと等により明らかであるとし，さらに，免税事業者の設定する価格にも少なくとも課税仕入れに係る消費税額に相当する額が含まれているので，免税事業者の課税売上高の計算において消費税額を控除しないときは，免税事業者については仕入れに際して支払った消費税額までもが課税売上高に含まれることとなり，課税事業者に対する取扱いと比べて著しい不均衡を生ずる等と主張した。

しかも，原告は，課税事業者であるか免税事業者であるかによって現実の価格設定を変更することは期待できないところ，被告の主張に従えば，課税資産の譲渡等の価額が3,060万円の事業者の課税売上高は，課税事業者であるときは2,970万円となり，これを基準期間の課税売上高とする2年後は免税事業者として3,060万円とされる結果，同一の営業規模であるのに，2年ごとに課税事業者と免税事業者とを繰り返すという不合理な結果となるとした。

これに対し被告は，免税事業者は納税義務を免除され，法に規定する納税義

第4章 消費税法に関する判例・裁決例研究

務を前提とした諸規定の適用を受けないことになり，免税事業者が行う課税資産の譲渡等について課されるべき消費税は存在しないので，基準期間の課税売上高の計算において，売上総額から控除すべき消費税額に相当する額はないと主張した。その理由は，免税事業者には申告を前提とする消費税の納付義務（法48条，49条）は発生しないのであって，免税事業者の行う資産の譲渡等の対価の額の中には免税事業者が納付すべき消費税額に相当する額は含まれず，法9条1項の規定は法5条の例外規定であり，納税義務を発生させたうえでこれを免除するものではなく，また，税制改革法11条1項が規定する消費税の転嫁は，免税事業者が消費者から消費税額に相当する額を取得しながら，その全額を国庫に納めなくてよいことを予定しているものではない等としている。さらに，同一事業者が課税事業者である場合と現実には同一の価格設定をしている場合が多いとしても，法的には免税事業者が消費税を転嫁することは予定されていないのであるから，毎年の売上総額が同一であるという原告の設定は法の文理解釈を論じるには適当でないとした。

原告，被告双方の主張を受けて，裁判所の判断は次のようである。

消費税における課税対象は，資産の譲渡等という「行為」であり，法4条に記載されていることはその主体であって，納税義務者を規定しているものと解すべきではなく，法9条1項は，法5条に規定された課税要件としての納税義務の範囲を限定するものであって，発生した消費税を免除するものではない。

消費税は，最終的消費に広く薄く負担を求めるという性質を有するところから，順次，円滑かつ適正に転嫁されることが予定されてはいるが，課されない消費税の転嫁までも予定するものではない。

法28条1項が規定する課税標準とは，売上総額から当該事業者の行った課税資産の譲渡等に課されるべき消費税額を控除した金額と解すべきであるから，免税事業者の行った課税資産の譲渡等につき課されるべき消費税が存在しない以上，基準期間において免税事業者であった者の売上総額から除外すべき消費税額に相当する額も存在しない。

法9条に定める基準期間の課税売上高の判定は，売上総額から免税事業者が

納付すると仮定される消費税額に相当する額を控除すべきであるとの原告の主張が，原告は免税事業者であることから基準期間における課税売上高の計算において控除すべき消費税額は存在しないとして排斥された。

つまり，裁判所の判断は，原告側の主張を退け，被告側の主張をほぼそのまま受け入れた形となっており，結局，原告の売上総額3,052万9,410円には，控除すべき消費税額は一切存在しないものと判断したことになる。

この裁判所の判断について検討をしてみる。

平成10年10月9日，東京地裁において証人として意見を開陳された静岡大学湖東京至教授は鑑定書において，次のように指摘している[7]。

「法4条が『事業者が行った資産の譲渡等』には原則として消費税を課すると規定しているのは，課税取引を限定しない一般消費税における特徴的な規定方法である。一般消費税の下においては，列挙された非課税取引以外はすべて課税取引であり，それは免税事業者の下にあっても例外ではない。もし仮に免税事業者の行う取引について消費税を課さないというのであれば立法者は法4条を『事業者（免税事業者を除く）が行った課税資産の譲渡等』と規定すべきであった。

また，もし免税事業者には課税すべき消費税相当分が存在しないとするなら，法9条4項と矛盾する。免税事業者が課税事業者を選択したとしても，そもそも存在しない消費税相当分を算定することは不可能となり本制度は成立しないこととなってしまう。免税事業者が課税事業者を選択することができるとする本制度は，免税事業者においても課税取引が存在し，単に納税義務のみを免除しているから成立する。

また，免税事業者の基準期間における課税売上高が税込みを意味するものであれば，わざわざ法9条2項1号かっこ書に法28条1項を特記する必要はない。立法者がこれをわざわざ特記したのは，『課税売上高』から消費税相当分を除外することを意図したものである。」

また，大阪府立大学田中治教授は，控訴審の際，控訴代理人の依頼による鑑定人として東京高裁に提出された鑑定書において，次のように主張している[8]。

第4章　消費税法に関する判例・裁決例研究

「法9条にいう『事業者』及び『課税売上高』の意義については、課税事業者と免税事業者のいずれも当然に含むと一義的に解されており、控訴人会社は文理解釈として、法9条の解釈上、免税事業者の基準期間における課税売上高の計算にあたっては、その者が課税事業者であるとした場合において課されることとなる消費税に相当する額を控除すべきである。」

これらは原告側（控訴人側）の依頼による鑑定人の主張であるが、東京地裁における静岡大学湖東京至鑑定人の主張に同意したい。なお、東京高裁における大阪府立大学田中治鑑定人の主張については後述する。免税事業者の行う課税資産の譲渡等に含まれる価格の増加分には、これに課される消費税は存在しないという裁判所の判断や被告の主張は、やはり無理があるといえるのではないか。

当事例は、被告が平成7年11月28日付で原告に対して行った平成5年10月1日から平成6年9月30日までの課税期間の消費税に関する決定及び無申告加算税の賦課決定（いずれも平成8年3月29日付更正及び変更決定により一部取り消された後のもの）に関するものであるが、国も同様の事例が発生することを見越して、平成7年12月25日付法基本通達において、「基準期間である課税期間において免税事業者であった事業者が、当該基準期間である課税期間中に国内において行った課税資産の譲渡等については消費税等が課されていない。したがって、その事業者の基準期間における課税売上高の算定に当たっては、免税事業者であった基準期間である課税期間中に当該事業者が国内において行った課税資産の譲渡等に伴って収受し、又は収受すべき金銭等の全額が当該事業者のその基準期間における課税売上高となることに留意する。」（1－4－5）という規定を設けた。

このように、立法当初は立法者が想定していない事態等問題となる事例が発生した後で、通達という形で国の判断に有利になるよう規定されることは少なからずあるといえる。

しかし、次の視点からも、免税事業者が最初から課税資産の譲渡等について消費税が課されていないとする判断は問題があるといえる。

法人税法関係通達の個別通達「消費税法等の施行に伴う法人税の取扱いについて」の5に「法人税の課税所得金額の計算に当たり，消費税の納税義務が免除されている法人については，その行う取引に係る消費税等の処理につき，3（税抜経理方式と税込経理方式の選択適用）にかかわらず，税込経理方式によるのであるから留意する。」との規定がある。

同通達は免税事業者は税込経理方式によると規定しており，免税事業者が課税資産の譲渡等について消費税が課されていないという前提にたっての規定とはいえないのではないか。つまり，いったん消費税が課されてから納税義務が免除されるということではなく，そもそも免税事業者は納税義務者にあたらないため，最初から課税関係は発生しないという前提は無理があるのではなかろうか。免税事業者の判定の際には，法9条2項1号，28条1項に従い，売上総額から免税事業者が納付すべき消費税額に相当する額を控除して課税売上高の計算をすべきではないかといえる。

平成16年4月以降は，免税点が基準期間の課税売上高1千万円と，従来の3千万円から大きく引き下げられており，かなりの中小事業者が免税事業者から課税事業者となるケースが出てくるものと想定される。

このような事態をふまえて，たとえ，当判例や国が示したように税込みで課税売上高の判定をすることが定着するようになっても，行政組織内部でのみ拘束力を持ち，租税法の法源とはなり得ない通達により規定するのではなく，消費税法あるいは消費税法施行令等の法令により直接かつ明確に規定すべきものであると考えられる。

本件は東京高裁へ控訴され，平成12年1月13日に控訴棄却の判決が言い渡され，被控訴人の勝訴ということになったが，ここでは次のように，憲法判断の問題にまで至っている。憲法判断の問題も含めて，高裁の判断を検討し，本節を締めくくることにしたい[9]。

「憲法84条の定める租税法律主義の下では，原則として，税法の文言はその意味するところに従いそのまま読むべきである。国会が免税事業者の場合でも仮定の消費税額を控除するとの立法政策をとったのであれば，それは仮

定の上にたった計算をするというのであるから,そのことが法律の文言からわかるように,課税要件等の内容を明確にした条文にしたはずである。現行の租税法規の中で,控訴人の主張のように条文の文言にないのに仮定の計算をするように読める条文がほかにあればともかく,租税法律主義の下で,課税要件の明確性が厳しく問われている現行の租税法規の下では,控訴人のいうような規定の文言から離れた解釈を採用することは困難であるといわざるを得ない。」

この判示は,法28条1項の「課されるべき消費税」との文言について免税事業者の場合「課税事業者であれば課されることとなる消費税」と読むべきであるとの控訴人の主張(前述した田中治鑑定人の主張にもある)に対するものであるが,確かに,この点のみをみれば高裁の判断は支持できるが,高裁の判決全体の内容をみると,憲法84条の租税法律主義までを持ち出すことには疑問を感じる。

高裁の判決では原審判決の多くを引用しているが,上記の憲法判断の問題のほかに次の2点を新たに示している。

「法9条1項の『免除』とは,いったん発生した義務を課税期間経過後事後的に,意思表示その他の行為により消滅させるという意味ではなく,法が定める要件を満たす場合には,法律上当然に納税義務が発生しないという意味で使用している。

消費税法の定める免税事業者か否かの判断基準は,明確かつ単一ではなく,また,担税力の関係からみても,基準期間において免税事業者か,課税事業者かを問わず,売上高3千万円を基準とすべきであるとの控訴人の主張が,法は,売上高とは異なる課税売上高という基準を採用し,3千万円で区切っているのであり,また,免税事業者に該当するかどうかは,基準期間における売上高から課されるべき消費税に相当する額を控除した課税売上高によって判定する旨定めているが,これは,消費税の性格上,事業者が納付義務を負う消費税は,取引の相手方に転嫁されることが予定されており,その額が売上高に含まれているから,事業規模を判断するにあたっては,消費税相当

額を控除した，いわば実質的な売上高を基準としたものであり，免税事業者の具体的な要件を定めるに当たって，どのような基準により事業規模を測定し，担税力を把握するかは，立法政策の問題であるが，右に述べた実質的な売上高を基準とすることが不合理なものであるとは認められない。」

　まず，法9条1項の「免除」の意味する判示についてであるが，関税定率法14条の規定を引用しながら，一般原則の例外としてそもそもはじめから納税義務を発生させないとし，原審の「発生した消費税を免除するものではない」との判示をさらに強く主張しているといえる。

　次に，免税事業者の判断基準について，その明確性・単一性や担税力の観点に言及したのは，二審における控訴人の主張に対するものである。この主張は，控訴人が，一審における免税業者の場合の課税売上高の算定に際し消費税等相当額を控除すべきであるとの主張を補強するためのものである。被控訴人の主張を全面的に受け入れている裁判所としては，これらの根拠を容認しないことは当然のことであろう。

　以上のように，高裁における判断は，ほぼ地裁のものを踏襲するものであった。高裁の判断の中でも，控訴人の主張する納税義務の事後的免除を否定しているが，前述した理由により，この点はやはり納得がいかない。なお，「課されるべき消費税」との文言を「課税事業者であれば課されることとなる消費税」と読むとの主張，判定基準が明確かつ単一ではなく，担税力の観点からみても売上高とすべきであるとの控訴人の主張については，控訴審で持ち出すべきではなかったように思われ，高裁の判断のとおり，否定されるのはやむを得ないものと考えられる。

5　簡易課税制度をめぐる事例

　簡易課税制度についてはすでに第2章第3節(6)でみたが，平成3年度，平成8年度，そして平成15年度の税制改正において，適用事業者や事業区分が改正

されている。簡易課税制度をめぐっては，簡易課税制度選択届出書と事業区分に関する事例が多い。

判例では，平成12年3月29日大阪地裁判決・平成10年（行ウ）49，50，51号，平成12年9月28日大阪地裁判決・平成7年（行ウ）71，72，73号，平成12年12月27日東京地裁判決・平成12年（行ウ）100号，平成17年6月29日名古屋地裁判決・平成16年（行ウ）56号（この控訴審平成18年2月9日名古屋高裁判決・平成17年（行コ）45号），平成17年12月22日名古屋地裁判決・平成16年（行ウ）86号等がある。

(1) 簡易課税制度の選択届出書をめぐる事例

では，簡易課税制度の選択届出書をめぐる代表的な事例をみてみよう。簡易課税制度選択届出書に関する事例は裁決例に多くみられ，次のようなものがある。

簡易課税選択後2年間は，本則課税の適用はできないとした事例（平成4年5月6日裁決），簡易課税制度選択届出書の提出は錯誤によるものであるとして，本則課税を適用し，仕入税額控除をすべきとされた更正の請求につき，同届出書の提出は無効ではなく，請求は認められないとした事例（平成6年9月26日裁決），簡易課税制度選択届出書の効力は，消費税の納税義務者でなくなった旨の届出書の提出によっては失効しないとした事例（平成8年6月27日裁決，平成11年7月5日裁決），簡易課税制度適用課税期間に仕入れた建物に係る仮払消費税は，その後の本則課税適用課税期間における仕入税額控除の対象にはできないとした事例（平成13年4月27日裁決），簡易課税制度選択届出書の提出があり，その後簡易課税制度不適用届出書の提出がないので，本件の課税期間については簡易課税制度を適用した更正処分等は適法であるとした事例（平成13年11月30日裁決），簡易課税制度選択事業者が，消費税の経理処理につき税抜経理方式をとっているからといって，本則課税による仕入税額控除が認められることにはならないとした事例（平成13年11月14日裁決）等である。

これらの裁決例の中で次のものについてみてみよう。

＜平成11年7月5日裁決＞[10]

本件は，法（平成6年法律第109号による改正前のもの）37条1項に規定する特例の適用を受ける旨の届出書（以下，「簡易課税制度選択届出書」という）の効力は，その後，法57条1項2号の規定に基づく課税期間の基準期間における課税売上高が3千万円以下となった旨の届出書（以下，「納税義務者でなくなった旨の届出書」という）の提出により，失効するか否かを争点とする事案である。

本件の問題となっている消費税の課税期間は，平成9年3月1日から平成10年2月28日までである。

請求人の主張は次のようである。簡易課税制度は，法37条1項の規定により，法9条1項本文の規定による免税事業者以外の事業者，すなわち課税事業者について，その者の基準課税売上高が4億円以下である課税期間において，「簡易課税制度選択届出書」を提出することにより適用されることとなるものであるから，基準課税売上高が3千万円以下となって納税義務がなくなり免税事業者となれば，同時に失効するものと解すべきであり，法37条2項ないし4項の規定は，課税事業者のみについて適用されると解するのが正当である。

よって，「納税義務者でなくなった旨の届出書」を提出した後に提出される消費税の確定申告については，簡易課税が適用される余地はなく，本則課税方式による仕入税額控除が適用されるべきである。

これに対し，原処分庁の主張は次のようである。「納税義務者でなくなった旨の届出書」は，事業者が基準課税売上高が3千万円以下となった場合に，当該基準期間に対応する課税期間において納税義務者でなくなった旨を税務署長に届け出るためのものであり，法37条2項において，簡易課税制度の適用を受けることをやめようとするときは，「簡易課税制度選択不適用届出書」を税務署長に提出しなければならない旨が規定されていることからすれば，「納税義務者でなくなった旨の届出書」の提出に伴い「簡易課税制度選択届出書」の効力も同時に失効するとは解されない。

判決の要旨は次のようである。請求人の主張を退け，原処分庁の主張を全面的に取り入れている。「簡易課税制度選択届出書」の効力は「簡易課税制度選択不適用届出書」を提出しなければ失効せず，「納税義務者でなくなった旨の届出書」は，基準期間の課税売上高が3千万円以下となったことによりその基準期間に係る課税期間について消費税の納税義務者でなくなった旨を税務署長に届け出るもので「簡易課税制度選択不適用届出書」とはその目的を異にし，また，「納税義務者でなくなった旨の届出書」の提出により当然に「簡易課税制度選択届出書」の効力が失効することを定めた法令の規定も存しないことから，請求人の主張には理由がないというものである。

本件は，簡易課税選択事業者が，課税期間の基準課税売上高が3千万円以下となったため，「納税義務者でなくなった旨の届出書」を提出したが，その後「免税事業者の適用を受けない旨の届出書」を提出し，課税事業者となることを選択，本則規定による計算に基づき消費税の確定申告を行うというように複雑に消費税の納付額の計算方法を変更しているケースである。複雑であるからこそ，請求人は，本則規定による消費税の確定申告をする場合には，簡易課税制度選択不適用届出書を提出すべきであり，法的根拠も含めて，上記の裁決を支持したい。

(2) 事業区分をめぐる事例

次に，簡易課税制度における事業区分をめぐる事例をみていくことにするが，まず代表的な判例をみてみよう。

A ＜平成12年3月29日大阪地裁判決・平成10年（行ウ）49, 50, 51号＞[11]

本件は，建設工事の際に必要となる山留支保工事業が，消費税の簡易課税制度上，第3種事業にあたるかどうか争われたものである。原告は，建設業の許可を受け，とび・土木工事を営んでいる個人であり，事業の中心は，建築物の基礎工事を行う際に，周りの土砂がなだれ込まないようH鋼と呼ばれる鋼材を使い周囲に囲いを作る「山留支保工」という工事である。なお，原告は消費税

の課税方式について簡易課税制度を選択している。

本件の問題となっている消費税の課税期間は，平成4年1月1日から同年12月31日まで，平成5年1月1日から同年12月31日まで，及び平成6年1月1日から同年12月31日までである。

原告の主張は次のようである。原告の営んでいた事業は，法施行令57条5項3号ホに規定する「建設業」に該当し，同条同項同号かっこ書にも該当せず，みなし仕入率は，同条1項3号の70％が適用されるべきである。同条同項同号かっこ書は，「加工賃その他これに類する料金を対価とする役務の提供を行う事業を除く」である。

原告が主張する事業実態は，山留支保工，トラックの乗入れ構台の設置・解体工事等建築作業の過程で，建築作業のために必要な装置を設置し，作業段階が進んで不要になればその装置を解体するという建設工事に必要不可欠な工事が主であり，山留支保工は原告の工夫と技術力によって達成されるので，原告の事業は新たな価値を作り出すものであり，役務の提供とは質的な差があるというものである。

そして，原告は作業のために必要なクレーンを7台所有し，作業過程で使われる消耗工具や材料等大小様々なものをすべて原告がその計算で準備し使用しており，しかも，クレーンは決して安価なものではなく，山留支保工においては必要不可欠なもので，単なる補助的な道具等というものではないと主張した。

また別の視点から，原告は，かつて国税庁から出された「自己が請け負った建設工事の全部を下請に施工させる建設工事の元請は第3種事業に該当する」（平成3年6月24日付間消2－29国税庁長官通達第2章第1節「事業の区分」5(2)）を持ち出し，平成6年分を例にとると売上金額に対する課税仕入額は90.9％に達しており，仕入額のほとんどすべては下請業者への支払いであり，すなわち，請け負った事業の9割を下請業者に出し，旧通達が適用できる旨を主張した。

これに対し，被告は，原告の営む業種が「建設業」にあたることは認めるが，原告の営む業種は，同号かっこ書に該当し，みなし仕入率は，第4種事業に適

用される60％であると主張した。建設業においては，他の事業者の原材料を使用し，当該他の事業者の建設工事の一部を行う人的役務の提供がこれに該当し，受託者がみずから調達する補助的な建設資材（釘，針金，接着剤，道具又は建設機械等）を受託者が調達して行っても，他の主要な原材料の無償支給を受けて行う場合には，加工賃等を対価とする役務の提供に該当するとした。

本件の場合は，原告が元請の建設会社から，山留支保工の主要材料であるＨ鋼を無償で支給されていることから，原告の営む業種は，元請建設業者から提供を受けた材料に加工を行う人的役務の提供に該当すると主張したのである。また，原告が主要材料と主張した（単なる補助的な道具等ではない）クレーンの所有については道具にすぎないと主張した。

さらに，原告が，原告が請け負った事業の9割台を下請に出しているとして，自己が請け負った建設工事の全部を，下請に施工させる建設工事の元請は第3種事業に該当するものとした点については，被告は，工事の全部を他の業者に一括して下請けさせてはいないとし反論した。また，原告の平成6年分の所得税青色申告決算書には，原告の主張する仕入金額はすべて「歩合報酬」という名目で記載されており，これは，形式的には原告の従業員ではないが，原告の下に働きに来ている者に対し，その勤務日数，仕事量に応じて支払っている報酬であり，実質的には労務費に該当するものであり，原告の請け負った工事を施工させる下請業者に対する支払いではないとした。

裁判所の判断は，おおむね被告の主張をそのまま受け入れるものとなっている。

まず，本件の場合，原告の業種は「加工賃その他これに類する料金を対価とする役務の提供を行う事業」に該当するとし，他の事業者から主要材料等の提供を受け，当該他の事業者の建設工事の一部を行う人的役務の提供を行う事業であって，みずからが課税仕入れによって得て使用する材料，工具，建設機械等の補助的な建築資材の調達費用の割合が一般的に建設業一般より低い事業がこれにあたるというべきであるとした。

クレーンの所有については，購入当初は相当に高額なものであったと推認さ

れるが，クレーン等の重機は固定資産として複数年にわたり使用されるものであり，毎課税期間に常に設備投資が行われるわけではないのであるから，ある課税期間における重機の購入が，その後数年にわたる使用の過程で，後続の各課税年度の売上高にどの程度寄与したかという観点から検討するのが合理的であると解され，本件の場合，証拠によれば原告の平成6年課税期間における減価償却費は459万7,036円であり，当該課税期間の課税資産の譲渡等の対価の総額の2億4,722万1,340円に比較して少額で，原告がクレーンをみずから所有することから原告の行う山留支保工が「加工賃その他これに類する料金を対価とする役務の提供を行う事業」にあたらないということは相当ではないとした。

旧通達の「自己が請け負った建設工事の全部を，下請に施工させる建設工事の元請」についての判断は，事業者が受注した建設工事を下請にすべて一括して行わせる場合かどうかというもので，本件の場合はこれに該当しないとした。

つまり，原告の事業形態は，みずからが請け負った建設工事を一括して下請に行わせるものではなく，原告がクレーンを所有し，消耗工具や材料をみずからの計算で準備するものであり，さらに，平成6年の所得税青色申告決算書によると，平成6年課税期間において，原告が行っている下請は歩合報酬によっており，実質的には人件費と解され，平成4年及び平成5年課税期間についても同様であると推認されるのであるから，原告の主張する下請は，同通達が適用される形態のものとは異なるとした。

以上から，原告の営む事業は被告の主張どおり，第4種事業に該当し，みなし仕入率は60%が適用されることとなるとした。

原告の営む山留支保工等の業種は，判決どおり「加工賃その他これに類する料金を対価とする役務の提供を行う事業」に該当するものと考えられる。原告の主張には，一方において，クレーンを山留支保工においては必要不可欠なもので単なる補助的な道具等というものではなく，本業種は新たな価値を作り出すものであって，役務の提供とは質的な差があるとしているが，他方，旧通達を持ち出して「自己が請け負った建設工事の全部を下請に施工させる」業態である旨を主張したことは，矛盾があるように思われる。

第4章　消費税法に関する判例・裁決例研究

判決や被告の主張どおり，本件の場合，主要材料であるH鋼等を元請業者から無償で支給されており，みずからが課税仕入れによって使用する材料，工具の額は低いもので，原告が取得する工事代金額が主としてH鋼の重量によって決定されていることも考慮すると，人的役務の提供に中心があり，第4種事業と判定するのは妥当なものであると考えられる。

次に裁決例を検討する。事業区分をめぐる裁決例には次のようなものがある。塗料を材料として家具の塗装を行う行為は，いわゆる家具の塗装業であり，卸売業に該当しないとした事例（平成6年12月22日裁決），請求人の行っている業務は会計処理業務であり，帳票類を販売する業務ではないとして，卸売業に該当しないとした事例（平成7年1月25日裁決），悉皆業（白生地卸売業及び染色加工に係る事業）は，「加工賃その他これに類する料金を対価とする役務の提供事業」に該当し，第4種事業にあたるとした事例（平成7年5月29日裁決），原材料等の有償支給を受けて行う自動車部品の加工は製造業にあたるとした事例（平成7年6月20日裁決），紳士服等の製造販売に係るフランチャイズチェーン加盟をして行う販売事業は製造業に該当するとした事例（平成8年4月19日裁決），顧客から印刷物の販売を受けて，これを外注先に印刷させその印刷物を顧客に納品する事業は，製造業に該当するとした事例（平成8年4月26日裁決），歯科技工を営む者がみずから原材料等を購入して，歯科補てつ物を製作し受注先に納入している場合は，第4種事業（その他の事業）に該当するとした事例（平成9年12月5日裁決），歯科技工は製造業ではなくサービス業に該当するとした事例（平成13年2月8日裁決），請求人の営む事業が「請負契約書」に基づく業務であるとして第4種事業に該当する旨を主張したが，実質的には請負とはいえず，「労働者派遣業」に該当するとし第5種事業に区分されるサービス業にあたるとされた事例（平成14年9月30日裁決）等である。

これらの裁決例の中で次のものについてみてみよう。

B　＜平成7年5月29日裁決＞[12]

裁決の要旨は次のようである。請求人は，本事業は，染色加工業であって日本標準産業分類によれば製造業の中分類（繊維工業）の小分類染色整理業に該

当し，請求人みずからの名と責任においてすべての加工を外注先に依存する製造業であり，第3種事業にあたる旨を主張するが，請求人の事業は，白生地を受注先の小売店から提供されてそれに染色等の加工をしているのであるから，「加工賃その他これに類する料金を対価とする役務の提供を行う事業」に該当し，第4種事業にあたるとしたものである。

本件の問題となっている消費税の課税期間は，平成4年1月1日から同年12月31日まで，及び平成5年1月1日から同年12月31日までである。

請求人の主張は次のようになる。まず事業区分については，前述したように製造業であり第3種事業であるとし，仮に，本件事業が第4種事業にあたるとしても製造工程のすべてを外注に依存しているのであるから，当該染色加工収入から外注費の金額を控除したものを課税売上高とすべきであるとした。

役務の提供事業を行う事業については，請求人は，みずからの工場等で製造，加工を行うものでなくすべて外注先に加工を依頼しているため，実際の売上原価率（仕入率）は，平成4年分課税期間が73.7%，平成5年分課税期間が75.3%と高くなっている事実を指摘した。よって，役務の提供を行う事業を第3種事業から除外したのは，このような事業形態の業種は実際の仕入率が低く，第4種事業に近くなることから第4種事業に含めることとしたと考えられ，さらに，法37条1項かっこ書では，みなし仕入率を「課税資産の譲渡等に係る消費税額のうちに課税仕入れ等の税額の通常占める割合を勘案して政令で定める率」と規定していることからみても，本件事業においては第3種事業のみなし仕入率を適用することこそ法が期待しているものといえる。

また，請求人が白生地の提供（無償支給）を受けて染色加工することは，協力下請会社等へ材料を無償支給して製品を加工することとは異なった取引形態であり，材料等の無償支給というだけですべて第4種事業のみなし仕入率を適用することは，事業実態を無視し，法の趣旨に逆らった適用といわざるを得ないとした。

これに対し，原処分庁の主張は次のようである。一般的に染色加工業の事業区分について日本標準産業分類の大分類に掲げる分類基準により判定すると，

第4章 消費税法に関する判例・裁決例研究

製造業に該当することになるが,本件事業はすべて小売店から白生地を無償で支給を受けている事実を法37条1項,57条1項並びに平成3年6月24日付国税庁長官通達「消費税関係法令の一部改正に伴う消費税の取扱いについて」第2章第1節の4（加工賃その他これに類する料金を対価とする役務の提供の意義）に照らせば,たとえ請求人が本件事業の工程すべてを外注に依存しているとしても,役務の提供を行う事業に該当することから第4種事業であるとした。役務の提供を行う事業については,請求人の主張は独自に解釈したものであるとしている。

　裁決は,請求人の主張を退け,原処分庁の主張を取り入れたものとなっている。事業区分については,法施行令57条5項3号かっこ書の「加工賃その他これに類する料金を対価とする役務の提供を行う事業」に該当すると認められ,第4種事業とするのが相当であり,染色等の加工をみずからが行うか外注先に下請させるか否かは事業者の経営上の判断事項というべきであり,事業区分の判定要素にはならないと解すべきであるとした。

　役務の提供を行う事業については,請求人が主張した「通常占める割合を勘案して政令で定める率を乗じて計算した金額」の条項の政令で定める率とは,通常占める割合を勘案して定めることを規定しているものであって,現実の売上原価の多寡により事業区分が決定されるものとは解することができないとした。

　また,請求人の材料等の無償支給ということのみで第4種事業とみなされるのは事業実態を無視したものであるという主張については,第3種事業に該当する製造業は,自己の計算において原材料等を購入し,加工したうえで販売をする事業と解されるところ,主要な原材料の無償支給は事業区分の判断の重要な要素であり,このことをもって事業実態を無視したものであるとした主張は採用できないことは明らかであるとした。

　本件の場合,請求人が,みずからの工場等で製造,加工を行うものでなく,すべて外注先に加工を依頼しているため,実際の売上原価率を指摘し,みなし仕入率が60％である第4種事業よりも70％である第3種事業に近いとの理由か

209

ら，第3種事業にあたると主張しているのは，裁決にあるように，やはり無理があると考えられる。確かに，材料等の無償支給は，子会社，関連会社及び協力下請会社等に対して行われることが多く，役務の提供を行う事業については第4種事業に該当する旨の規定が設けられたものであり，請求人の主張どおり，この規定はみずからの工場等で製造，加工が行われることを前提にしているものと考えられるが，主要な原材料の無償支給が行われているという事実は重要であり，第3種事業に該当するという主張はとおらないものといえる。よって，当審判所の判断を支持したい。

C ＜平成8年4月19日裁決＞[13]

裁決の要旨は次のようである。請求人は，フランチャイズチェーン本部に紳士服等の縫製加工を委託しているとはいえず，本部から購入した商品をその性質や形状を変更しないで販売しており，小売業（第2種事業）にあたる旨を主張するが，請求人の事業形態は，紳士服等の縫製を現実に行うのは本部であっても，顧客との間においては，当該紳士服等の縫製は請求人の行為として行われているものであって，本部が縫製した紳士服等の製品を請求人が購入して顧客に販売しているとみることはできないことから，請求人の事業内容は，製造業（第3種事業）に該当すると認めることが相当であるとしたものである。

本件の問題となっている消費税の課税期間は，平成4年8月1日から平成5年7月31日までである。

請求人の主張は次のようになる。

請求人の営む紳士服の販売事業は，F株式会社（以下，F社という）の営むG・フランチャイズチェーン（以下，Gチェーンという）への加盟を前提として成立しているが，その加盟は，次の事項が条件となっている。

a　Gの看板を店舗に掲げ，その看板には注文服である旨の文言を入れること。
b　店舗において顧客の採寸を行い，採寸伝票をGチェーンの本部であるF社（以下，本部という）に送付すること。

c　採寸伝票に基づいて本部が製造したスーツ又はワイシャツ（以下，スーツ等という）の製品を請求人が仕入れること。
　d　当該製品の販売価額は本部が決定すること。
　e　本部は，請求人に対し生地の見本品を支給するが，当該製品の生地は本部が仕入れること。

　以上の条件からみると，請求人は，本部に対してスーツ等の縫製加工を委託しているとはいえず，また，本部が請求人の本来的な意味での外注先であるともいえない。そして，上記ａの注文服である旨の宣伝は，請求人の営業戦略上の問題であり，消費税法上の事業区分には影響しない。
　むしろ，取引形態の全体を捉えると，法施行令57条6項に規定する「他の者から購入した商品をその性質及び形状を変更しないで販売する事業で卸売業以外のもの」という第2種事業（小売業）に該当する。
　平成3年6月24日付間消2－29「消費税関係法令の一部改正に伴う消費税の取扱いについて」（以下，消費税関係通達という）第2章第1節5の(1)によれば，「自己の計算において原材料等を購入し，これをあらかじめ指示した条件に従って下請加工をさせて完成品として販売する，いわゆる製造問屋」は第3種事業に該当するものとして取り扱っている。
　そこで請求人の場合を考えると，請求人は，①自己の計算において原材料等を購入していないこと，②「あらかじめ指示した条件に従って下請加工をさせて完成品として販売する」とは，完成品の売価についても決定権があると解釈されるところ，請求人はＧチェーンの一員として営業活動を行っており，本部を下請加工業者として扱えるような力関係にないこと等の状況からして，上記通達に該当する要件を備えていない。
　また同じ注文服という看板を掲げていても，全行程を手縫いするテーラーメイドとマシンメイドの注文服とでは事業形態に根本的な違いがあるにもかかわらず，原処分庁は請求人の事業形態を誤認している。

以上の理由から，請求人の営むスーツ等の販売事業は，法施行令57条5項2号に規定する第2種事業に該当する。
　これに対し，原処分庁の主張は次のようである。
　請求人は，前述したように，スーツ等の販売価額やその製造工程があらかじめ契約で定まっていることを理由に，スーツ等の取引が第2種事業に該当する旨を主張している。
　ところで，請求人の行うスーツ等の販売は，請求人がスーツ等は注文服である旨を宣伝し，それによって来店した顧客がスーツ等の生地及びデザインを指定し，これと請求人が行う採寸に係る数値等を採寸表に記入したうえで本部に採寸表が渡され，本部が縫製加工したスーツ等を請求人が顧客に引き渡すという一連の取引である。
　したがって，請求人も本部もスーツ等の在庫品は一切持っておらず，顧客からの注文があって初めてスーツ等の縫製加工（製造）が始まるのであり，既製服の販売とは明らかに異なるものである。
　以上により，スーツ等の取引の形態は，請求人が顧客から特注品であるスーツ等の注文を請け負い，その縫製加工（製造）を本部に指示及び委託し，完成した製品を顧客に納品するというものであるから，他の者から購入した商品をその性質及び形状を変更しないで販売する事業（第2種事業）であるとする請求人の主張には理由がない。
　さらに，事業の種類を特定するにあたり，商品の販売業者が顧客から製品の製造を受注し，外注先にその製品を製造させて顧客に引渡しを行う取引は，顧客から製品の製造を請け負った取引として第3種事業の製造業とされているのであるから，請求人のスーツ等の販売は第3種事業に該当する。
　請求人，原処分庁それぞれの主張を受けて，当審判所により，次のような判断がなされた。
　請求人は，フランチャイズチェーン本部に紳士服等の縫製加工を委託しているとはいえ，本部から購入した商品をその性質や形状を変更しないで販売しており，小売業（第2種事業）にあたる旨主張するが，請求人の事業形態は，

第4章 消費税法に関する判例・裁決例研究

紳士服等の縫製を現実に行うのは本部であっても，顧客との間においては，当該紳士服等の縫製は請求人の行為として行われているものであって，本部が縫製した紳士服等の製品を請求人が購入して顧客に販売しているとみることはできないことから，請求人の事業内容は，製造業（第3種事業）に該当すると認めることが相当である。

上記の判断は，請求人の主張を退け，原処分庁の主張をほぼ全面的に取り入れているものである。

この裁決例の争点は，請求人の行っている紳士服等の販売が，「購入した商品の販売」なのか，「委託製造した製品の販売」なのかにあるといえる。裁決では，顧客から注文服の製造を受注し，外注先（F社）に縫製させ顧客に引き渡しているのであるからその行為は顧客からみれば当該スーツ等の縫製は請求人の行為として捉えられるとし，特注品の請負製造販売と認定したことになる[14]。

ここで参考として，平成8年4月26日に裁決があった，顧客からの印刷物の注文を受けて，その印刷物を顧客に納品する事業は，製造業（第3種事業）に該当するとした事例を簡単にみてみよう[15]。

裁決の要旨は次のとおりである。請求人は，請求人みずからは印刷そのものを行っておらず，単に他のものから購入した商品をその性質及び形状を変更しないで顧客に販売しているだけであるから，卸売業にあたる旨主張するが，請求人の事業形態は，顧客の注文に応じて自己の計算と危険において外注先に印刷加工を行わせることにより，印刷物の性質及び形状を変更して付加価値を高め，完成された印刷物を顧客に納品することにより対価を受領していることから，請求人の事業内容は，製造業（第3種事業）に該当すると認めるのが相当である。

上記裁決は，「自己の計算と危険」において「付加価値を高める」のが製造業であるとし，製造業の本質をついた重要な判断であったといえる[16]。

そこで，本件の場合を考えてみると，前述したように，請求人の主張によれば，自己の計算において原材料等を購入していないことや，請求人はGチェー

213

ンの一員として営業活動を行っており，本部を下請加工業者として扱えるような力関係にはなく販売価額の決定権がない等「自己の計算と危険」において業務を行っていないわけで，請求人とF社及びGチェーンの関係の詳細がわからないままでは容易に結論は出せないが，これをもって原処分庁のように，製造業と判断するのは無理があるといえる。

しかし一方，請求人の側にも，営業戦略上とはいえ，注文服である旨の宣伝を行い，いかにも委託製造した製品の販売であるかのような形態をとっていながら，実際には，F社から購入した商品をそのまま性質及び形状を変更しないで販売しているのであるから，製造業ではなく小売業に該当するという主張に対し，税務署側から製造業であると指摘されてもやむを得ないところもあるのではないか。

本件のようなケースで，小売業か製造業か事業区分が難しい事例は今後も少なからず発生するものと考えられ，これは，簡易課税制度そのものにおける事業区分の困難さを示す1つの事例であるといえよう。

D ＜平成13年2月8日裁決，平成18年2月9日名古屋高裁判決・平成17年（行コ）45号＞[17]

ここでは，歯科技工所に対する簡易課税制度の事業区分が，製造業に該当するのか，サービス業に該当するのかを争点とした事例を取り上げ，まず裁決例を，次に判例を分析，検討してみる。

裁決の要旨は次のようである。請求人は，請求人の営む歯科技工所は，社会通念上，製造業というべきである旨主張する。しかしながら，歯科技工は免許を受けた歯科技工士でなければ業として行うことができないとされ，また，設計，作製の方法，使用材料等が記載された指示書によらなければならないとされるのは，これを行うには相当高度な専門知識，技能・技術が必要とされるためだけではなく，歯科技工士は歯科医師の補助者として歯科医療行為の一環としてこれを行うものであるから，たとえ請求人において材料を購入し，その技術を駆使して義歯を作製しているとしても，本件事業の本質は，歯科医師が患者に対してする医療行為と同様，専門的な知識，技能等を提供することにある

ということができ，以上からすると，本件事業は社会通念上もサービス業に該当すると解するのが相当である。

本件の問題となっている消費税の課税期間は，平成8年4月1日から平成9年3月31日まで，平成9年4月1日から平成10年3月31日まで，及び平成10年4月1日から平成11年3月31日までである。

請求人の主張は次のようになる。請求人は，歯科技工所の経営に関する業務を目的とする有限会社であり，歯科医師及び他の歯科技工所からの依頼を受け，指示書に基づき，材料業者から購入した樹脂材を，自己の機械（樹脂射出成形機，樹脂乾燥機）で熱加工して「形（かた）」にし，これに業者から購入した人工歯やクラスプ等を結合させる等して，自己の責任と計算において，義歯を作製し，これを歯科医師等に納品しており，本件事業は製造業に該当するというものである。

原処分庁は，平成7年12月25日付課消2－25法基本通達の13－2－4の第3種事業及び第5種事業の範囲では，製造業とサービス業の範囲は，おおむね日本標準産業分類の大分類に掲げる分類を基礎として判定する旨定め，総務庁発行の当該日本標準産業分類において歯科技工所はサービス業に分類されているとして，本件事業は製造業に該当しない旨主張する。

しかしながら，通達は行政組織内部においてのみ拘束力を持ち，国民に対し拘束力を持つものではなく，また，同法基本通達のとおり，おおむね日本標準産業分類の分類を基礎とするとして，これを絶対的な分類としていないのであるから，請求人が歯科技工所を経営しているからといって，すぐに本件事業がサービス業に該当することになるものではないといえる。

これに対し，原処分庁の主張は次のようである。請求人は，歯科医師等からの注文を受けて義歯等を作製し，これを納品しているとはいえ，歯科材料製造業等とは異なり，歯科医師から指示書の提供を受け，その指示する形状，サイズ，材質等によらなければならず，これを制約なく自由に行えるものではなく，また，歯科技工には，高度の専門知識，技能及び経験を必要とし，免許を受けた歯科技工士でなければ，業としてこれを行うことができないのであるから，

本件事業は，歯科医療行為の一環として，歯科医師の指示に基づき歯科医療に係る知識又は技能・技術を提供するものといえ，これは製造業ではなくサービス業に該当する。

また，同法基本通達では，製造業とサービス業の範囲は，おおむね日本標準産業分類の大分類に掲げる分類を基礎として判定する旨定めるところ，当該日本標準産業分類は，歯科技工所を大分類Ｌ－サービス業，中分類88－医療業に分類している。この日本標準産業分類は，日本の産業に関する統計の正確性と客観性を保持し，統計の相互比較と利用の向上を図るために，統計調査の産業標準の基準の一として設定されたものであるから，簡易課税制度において事業の範囲を判定するにあたり，当該日本標準産業分類を基礎とすることは合理的といえ，この点からしても，本件事業は製造業ではなくサービス業に該当するといえる。

以上のような請求人，原処分庁それぞれの主張を受けて，当審判所は，請求人の主張を退け，以下のように，原処分庁の主張を全面的に受け入れる判断を示した。

同法基本通達によれば，日本標準産業分類の大分類に掲げる分類を基礎として判定することについて絶対的な基準を示しているわけではないことは請求人の主張どおりではあるが，日本標準産業分類は，原処分庁の主張どおり社会通念に基づく客観的なものということができるのであって，簡易課税制度の公平な適用という観点からしても，当該日本標準産業分類による分類を基礎として事業の範囲を判定することは，一応合理的なものということができるとした。

また，請求人は，材料を購入し，自己の責任と計算により義歯を作製し，これを納品しているのであるから，その作業工程からすれば，本件事業は，社会通念上，製造業というべきである旨を主張している。

しかしながら，歯科技工は免許を受けた歯科技工士でなければ業として行うことができないとされ，また，設計，作製の方法，使用材料等が記載された指示書によらなければならないとされるのは，これを行うには相当高度な専門知識，技能・技術が必要とされるためだけではなく，歯科技工士は歯科医師の補

助者として，歯科医療行為の一環としてこれを行うことによるものであるから，たとえ請求人において材料を購入し，その技術を駆使して義歯を作製しているとしても，本件事業の本質は，歯科医師が患者に対してする医療行為と同様，専門的な知識，技能等を提供することにあるということができ，本件事業は，社会通念上もサービス業に該当すると解するのが相当であって，請求人の主張は理由がないとした。

請求人からすれば，製造業とみなされるのかサービス業とみなされるのかにより，簡易課税制度上みなし仕入率が，第3種事業の70％か，第4種事業の60％（平成9年3月期及び平成10年3月期について）あるいは第5種事業の50％（平成11年3月期について）のいずれかになり，特に，平成11年3月期以降は，みなし仕入率が70％になるのか50％になるのか，消費税の納付額に大きく影響を与えるので，当審判所に対し審査請求を行ったものといえる。

この裁決例と同様の事例として，平成9年12月5日裁決の，歯科技工を営む者がみずから原材料等を購入して，歯科補てつ物を製作し受注先に納入している場合の事業区分は，製造業ではなくサービス業に該当するというものがある。

この事例においても，本件業務は，歯科医師が指示する形状，サイズ，材質等に従って歯科補てつ物を作製するものであり，歯科医師の指示によらず作製する歯科材料製造業等とは全く異なっており，また，誰でも自由に行い得る事業ではなく，歯科医師の指示に基づいて歯科医療に係る知識，技能・技術を提供し，歯科医療行為の一環として行っているものと解するのが相当であるとし，サービス業に該当するものとされている。

この歯科技工所に対する簡易課税制度の事業区分に関する事案は，国税不服審判所の判断では納得せず裁判に持ち込まれたケースがあり，この判例について簡単にみてみる。

本件は，第一審（平成17年6月29日名古屋地裁判決・平成16年（行ウ）56号）では製造業にあたると判断され，第二審（平成18年2月9日名古屋高裁判決・平成17年（行コ）45号）ではサービス業にあたると判断された事例である。

第一審では，租税法中の用語の解釈について，「租税賦課の根拠となるべき

法令すなわち租税法中の用語は，当該法令等によって定義が与えられている場合は，これによるべきことは当然であるが，そうでない場合には，原則として日本語の通常の用語例による意味内容が与えられるべきである（国民に義務を賦課する租税法の分野においては，特に厳格な解釈態度が求められる）。」とし，「日本語の通常の用語例によれば，消費税法施行令57条5項3号ヘにいう製造業は，有機又は無機の物質に物理的，化学的変化を加えて新製品を製造し，これを卸売又は小売する事業」と，他方，同項4号ハにいうサービス業とは，「無形の役務を提供する事業（不動産業，運輸通信業及び飲食店業に該当するものを除く）」と解するのが相当であるとし，これによれば，製造業とサービス業とは，まず，その給付の対象が有形物（物質的）か無形の役務（非物質的）かによって区別されると判示し，本件事業は製造業にあたると解するのが相当と判断され，納税者の主張が認められた。

　さらに日本標準産業分類に従うことについても，同分類が税法における産業の分類に用いられるために制定されたものではなく，単なる統計上の分類にとどまるものであるものの，他方，一定の基準に基づく体系的な産業分類であることは否定できず，また同分類以上に普遍的，合理的な産業分類基準は見受けられないとしつつも，「少なくとも，製造業及びサービス業の語義を厳格に解釈すべき消費税法の適用を念頭に置く局面においては，日本標準分類が，歯科技工所をサービス業ないしサービス業としての性格を有する医療業と分類することは合理性を有するとはいえず，歯科技工所との関係では，日本標準産業分類に従って第三種事業と第五種事業を区分する本件通達の合理性を認めることはできない。」とし，法基本通達13－2－4による事業区分の判断の合理性を認めなかった。

　そして，同分類ではサービスを特に定義していないことから，サービスを日本語の通常の用語例に従って使用していると解されるところ，歯科技工所の業務内容は歯科補てつ等の製造・納入であるから，歯科技工所が無体の役務を提供しているとはみることはできないとした。

　また，税務署の主張する，歯科技工士が歯科医師の補助者として歯科行為の

第4章　消費税法に関する判例・裁決例研究

一貫として歯科技工を行っているのであるから，本件事業の本質は「医療行為に付随するサービス提供事業」という点についても，補助者の事業が補助を受ける事業と同様の性質を有するとは限らないのであるから，患者に対する無体の役務の提供事業たる歯科医療のうち歯科技工士に委ねても問題ないとして分離された歯科技工部分がなおも患者に対する無体の役務の提供事業としての性質をなお有しているかどうかは，歯科技工士が歯科医師の補助者であることとは別個の問題であるというべきで，歯科技工士が歯科医師の補助者であるとしても，そのことを理由として，歯科技工業が無体の役務の提供事業であるとみることはできないとして，この主張を退けた。

　以上の判断は，前述した裁決例における国税不服審判所のものとは全く異なるものであり，また，歯科技工所との関係では，簡易課税制度における事業区分の判定が，法基本通達13－2－4にあるように，おおむね日本標準産業分類の大分類に掲げる分類を基礎として判定することを支持してきた国税不服審判所の判断に異議を唱えるものとなった。

　しかし第二審では，「本件争点は，本件事業が消費税法施行令57条5項4号ハ所定の『サービス業』に該当するか，それとも同項3号ヘ所定の『製造業』に該当するかであるから，まず，本件事業が上記のいずれに該当するかを判断するにあたっては，租税法規である上記各法条の解釈が検討されなければならない。憲法84条は，法律の定めなくしては租税を課すことはないとする租税法律主義の原則を定めており，この定めの主旨が，課税に対する法的安定性と納税者に予測可能性を与えるものであることにかんがみると，その内容として納税義務者及び納税標準等の課税要件や租税の課税徴収手続が法律によって定められていなければならず，また，上記課税要件について，実体法上，その内容が多義的でなく明確かつ一義的なものであることが要求されている。したがって，租税法規の定めはできるだけ明確かつ一義的であるのが望ましいことはいうまでもない。しかし，＜中略＞…それができない場合には，立法の主旨目的及び経緯，税負担の公平性，相当性等を総合考慮して検討したうえ，用語の意味，内容を合理的に解釈すべきである。」とし，広辞苑，大辞泉，大辞林，日

219

本語大辞典などいくつかの「製造業」と「サービス業」の用語の意味内容を示したうえで，「『製造業』及び『サービス業』の用語の意味内容ないし用語例として必ずしも一義的に解釈することが可能なほど明確な概念とまではいえないというべきである。そうすると，本件において本件事業が同施行令57条5項にいう『製造業』又は『サービス業』のいずれに該当するかを判断するにあたっては，消費税法，特に消費税簡易課税制度の目的及び立法経緯，税負担の公平性，相当性等についても検討する必要がある。」と判示した。

以上をふまえ，本件の場合の事業区分について，以下のように判断がなされた。

本件事業は，日本標準産業分類の事業区分によれば，平成14年3月の改訂前には大分類「Lサービス業」に分類されていたところ，改訂後には大分類「N医療・福祉」に分類されており，法基本通達13－2－4に従えば，消令57条5項4号ハ所定の「サービス業」に該当することになるところ，TKC経営指標（平成13年版）の資料（乙39）によれば，1企業あたり平均の課税仕入れ及び構成比（課税仕入額の純売上高に占める割合）は，製造業が70.7%，歯科技工所が42%であることが認められ，消令57条の定めでは，みなし仕入率は，「製造業」が100分の70，「サービス業」が100分の50とほぼ符号するものである。したがって歯科技工所を営む事業者が，簡易課税制度の適用を利用する場合の税負担の公平性，相当性等の面からみて，上記「サービス業」に分類することに不合理性は認められない。

よって，法基本通達13－2－4は消令57条における事業の範囲判定の基準として日本標準産業分類を掲げているが，同分類は，本来，統計上の分類の必要から定められたものではあるが，日本における標準産業を体系的に分類しており，ほかにこれに代わり得る普遍的で合理的な産業分類基準は見あたらないこと等から簡易課税制度における事業の範囲の判定にあたり，同分類によることの合理性は否定できず，本件事業は歯科医師の指示書に従って，歯科補てつ物を作製し，歯科医師に納品することを業務内容としており，歯科医療行為の一端を担う事業である性質を有し，また，1企業当たり平均の課税仕入れ及び構

成比に照らしても，みなし仕入れ率を100分の50とすることには合理性があること及び税負担の公平性，相当性等をも考慮し，本件事業は「サービス業」に該当するものと判断することが相当であるとした。

この控訴審判決は，前述した国税不服審判所の判断に「事業区分の判断にあたっては，消費税，特に消費税簡易課税制度の目的及び立法経緯，税負担の公平性，相当性等についても検討する必要がある。」との見解を追加したことが特徴であるとみることができ，この点は評価できる。

しかし，歯科技工所が歯科医師の指示を受け，歯科医師の補助者として歯科行為の一貫として歯科技工を行っているからサービス業であるとの判断や，実際の仕入れ率とほぼ符合するからサービス業であるとの判断には疑問が残る。

判決がどのようなものになろうとも，裁判所が示した判断の持つ意味は大きく，今回の事案において高裁にて以上のような判断が示され，その後被控訴人は最高裁に上告するも，上告審ではこれを不受理，棄却したことにより判決は確定し，簡易課税制度の事業区分において歯科技工業はサービス業と認定され，また，法基本通達13－2－4の判定基準は判例法として以後法律同様の拘束力を持つことになったとみることができる。

6 課税仕入れ等をめぐる事例

　課税仕入れ等をめぐる事例として，特に，仕入税額控除についての判例，裁決例をみていくことにする。仕入税額控除についての事例には，課税仕入れ等の範囲，課税仕入れ等の時期，課税仕入れ等の税額の算出，仕入税額控除の際の帳簿等の不提示，記載不備等に関するものがある。これらの事例は判例，裁決例ともにあるが，判例では課税仕入れ等の範囲と仕入税額控除の際の帳簿等の不提示をめぐる事例を，裁決例では課税仕入れ等の範囲，課税仕入れ等の時期，課税仕入れ等の税額の算出をめぐる事例を主に取り上げてみたい。

(1) 課税仕入れ等の範囲をめぐる事例

　課税仕入れ等の範囲に関する判例には次のようなものがある。平成9年8月8日東京地裁判決・平成8年（行ウ）34号，平成11年1月29日東京地裁判決・平成9年（行ウ）175号等である。

　まず，建物の賃貸借契約の合意解除に際して立退料を支払うことは課税仕入れにはあたらないとした平成9年8月8日判決の事例を簡単に紹介しておこう。

A　＜平成9年8月8日東京地裁判決・平成8年（行ウ）34号＞[18]

　本件は，賃貸借契約の合意解除により建物の明け渡しを受ける際に賃借人に支払う立退料が，法30条1項により課税標準額に対する消費税額から控除する課税仕入れに係る消費税額の計算の基礎となる「課税仕入れに係る支払対価の額」に該当するかどうかが主たる争点となった事案である。つまり，立退料の支払いにより賃貸権を消滅させた行為は，法4条に規定している「資産の譲渡等」にあたり（法基本通達5－1－3により），借家権の譲渡対価となるのかどうかということである。

　本件の問題となっている消費税の課税期間は，平成4年3月1日から平成5年2月28日までである。

当判決では，一般に，建物の賃借人が賃貸借の目的とされている建物の契約解除に伴い賃貸人から収受する立退料の性格について，補填という性格を次のように示し，以下のように判断した。

> ① 通常予想される期間まで当該家屋を使用できないことから生ずる損失の補填，つまり，現在と同程度の住宅等を借りる際の権利金等，従前の敷金等と新たに支払われるべき敷金等との差額，新旧借家の家賃差額の補填という性格
> ② 営業用家屋については，移転に伴う損失，すなわち，移転期間中無収入，新しい土地で従来と同程度の顧客を得るまでの損失等の補填という性格
> ③ その他引っ越し費用等の補填

また，都市部の建物の賃貸借等では，賃借人に借家権なるものが発生していると観念し，賃貸借を合意解除する際に借家権の対価としての性格を有する金員が立退料という形で支払われる場合がある。

本件の立退料（原告が賃借人らに対して一定期間までに賃借人らに賃貸していた建物の明け渡しに伴う費用であり，以下，本件立退料という）は，裁判所が認定した立退料の支払いに関する覚書の合意内容から，補償金としての性格を有することは明らかであるとした。そして，原告のその金額が高額であり（本件の立退料は3億3,509万9,800円で，この中に含まれる消費税相当額は976万165円である），明け渡しの際にそれまでの付加価値が立退料の金額と賃借人がすでに支払った権利金等の金額の差額として顕在化していること等から借家権の対価としての性格を有し，法2条12号に規定する「課税仕入れ」に係る支払いに該当するとの主張を，確かに賃借人に借家権なる権利は発生していると観念できるとしても，本件立退料は本件の合意解除により消滅するものであるので，原告と賃借人らとの間で本件における建物（以下，本件建物という）の賃借権の売買がされたということはできず，これが建物の明け渡しに際して納

税者に移転したとみるのは困難であり，本件立退料の支払いを受けて本件建物を明け渡す行為を資産につきその同一性を保持しつつ他人に移転することとみることはできないから，当該行為は資産の譲渡に該当せず本件立退料の支払いによる賃借権を消滅させる行為は課税仕入れには該当しないとして退けた。

また，建物の賃借権を賃貸人以外の者に譲渡した場合と賃貸人が賃借人に対して立退料を支払って建物を明け渡してもらった場合の消費税法上の取扱いの差異を設けていることについても（法基本通達5－2－7参照），前者が譲渡による付加価値の移転を観念できるのに対し，後者は，賃借権自体が合意解除により消滅するため，それによる付加価値の移転を観念することはできないから，両者を区別することは合理的であるとした。

原告の借家権の消滅の対価として支払われる立退料は所得税法上の「資産の譲渡」として扱われるので，消費税法上もそのように扱うべきではないかとの主張に対しては，所得税法上の「資産の譲渡」の意義と消費税法上の「資産の譲渡」の意義は異なっており，これは，キャピタル・ゲインを所得として捉え課税する譲渡所得課税と，資産の譲渡により付加価値が移転するのを捉えて課税する消費税課税との趣旨の相違，及び課税の対象についての法律の定めが異なることに起因するもので，両者の取扱いが違っても何らかの不都合な点はないと判示した。

本件の場合は，本件立退料の性格をどうみるかということが大きなポイントであったということができるが，本件建物の賃借権は，あくまでも原告と賃借人らとの合意解除により終了し消滅したものとみることができ，本件立退料は，新しい建物への入所権利金等賃借権が消滅することによる損失や，営業場所の移転に伴う様々な費用や損失等に対する補償の意味を持っているといえる。

よって，被告の主張を取り入れ，法基本通達5－2－7にあるように，建物賃貸借契約の解除に伴う家主の賃借人に対して支払う立退料の取扱いは，譲渡等の対価に該当しないと考えられ，当判決を支持したい。なお，「資産の譲渡」の意味するところで，消費税は，所得税や法人税と異なる概念を持つ点も留意したい。

第4章 消費税法に関する判例・裁決例研究

　次に，課税仕入れ等の範囲に関する裁決例には次のようなものがある。本件課税期間の課税売上割合が0％であり，控除税額の計算方法として一括比例配分方式を選択しているから，本件課税期間に係る控除対象仕入税額は0円であるとした事例（平成6年6月23日裁決），海砂を採取する権利の取得に際し，利害関係のある漁業協同組合の同意を得るために支払った漁場迷惑料は，仕入税額控除の対象となる課税仕入れの対価とはならないとした事例（平成6年11月2日裁決），事業者が販売したことによる自己の商品代金債権を信販会社に譲渡等することに伴い支払う手数料は，消費税法上の非課税取引に該当するとした事例（平成8年6月6日裁決），請求が，出向契約に基づいて支払った業務分担金は，法2条1項12号のかっこ書に規定する「給与等を対価とする役務の提供によるもの」に該当するから仕入税額控除の対象にはならないとした事例（平成11年11月4日裁決），マッサージ師に支払った外注費は，法28条に規定する給与等に該当するので，法2条1項12号に規定する課税仕入れには該当しないとされた事例（平成12年2月29日裁決），外国法人から日本における独占販売権を取得した取引は国外取引であり，その対価の支払いは，課税仕入れに該当しないとした事例（平成13年12月21日裁決）等である。

　これらの裁決例の中で次のものについてみてみよう。

B　＜平成12年2月29日裁決＞[19]

　裁決の要旨は次のようである。本件の問題となっている消費税の課税期間は，平成7年9月1日から平成8年8月31日まで，及び平成8年9月1日から平成9年3月31日までである。請求人は，請求人がマッサージ師に支払った外注費は，所得税法28条に規定する給与等を対価とする役務の提供に係るものではないので，法2条1項12号に規定する課税仕入れに該当する旨主張する。

　しかしながら，請求人と各マッサージ師との契約書等によれば，各マッサージ師はマッサージ業務を遂行するにあたって，営業時間，施術コース及び施術料金，業務時間，服装，休憩等の各項目にわたって定められた規則に従って業務に従事していること，顧客に対する事故の責任は請求人にあること等から，請求人と各マッサージ師との間には雇用関係があるということができ，本件の

外注費は給与等を対価とする役務の提供に係るものに該当し法2条1項12号に規定する課税仕入れには該当しないと認められる。

また，請求人は，請求人がマッサージ師に支払った外注費は，給与ではないから給与等に係る所得税を徴収する義務を負わない旨主張するが，上記のとおり本件の外注費は給与等に該当すると認められ，請求人は，所得税を徴収する義務を負うことになる。

請求人の主張は次のようになる。請求人は，以下の理由により，請求人と各マッサージ師は互いに独立した営業主体であり，それぞれの営業目的を遂行していることから，両者の間には雇用及び監督関係はなく，請求人がマッサージ師に支払った外注費（以下，本件外注費という）は，法30条の規定により仕入税額控除されるべきものであるというものである。

平成8年5月13日付で請求人の取締役を辞任したFは，マッサージ師6人程度との間で，マッサージ業の開始にあたっての基本合意と題する書面（以下，基本合意書という）の記載内容のとおりマッサージ業務内容とその運営方法について確認し，請求人は，マッサージ師からの要望として，Fから，マッサージ師の能力の確認と地位身分の確立，マッサージ業務の営業主体はマッサージ師等に委ね，請求人はマッサージ施術所施設を提供し，両者の利益最大化のためにのみ協力することにつき承認を求められたので，平成8年5月14日，臨時株主総会を開催してこれらを承認するとともに，Fに対しては，施設利用料相当額の確保，施設設備の安全管理及び経理事務を当分の間，無報酬で委託し，当該業務費用については請求人が負担する旨を決議した。

請求人は，マッサージ施術所施設の提供に関し，代表者をFとし，Gマッサージと称するマッサージ師の団体（以下，Gマッサージという）との間で口頭で賃貸借契約を交わし，施設利用料をマッサージ業界の相場である売上げの30％相当額，マッサージ師らの取り分を70％相当額とし，施設利用料の中から，マッサージ業務の売上増進のため，マッサージ師らの制服及び広告宣伝用のチラシに係る費用を負担する旨約束した。

また，マッサージ師がマッサージ業務に関して営業主体としての地位と身分

第4章 消費税法に関する判例・裁決例研究

を保有している独立人であることは，基本合意書の内容から明らかであり，FとマッサージFとマッサージ師を当事者とする業務委託契約書と題する書面（以下，本件契約書という）は，業務委託契約書作成協議の具体的内容と題する書面の記載のとおり，マッサージ業務が円滑に行われていることを期待し，自覚と責任を明確にするための内部規定として，マッサージ師らの総意によって作製されたもので，便宜上，契約当事者に，店（Gマッサージ）の代表者としてFを表記したものであり，マッサージ師がFに対して，請求人との業務上の仲介を依頼しているものであって，マッサージ師が，直接，請求人と契約したものではない。

よって，請求人は，マッサージ業務に介入及び干渉できる余地を持たず，営業主体とはなり得ない。また，Fは，請求人の株主及び使用人としての地位にない第三者であり，Fは，自分がマッサージ業務の開設届を行っていることから，原処分庁に対し，請求人の実質経営者であると回答したものであって，請求人とFは同一人格ではない。さらに，マッサージ師は，顧客に対する事故の責任を負い，マッサージ業務に関する宣伝企画等に参画していることから，判例における事業所得の判断基準である自己の計算と危険において独立して営まれる場合に該当するので，マッサージ師らの受領する報酬料金は，所得税法27条及び同法施行令63条11号若しくは12号の規定に該当する。

これに対し，原処分庁の主張は次のようである。請求人は，マッサージ業を経営し，本件契約は，請求人を代表するFとマッサージ師らの契約であり，以下の理由により両者間には雇用関係があるから，本件外注費は給与所得に該当し，仕入税額控除をすることはできない。

請求人の商業登記簿謄本及び総勘定元帳によれば，事業目的を指圧，マッサージ施術所の経営としており，また，マッサージ業務に係る顧客からの収入を売上金額とし，マッサージ師への支払金額を外注費として計上しているから，請求人が認識する売上げとは，マッサージ業務に係るものと認められ，施術所施設の施設利用料相当額のみを目的とする賃貸業務に係るものとは認められない。

また，マッサージ業務に係る総収入金額のうち，マッサージ師の取り分70％

相当額と本件契約書の記載に基づく業務委託料との差額はマッサージ師らの皆勤及び特別手当等に充てられているが、これは、請求人の計算に基づいていると認められること、制服及びチラシに係る費用等も請求人の負担となっていることからすると、請求人がマッサージ業を経営していることは明らかである。

さらに、Fは、請求人がマッサージ業務を開始した当時の請求人の代表取締役であり、取締役辞任後の原処分に係る調査及び異議審理に係る調査の際に同人が立会いをし、取締役辞任後も請求人の実質経営者である旨答述した。

したがって、Gマッサージは法的根拠のない看板・チラシに表示される屋号にすぎず、Fがその代表者であることからすれば、同人と請求人とは実質的に同一人格であると認められる。

また、請求人が主張するとおり、本件契約書が内部規定であるならば、Fとマッサージ師らとを当事者とする契約書の形式をとる必要性は認められず、単に団体としての規約を制定、文書化し、新規参入者に当該文書を交付すれば十分であり、本件契約は請求人と各マッサージ師との契約ということができる。

このように、請求人とマッサージ師間には雇用関係があり、本件外注費は、請求人の指揮命令に服して提供した労務の対価である給与に該当するから、仕入税額控除をすることはできないと主張した。

裁決は、請求人の主張を退け、原処分庁の主張を取り入れたものとなっている。本件の争点は、本件外注費がマッサージ師の給与所得に該当するか否かにある。

当審判所は次のように事実認定をしている。(イ)マッサージ業務を営業目的として定款に追加し、その後、原処分を受けるまでの間に原処分庁へ提出した文書等には、マッサージ業務を経営している旨の記載をしていること、(ロ)請求人が賃貸する店舗を営業場所とし、マッサージ業務に係る設備備品は請求人が所有していること、(ハ)マッサージ業務に係る日々の現金売上は請求人の口座で管理し、総額を請求人の収入としていること、(ニ)マッサージ業務に必要な費用は請求人が負担し、請求人が本件外注費を支払い、かつ、その他の業務費用とあわせて、確定決算において総額で計上していること等の事実が認められるから、

マッサージ業務から生ずる収益を実際に享受しているのは，請求人であると認められる。

　次に，請求人が支払った本件外注費が，マッサージ師の給与所得になるか事業所得になるかについての判断は次のとおりである。マッサージ師各人は，採用の際，本件契約書に署名，押印し，個々に契約を交わしていること，同人らは請求人の施術所施設においてマッサージ業務を行うにあたり，本件契約書の記載内容に従っていることが認められる。他方，各マッサージ師との間で業務委託関係があること自体は，請求人も否定していない。そこで，この各マッサージ師との契約を締結した当事者が誰であるかについてみるに，本件契約書に当事者として表記されている（Gマッサージ）は請求人の屋号であること，また，Fは，請求人の実質的な代表者又は代理人として行動していることが認められるところ，これらの事実に請求人がマッサージ業務の営業主体であるとの認定をあわせて考えると，マッサージ師各人と本件契約書を取り交わして契約を締結したのは請求人であると推認するのが相当である。

　請求人は，マッサージ師は自己の計算と危険において独立して営んでいることから事業者に該当する旨主張するが，顧客に対する事故の責任負担については，本件契約書の記載によっても請求人が負うものと認められ，また，マッサージ師が請求人の施術所におけるマッサージ業務の宣伝企画に参画しているとしても，このことのみをもって，独立した事業者であるということはできず，マッサージ師が自己の計算と危険において独立して営んでいるとはいえない。

　よって，本件外注費は請求人におけるマッサージ師に対する給与と認められ，法2条1項12号のかっこ書に規定する給与等を対価とする役務の提供によるものに該当するから，仕入税額控除の対象にならないと判断した。

　以上の当審判所の判断を以下の理由により支持したい。個人事業者と給与所得者の区分については，法基本通達1－1－1において「事業者とは自己の計算において独立して事業を行う者をいうから，個人が雇用契約又はこれに準ずる契約に基づき他の者に従属し，かつ，当該他の者の計算により行われる事業に役務を提供する場合は，事業に該当しないのであるから留意する。」とし，

具体的には「(1)その契約に係る役務の提供の内容が他人の代替を容れるかどうか。(2)役務の提供に当たり事業者の指揮監督を受けるかどうか。(3)まだ引渡しを了しない完成品が不可抗力のため滅失した場合等においても、当該個人が権利として既に提供した役務に係る報酬の請求をなすことができるかどうか。(4)役務の提供に係る材料又は用具等を供与されているかどうか。」を判定することになっている。

　まず本件では、請求人とF及びGマッサージ団体との関係がどのようになっているのかを検討する必要がある。請求人は、マッサージ施術所施設を提供することを業とする旨を主張しているが、当該賃貸借契約に基づく賃貸収入のみを売上計上しておらず、マッサージ業務に係る顧客からの収入を売上金額と計上し、また、原処分庁による指摘を受けるまでは、事業目的をマッサージ施術所経営及び広告宣伝業務と法人源泉徴収義務者の異動等届出書の事業目的欄に記載しており（指摘後は、マッサージ施設所賃貸業及び広告宣伝業務と記載した）、本来マッサージ業務は営利目的の法人には認められないことも考慮すると、Fが代表取締役を辞任し、便宜上Gマッサージがマッサージ業務を営んだように仮装したと推察され、実質的には請求人によるマッサージ施術所の経営であり、請求人とF及びGマッサージの関係は両者を一体とみることができるといえ、当審判所の判断は支持できる[20]。

　次に、請求人がマッサージ師に支払った外注費が給与所得なのか事業所得なのかについて検討する。マッサージ師は業務を遂行するにあたり、定められた業務規則に従い、請求人の賃借する施術所のみで行われ、請求人の指揮監督を受けており、業務に従事するにあたり必要な設備、備品等を請求人から供与され、顧客から受け取った代金は、請求人が支配管理し、その後各マッサージ師に支払われ、さらに、顧客に対する事故についての責任の負担は請求人が負い、マッサージ師の人員は22名であるが、そのうちマッサージ師の免許を有している者は3名のみで大半が無資格者であることを考慮すると、前述した法基本通達1－1－1の判定によれば、事業所得に該当するものとはいえず、当審判所の判断にあるように、請求人とマッサージ師との関係は雇用関係にあり、本件

外注費は給与所得に該当するものであり，よって，消費税法上仕入税額控除はできないとみることができる。

C ＜平成13年12月21日裁決＞[21]

　裁決の要旨は次のようである。本件の問題となっている消費税の課税期間は，平成10年7月28日から平成11年6月30日までである。請求人は，本件独占販売権（後述する）は，E国のG社から取得したものであるが，本件独占販売権に基づき，本件譲受け直前まで日本国内で営業活動をしていたのはG社の日本子会社H社であり，H社のノウハウ，人的資源等も引き継いでいることから「これらの権利に係る事業を行う者の住所地」は，H社の住所地（日本）であると認められ，本件独占販売権を取得した取引は，消費税法上，国内取引にあたると主張する。

　しかしながら，本件支払金（後述する）は，G社が保有する本件製品の独占販売店の権利の価値（独占販売により稼得することができる将来の収益）を認めてG社へ支払われたものであり，G社が本件独占販売権をH社又は請求人に付与することによって，G社自体が本件独占販売権に係る事業を行っていると認められる。そうすると，本件独占販売権の譲渡者であるG社の所在地はE国であるので国外取引となり，課税仕入れに該当しない。

　G社，H社等の関係は次のとおりである。請求人は，E国F州に所在するG社，P県Q市に所在するH社（G社の100％子会社）及びR県S市に所在するK社との間で，平成11年6月21日にE国のサプライヤー（製造業者等）から日本市場向けに出荷される○○○○関連製品（以下，本件製品という）の独占販売店契約（以下，本件契約という）を締結し，「L」と題する英文の契約書（以下，この契約書の和訳文を本件契約書という）を取り交わした。

　なお，H社はG社が本件製品を日本国内で販売するために設立した法人であり，また，K社の代表者が請求人に日本市場において本件製品を販売する独占権（以下，本件独占販売権という）に係る事業を行うために設立した法人である。

　請求人の主張は次のようになる。請求人がG社に対して支払った本件独占販

売権等の対価(以下,本件支払金という)は,G社がH社に無償で与えていた本件独占販売権等を取得するための支払額,すなわち日本国内の営業権の譲受代金であり,次のとおり,消費税法上の国内取引として課税仕入れに該当することは明らかであるので,原処分庁が本件支払金に係る取引を国内取引であるとして行った本件更正処分等については法律の解釈に誤りがあることになるから,本件支払金に関する部分については取り消されるべきである。

営業権の譲渡において,消費税法上の国内取引に該当するか,あるいは国外取引に該当するかの判定にあたって,法施行令6条1項7号は,「これらの権利に係る事業を行う者の住所地」により判定する旨規定している。

そして,本件の場合,G社が無償でH社に与えていた本件独占販売権等を請求人に譲渡したものであり,H社が本件独占販売権に基づき日本国内で営業活動を行い,種々の営業上のノウハウ等を有していたことからすると,「これらの権利に係る事業を行う者の住所地」は,H社の所在地である日本国内ということになる。

また,本件契約書の解釈によれば,本件支払金は,本件独占販売権,H社のノウハウ等,H社の国内受注残高,H社の人員引継ぎによる人的価値から更正されるものの対価であるところ,これらの権利等に係る営業活動を実際に行っていた者はH社であることからしても,「これらの権利に係る事業を行う者の住所地」は,やはり日本国内であると解すべきである。

これに対し,原処分庁の主張は次のようである。請求人は,本件独占販売権が日本国内の営業権であるから,本件支払金に係る取引は課税仕入れに該当する旨記載するが,その主張には理由がない。

請求人は,本件支払金を営業権の対価として経理処理しているが,営業権が譲渡された場合,その譲渡が国内において行われたかどうかは,営業権のような広範囲にわたる資産については,その所在場所が客観的に明らかとなる性質のものではないことから,「これらの権利に係る事業を行う者の住所地」により判定することとしたものであると解される。

すると,G社の保有する本件独占販売権に係る事業は,法施行令6条1項7

号に規定する「これらの権利に係る事業」ということになる。そして，本件独占販売権を保有し，その権利に係る事業を行っていたのはG社であるから，「これらの権利に係る事業を行う者の住所地」は，G社の所在地であるE国国内となる。

したがって，本件独占販売権の譲渡は日本国外で行われたことになるから，法4条1項，2条1項12号の規定により，本件支払金に係る取引は課税仕入れに該当しない。

一方請求人は，本件支払金は，本件独占販売権，H社のノウハウ等，H社の国内受注残高及びH社の人員引継ぎによる人的価値から構成されるものの対価である旨主張する。

しかしながら，本件契約書によれば，H社の国内受注残高の所有者はH社である旨，また，H社の人員引継ぎは請求人の裁量で新規に採用する旨定められており，この2点については，本件支払金の対価を構成するものではない。

また，本件支払金が，本件独占販売権の対価のほかに，H社のノウハウ等の対価から構成されるとしても，本件契約書上当該ノウハウ等は無償とされているのであるから，そのことをもって，本件支払金に係る取引が消費税法上の国内取引に該当するかどうかの判定に影響を及ぼすものではなく，その判定は，「これらの権利に係る事業を行う者の住所地」が国内かどうかにより行うべきである。

裁決は，請求人の主張を退け，原処分庁の主張を取り入れたものとなっている。

当審判所は次のように事実認定をしている。

(イ) 本件独占販売権は，本件契約書によれば，G社がE国のサプライヤーから取得，保有している本件製品の独占販売店の権利に基づくもので，日本国内で本件製品を独占して販売するために必要な権利であり，請求人は，G社からこの権利を付与，譲渡されて，初めて日本国内で本件製品の営業活動及び販売をすることができるものであること。

> (ロ) 請求人は，本件契約後，本件独占販売権に基づき，H社のノウハウ等の提供を受け，また，H社の従業員を新規に採用して事業を行っていること。
> (ハ) H社の国内受注残高の処理等については，取引先との関係からやむなくH社名義で行われているものの，実際の営業活動は請求人が行っており，国内受注残高から生ずるグロスマージンについても，その他のグロスマージンと同様に，G社と請求人との間で均等に配分されていること。

　本件支払金の性格については，本件支払金は，本件独占販売権及びグロスマージンとコミッションの対価として支払われるものとされているのであり，G社が保有している本件製品の独占販売店の権利に価値を認めて支払われていることは明らかであるとしている。

　また，本件独占販売権は，本件製品を日本国内で独占的に販売することにより稼得することができる将来の収益（グロスマージンとコミッションの配分）をその実質的内容とするものであることからすると，本件独占販売権は，G社が保有している本件製品の独占販売に係る超過収益力を含む権利であり，営業権と認められる。

　よって，本件支払金は，結局，法施行令6条1項7号に規定する営業権の取得のための支出金ということができる。

　前述したように，請求人は，H社が本件独占販売権に基づき，日本国内で営業活動を行い，種々の営業上のノウハウ等を有していたことからすると，本件支払金は，H社が使用していた本件独占販売権，H社のノウハウ等，H社の国内受注残高，H社の従業員の引継ぎによる人的価値から構成されるもの，つまり，H社の営業権の対価である旨主張している。

　これに対し，原処分庁の主張も取り入れながら，本件支払金は，本件独占販売権（G社の営業権）にその価値を認めて支払われたものであり，本件独占販売権に係る対価として支払われたものというべきであり，この点に関する請求

人の主張には理由がないとした。

　国内取引か国外取引かの判定は次のような判断をした。本件独占販売権は，G社がサプライヤーから取得し，保有している本件製品の独占販売店の権利に基づく一種の実施権を請求人が譲り受けたものであり，G社が本件独占販売権をH社又は請求人に付与することによって，G社自体が本件製品に係る事業を行っていると認められる。

　すると，本件独占販売権の譲渡者であるG社の所在地はE国であり，よって「これらの権利に係る事業を行う者の住所地」はE国国内となり，本件独占販売権の取得に係る取引は消費税法上の国外取引となり，課税仕入れに該当しないことになるとした。

　本件の争点は，本件独占販売権が，国外のG社からのものか，国内のG社の子会社であるH社からのものかということになる。当審判所は，前述したとおり，G社からのものであると判断している。つまり，本件支払金は，請求人が主張するH社のノウハウ等，H社の国内受注残高及びH社の人員引継ぎによる人的価値に対するものであることを否定し，G社の所有する本件独占販売権に対するものであると判断したことになる。

　本件契約書によれば，当審判所の判断どおり，G社が本件独占販売権をH社又は請求人に付与することによって，G社自体が本社製品に係る事業を行っているとみることができるので，当審判所の判断を支持したい。

(2) 課税仕入れ等の時期をめぐる事例

　課税仕入れ等の時期に関する判例には，平成8年2月28日水戸地裁判決・平成5年（行ウ）20号（この控訴審・平成9年6月30日東京高裁判決・平成8年（行コ）26号）等があるが，判例よりも裁決例により多く事例がみられるので，裁決例にてその詳細をみていく。

　課税仕入れ等の時期に関する裁決例には，消費税の課税仕入れの時期は，建物建築契約にあっては目的物たる建物の引渡日と，また，建物建設に関するコ

ンサルタント契約にあっては役務の全部の提供を受けるのが完了した日と解するのが相当とされた事例（平成11年９月16日裁決），営業権の引渡しの日は，酒類の販売が可能となった酒類販売業免許の日とするのが相当とした事例（平成12年12月14日裁決），販売代理店契約の解除に伴う在庫品の返品に係る消費税額を，課税仕入れ等の消費税額から控除すべき時期は，代理店契約の末日を含む課税期間であるとした事例（平成13年２月23日裁決），建物等の譲渡にあたって当事者間で引渡しの日を定めていたとしても，当該建物等の売買契約を締結した日に代金決済及び所有権移転登記等が完了しているのであれば，当該売買契約を締結した日が当該建物等の譲渡の時期であるとした事例（平成19年２月８日裁決），自動販売機の販売手数料は毎月の締切日が課税資産の譲渡等の時期であるとした事例（平成20年７月４日裁決）等がある。

　これらの裁決例の中で次のものについてみてみよう。

A　＜平成12年12月14日裁決＞[22]

　裁決の要旨は次のようである。原処分庁は，請求人（コンビニエンスストア経営）が酒類小売販売の営業権を譲り受けた日は，営業権譲渡契約書に「営業譲渡期日は，酒類販売免許変更通知の日とする」旨記載されていることから，請求人が税務署長から通知を受けた平成９年12月17日となり，営業権の譲受けに係る消費税は，同日の属する課税期間の課税仕入れとなる旨主張する。

　しかしながら，ａ営業権の譲渡者は，請求人が経営する店舗内で平成９年12月31日まで酒類を販売していたこと，ｂ請求人が営業権を資産に計上した日及び営業権の譲渡者が営業権の譲渡対価を雑収入に計上した日は，いずれも平成10年１月１日以後であること，ｃ店舗内の酒類の在庫の引継ぎは平成10年１月１日に行われていることが認められるから，営業権の譲渡者が店舗内で酒類の販売をしていた平成９年12月31日以前に営業権の引渡しがあったとすることは相当でなく，請求人による酒類の販売が可能となった酒類販売業免許の日である平成10年１月１日を本件営業権（後述する）の引渡しの日とするのが相当である。

　本件の問題となっている消費税の課税期間は，平成10年１月１日から同年12

第4章　消費税法に関する判例・裁決例研究

月31日までである。

　基礎事実は次のようである。請求人は，平成8年9月11日にE税務署管内においてFコンビニG店（以下，本件店舗という）としてコンビニエンスストアを開業し，平成10年1月1日から酒類の販売を開始した。請求人は，平成9年10月31日に，株式会社H（以下，H社という）との間で，H社が本件店舗内において経営する酒類小売販売の営業権（以下，本件営業権という）を譲り受け，営業譲渡期日は酒類販売免許変更通知の日とする旨を約した営業権譲渡契約書（以下，本件契約書という）を取り交わした。前述したように，平成9年12月17日付の酒類販売業免許通知書（以下，本件通知書という）により，E税務署長は請求人に対して酒類販売業免許を平成10年1月1日付で免許した旨通知した。一方，H社に対しては，同税務署長は，平成9年12月17日付の酒類販売業免許取消通知書により，酒類販売免許を平成10年1月1日付で取り消した旨通知した。

　原処分庁の主張は次のようである。法基本通達11－3－3により，請求人が譲り受けた本件営業権は，固定資産のうち無形減価償却資産にあたることから，本件営業権を取得した日の属する課税期間の課税仕入れとなる。この営業権を取得した日とは，本件営業権を譲り受けた日であり，その引渡しを受けた日となる。

　本件契約書には，営業譲渡期日は酒類販売免許変更通知の日とする旨記載されていることから，E税務署長が，酒税法21条の規定に基づいて請求人及びH社にそれぞれ免許及び免許の取り消しを通知した日に営業権譲渡契約の条件が満たされ，請求人は本件営業権を譲り受け，その引渡しを受けたことになり，請求人が本件営業権を取得した日は平成9年12月17日となる。

　なお，請求人が本件営業権の取得の日と主張する平成10年1月1日は，酒税法9条に規定する酒類の販売が可能となる免許の効力発生の日であり，本件営業権を取得した日ではない。

　したがって，本件営業権に係る課税仕入れの時期は，平成9年12月17日の属する課税期間となる。

これに対し，請求人の主張は次のようになる。法基本通達9－1－13の注書きにより，同基本通達9－1－2では，引渡しの日の例示として，相手方において使用収益ができることとなった日が掲げられているので，本件営業権に係る課税仕入れの時期は，請求人が本件店舗内において酒類を販売することが可能となり，請求人が本件営業権を実際に使用収益できることとなった平成10年1月1日に属する本件課税期間となる。

　裁決は，原処分庁の主張を退け，請求人の主張を取り入れたものとなっている。

　まず，請求人とH社の関係は次のように事実認定を行っている。請求人は，コンビニエンスストアを開業するには酒類販売業免許が必要であったことからその申請をすべく検討していたところ，P市において酒類小売業を営むH社が営業譲渡を考えていることを知り，H社から営業を譲り受けて，所轄税務署長に酒類販売業免許の申請をすることを企図した。しかし，営業の譲受けに伴う酒類販売業免許の申請については，同一販売所における営業の譲受けでなければ容易に免許されないこと，また，本件店舗内にH社の酒類販売業免許の移転が許可されてもその後1年間は営業の譲受けに伴う酒類販売業免許の申請は認められないことから，請求人とH社は，まず，H社が本件店舗内の一部を酒類販売場とする酒類販売業免許を受け一定期間本件店舗内で営業し，その後，請求人が，H社から営業を譲り受けたうえで免許の申請を行うこととした。

　また，請求人は，H社に対し総額1千万円を支払い，平成10年4月30日に営業権の資産計上を行った。一方，H社は，平成10年1月7日に雑収入として1千万円計上した。請求人は，当審判所に対し，本件店舗では開店した平成8年9月11日から平成9年12月31日までH社がテナントとして酒類の販売をしていた旨答述し，H社の代表者であるIの当審判所に対する請求人と同旨の答述並びに請求人及びH社が提出した帳簿によれば，その事実が認められた。

　H社の代表者であるIは，当審判所に対し，「本件契約書の用紙は，本件営業権の譲渡を直接仲介したJ社の担当者が持ってきたもので，この中に書いてある酒類販売免許変更通知の日は，税務署長から通知があった平成9年12月17

第4章 消費税法に関する判例・裁決例研究

日であるが，営業譲渡の日は平成10年1月1日の免許の日であると思う。」旨答述した。

J社の担当者は，当審判所に対し，「本件契約書の用紙は当社が交付したものであるが，本件通知書が事前に交付されても酒類販売業免許がなければ営業できないのであるから，本件契約書に記載されている酒類販売免許変更通知の日は，当然に平成10年1月1日のことである。」旨及び「本件契約書によりH社から請求人に引き渡された資産は営業権のみであるから，免許の日と営業権の譲渡の日は一致する。」旨答述した。

以上のような認定事実より，本件営業権の引渡しの日は，本件契約書によっても，本件通知書の交付日を想定しているのか，本件通知書に記載された免許の日を想定しているのかが必ずしも明らかではなく，仮に，本件通知書の交付日をいうとしても，税務上の固定資産の引渡しの日は，基本通達9－1－13により，契約書の文言にとらわれることなく，取引の実態により判断すべきであるから，本件通知書の交付日をもって直ちに本件営業権の引渡しの日と判断するのは相当ではないとした。

酒類販売業に係る営業権の引渡しの日がいつであるかについては，H社が平成9年12月31日まで本件店舗内で酒類の販売をしていたこと，請求人が本件営業権を資産に計上した日及びH社が本件営業権の譲渡の対価を雑収入に計上した日はいずれも平成10年1月1日以後であること等から，請求人による酒類の販売が可能となった酒類販売業の免許の日である平成10年1月1日を本件営業権の引渡しの日とするのが相当であるとした。

本件は，原処分庁の主張が棄却された事例であるが，原処分庁が営業権譲渡契約書に「営業譲渡期日は，酒類販売免許変更通知の日とする。」旨記載されていることから，請求人が税務署長から通知を受けた日をもって営業権の引渡日と主張したことは，実際の取引や営業の実態を考慮することなく，契約書の文言に基づき杓子定規に営業権の引渡日を判断したわけで，税務上の判断は実態に基づき行うのが妥当であり，当審判所の判断を支持したい。

B ＜平成13年2月23日裁決＞[23]

　裁決の要旨は次のようである。本件の問題となっている消費税の課税期間は，平成9年1月1日から同年12月31日までである（以下，本件課税期間という）。請求人は，本件課税期間末日に終了した代理店契約に係る期末在庫商品（以下，本件在庫品という）を仕入先へ引き渡したのは翌課税期間であるから，消費税等の計算にあたり，本件在庫品の課税仕入れに係る消費税額を翌課税期間の課税仕入れ等に係る消費税額から控除すべきである旨主張する。

　しかしながら，本件在庫品の引渡時期を請求人と仕入先とで定めた規定はないことから，本件代理店契約（後述する）に基づく仕入取引の内容，請求人の経理処理，倉庫会社に対する荷渡指図書等関係処理，関係者の認識等を総合的に審理した結果，本件課税期間末日の午後12時の時点において本件代理店契約，保険契約等が終了し，同時に本件在庫品の所有権も相手方に移転したと解するのが相当であり，本件課税期間において本件在庫品に係る消費税額を課税仕入れ等に係る消費税額から控除すべきである。

　基礎事実は次のようである。請求人は，F社と，昭和59年4月13日付の「日本国内における○○○の販売代理店契約」と題する契約書及び平成2年7月15日付の確認書と題する書面により，F社の○○○商品の販売代理店契約（以下，本件代理店契約という）を締結し，これに基づき，同社から仕入れた当該商品を日本国内において独占的に販売していたが，平成9年6月26日付で，F社から，本件代理店契約の解約通知（以下，本件解約通知という）を受けたことから，同年12月31日をもって，本件代理店契約は終了することとなった。本件代理店契約の「契約終了の際にはF社はG（請求人）がF社に対しての未払い分を差し引いたGの持つ在庫品を買い戻すことを了承します。」の条項に基づき，本件在庫品は，F社に引き渡される（以下，同条項に基づく引渡しを，便宜上，本件買戻しという）こととなった。

　請求人は，本件在庫品を，H社及びI社（以下，H社，I社，その他の倉庫会社をあわせて本件倉庫会社という）の倉庫に保管して占有していたが，本件買戻しにあたり，本件倉庫会社に対し，平成9年12月31日をもって，本件在庫

第4章　消費税法に関する判例・裁決例研究

品をＦ社のために占有するよう指示する方法によりこれを引き渡した。

　請求人の主張は次のようになる。本件買戻しは，本件在庫品をＦ社に売り渡したのであって返品ではないのであるから，本件買戻しを本件在庫品の返品であるとして，その支払対価の額に係る買掛金の減額を受けたとされたことは納得できない。本件買戻しが返品であるとする原処分庁の立場にたったとしても，本件在庫品の支払対価の額に係る買掛金の減額を受けた時期は，本件代理店契約の終期が平成9年12月31日の終了の時点であるから，この終期を経過した後，すなわち，本件課税期間の翌課税期間である平成10年1月1日午前零時以降というべきである。

　そして，本件在庫品の引渡しは(イ)H社が，平成10年1月に，請求人に対して，平成9年12月31日付の本件在庫品に係る在庫証明書（以下，本件在庫品証明書という）を発行していること，(ロ)請求人は，Ｋ社が発行した「平成9年12月分○○○商品に係る貨物保険料請求書」に記載されているとおり，本件代理店契約により仕入れた商品に係る保険料を平成9年12月31日分まで支払っており，Ｋ社も，平成10年1月1日をもって本件在庫品の所有権がＦ社に移転したものと認識していること，(ハ)請求人は，仕入れた日から2ヶ月を超える在庫品に係る倉庫料をＦ社が負担する旨の約定に基づき，平成9年12月31日の本件在庫品の倉庫料として同社から支払いを受けていることに照らすと，平成10年1月1日午前零時以降の指図による占有移転の方法により引き渡されたものといえる。

　これらの点からしても，本件在庫品の課税仕入れに係る支払対価の額の返還を受けた日の属する課税期間は，本件課税期間の翌課税期間というべきである。

　なお，請求人は本件課税期間内に本件在庫品に係る請求書等をＦ社に発行しておらず，このため，請求人と消費税の課税期間を同じくするＦ社は，法30条の規定により，その課税期間の消費税額から本件在庫品に係る消費税額を控除することができないことに照らすと，請求人においても，本件在庫品に係る消費税額の控除を受けられないというのは不合理というべきである。

　これに対し，原処分庁の主張は次のようである。請求人は，本件買戻しにあたって，当初の仕入れ価格による支払対価の額に係る買掛金の減額を受けて，

平成10年１月の会計処理において，売上勘定を増額することなく，商品勘定を減額させ，あわせて課税仕入れに係る消費税の控除額を減額させる経理処理をしている。これは法32条１項に規定する返品をしたことにより，その支払対価の額に係る買掛金の減額を受けた場合にあたるというべきであり，その返品は，次の事実により，本件課税期間において行われたものであることから，本件課税期間における課税仕入れ等の消費税額から本件在庫品の課税仕入れに係る消費税額を控除すべきであるとした。

　請求人は，前述した理由により平成10年１月１日以降に本件在庫品の支払対価の額に係る買掛金の減額を受けた旨主張するが，本件代理店契約においては，当該契約が終了する場合，販売可能な在庫品は，Ｆ社が「買い戻す」旨定められ，また，本件荷渡指図書においては，請求人は，平成９年12月31日をもって，本件在庫品の所有権をＦ社に移転するとしているのであり，本件在庫品の支払対価の額に係る買掛金の減額の処理は，本件課税期間で行うべきである。

　裁決は，請求人の主張を退け，原処分庁の主張を取り入れたものとなっている。当審判所の判断は次のようである。

　本件代理店契約では「買い戻す」旨を規定している事実のほか，当初，当該契約が終了する場合，請求人がＦ社から仕入れた売却可能な状態にある在庫品を，特段の合意がない限り，Ｆ社が指定する者にＦ社の売値で再販売するとしていたが，その後，これをＦ社が請求人から在庫品を買い戻す旨の約定に改めたという事実が判明した。また，Ｆ社は，約定に基づき，同社の売値と同額で本件在庫品について本件買戻しを行った。請求人は，前述したように会計処理においては，売上勘定を増額することなく，仕入勘定と買掛金勘定の減額処理をしている。

　よって，請求人は，本件代理店契約に基づき，本件在庫品を売り戻したのであるから，本件買戻しは法32条１項に規定する返品には該当しない旨の主張は受け入れられないとした。

　支払対価の額に係る買掛金の減額を受けた時期についてであるが，本件の場合，本件在庫品の所有権が移転した日が問題となるが，本件買戻しは，本件代

第4章 消費税法に関する判例・裁決例研究

理店契約の終了の際に，Ｆ社が請求人から在庫品を買い戻すというものであるから，当該契約の終了と同時に本件在庫品の数量は確定し，返還に係る支払対価の額も確定することに照らすと，本件買戻しが行われたのは，本件代理店契約の終了後と解するまでの必然性はないとした。

　この点については，(イ)請求人とＦ社は，平成9年8月，9月頃，本件買戻しの時期について協議していること，(ロ)その際，請求人は，平成10年1月付で本件買戻しを行うことを求めたが，Ｆ社が平成9年12月31日までの本件買戻しの完了を希望したことから，請求人もこれに合意し，同日までにこれを完了するよう準備を進め，平成10年1月において前述したような会計処理を行っていること，(ハ)他方，Ｆ社においても，平成9年12月31日までに本件買戻しを完了するとの認識のもと，12月27日の本件倉庫会社の業務終了時点における本件在庫品の数量を記載した本件在庫証明書に基づき経理処理をしたことが認められている。

　これらの事実に照らすと，本件在庫品は，本件課税期間中である平成9年12月31日をもって，Ｆ社に引き渡されたものと解するのが相当であり，したがって，本件在庫品の支払対価の額に係る買掛金の減額を受けた日の属する課税期間は，本件課税期間と認められるとした。

　なお，請求人の，同人と消費税の課税期間を同じくするＦ社において，当該期間の消費税額から，本件在庫品に係る消費税額を控除することができないのであるから，本件在庫品に係る消費税額の控除を請求人においても受けられないのは不合理であるとの主張も，Ｆ社における会計処理の当否が本件争点の判断を左右するものではないとして退けられた。

　以上，請求人，原処分庁の主張，そして審判所の判断を検討し，本件代理店契約にある買戻しの規定を盛り込む経緯や，Ｆ社の売値と同額で本件在庫品について売り戻しを行ったこと等を考慮すると，請求人の主張する本件在庫品のＦ社への売り戻しとの主張は受け入れ難く，請求人の行った今回の行為は，返品行為そのものであったといえる。また，請求人が行った会計処理をみても，売上勘定を増額させることなく，商品勘定を減少させたり，未収入金勘定を増

243

額させていることは，返品を想定させる仕訳処理であると考えざるを得ない。支払対価の額に係る買掛金の減額の時期についても，平成9年12月31日をもって本件買戻しを完了する認識のもとF社も経理処理をしたことが認められるので，本件在庫品の所有権の移転日は同年12月31日であったと考えられ，原処分庁の主張や当審判所の判断は妥当なものであるといえる。

(3) 課税仕入れ等の税額の算出をめぐる事例

課税仕入れ等の税額の算出に関する事例は，判例よりも裁決例に多くみられ，裁決例にてその詳細の検討を行う。

課税仕入れ等の税額の算出に関する裁決例には，課税仕入れ等の税額の算出にあたり，個別対応方式による計算は，一括比例配分方式により計算することとする課税期間が2年を経過していないため，当該方式による計算はできないとした事例（平成7年4月18日裁決），請求人が採用した個別対応方式における課税資産の譲渡等に要するものとその他の資産の譲渡等に要するものとの区分方法は合理的基準の1つであるとして，異議決定で採用した一括比例配分方式による計算を排斥した事例（平成13年12月21日裁決），個別対応方式により課税仕入れに係る消費税額を計算する場合における「課税資産の譲渡等にのみ要するもの」，「その他の資産の譲渡等にのみ要するもの」及び「課税資産の譲渡等とその他の資産の譲渡等に共通して要するもの」の区分は個々の課税仕入れについて行う必要があるとした事例（平成19年2月14日裁決），土地とともに取得した建物の課税仕入れに係る支払対価の額は売買契約書に記載された建物の価額によるべきとした事例（平成20年5月8日裁決）等がある。

これらの裁決例の中で次のものについてみてみよう。

＜平成13年12月21日裁決＞[24]

裁決の要旨は次のようである。原処分庁は，請求人が不動産の賃貸収入に係る課税仕入れの消費税額を個別対応方式により計算して申告したことについて，建物の建築費が「課税資産の譲渡等に要するもの」と「その他の資産の譲渡等

第4章　消費税法に関する判例・裁決例研究

に要するもの」に明確に区分されていないので，一括比例配分方式により課税仕入れの消費税額を計算すべきであると主張する。

　しかしながら，請求人の建物の建築費の区分方法は，当該建築費の大部分を共通の資産の譲渡等に要するものであると認識したうえで，これを建物の使用面積割合で課税資産の譲渡等に要するものと，その他の資産の譲渡等に要するものに区分するというものであって，合理的な基準の1つであると認められるところ，請求人の個別対応方式による課税仕入れの消費税の計算は正当である。

　本件の問題となっている消費税の課税期間は，平成8年1月1日から同年12月31日までである。

　基礎事実は次のようである。請求人は法5条1項に規定する納税義務者であり，本件課税期間の課税売上割合は95%未満である。請求人及び請求人の子であるHは，Q市R町のF社に依頼してQ市S町所在の土地上に地上8階建の鉄鋼造りの建物（以下，本件建物という）を建築した。本件建物は，請求人の持分が100分の22，Hの持分が100分の78である。また，本件建物の各部屋はすべて賃貸目的であり，その用途は1階から5階までの各階及び8階の一部が店舗又は事務所（以下，事務所等という）用，6階及び7階の各階並びに8階の残りの部分がワンルームタイプの共同住宅用である。なお，共同住宅の貸し付けについては，法6条1項に規定する別表第1の13（住宅の貸付け）に該当する（非課税項目）。

　原処分庁の主張は次のようである。まず，請求人の関与税理士であるM（以下，M税理士という）は，原処分庁所属の調査担当職員に対し，本件建物の建築費（以下，本件建築費という）について，a課税資産の譲渡等にのみ要するもの，b課税資産の譲渡等以外の資産の譲渡等（以下，その他の資産の譲渡等という）にのみ要するもの及びc課税資産の譲渡等とその他の資産の譲渡等に共通して要するもの（以下，共通の資産の譲渡等に要するものという）の区分（以下，本件区分という）が明確にできなかったので，本件建物の総床面積に事務所等の床面積が占める割合（以下，本件使用面積割合という）により，課税資産の譲渡等にのみ要するものとその他の資産の譲渡等にのみ要するものに

245

区分（以下，課非区分という）をした旨述べている。

本件建物の設計概要書及び各階平面図によれば，事務所等と共同住宅の構造及び設備には明らかな差異が認められる。

本件建物の見積書からは，事務所等と共同住宅の内部造作，躯体，電気設備及びその他の共通設備の課税仕入れについて本件区分を明らかにすることができない。

本件建築費の場合，以上の事実から本件区分が明らかにされているとは認められないので，課税仕入れ等に係る消費税額の計算について個別対応方式により仕入税額控除の計算を行うことはできず，一括比例配分方式によって計算することになる。

これに対し，請求人の主張は次のようになる。本件建築費については，共通の資産の譲渡等に要するものに該当する課税仕入れ等であるので，法基本通達11－2－19に定める「合理的な基準」として本件使用面積割合により課非区分した。したがって，請求人は本件区分を明らかにしており，個別対応方式により仕入控除税額を計算すべきである。

また，本件使用面積割合を用いた場合，本件建物のすべての部屋の床面積の合計に占める事務所等に係る部屋の床面積の合計の割合は73.2％となり，これは本件建物がすべて賃貸された場合の見込み月額賃料の総額のうちに事務所等の貸付けに係る見込み月額賃料が占める割合とほぼ同水準であることから，本件使用面積割合による区分は合理的といえる。

裁決は，原処分庁の主張を退け，請求人の主張を取り入れたものとなっている。当審判所の判断は次のようである。

請求人が本件建築費の課非区分にあたって採用した本件使用面積割合は，次の理由により，同法基本通達に定める合理的な基準であると認められるとした。

(イ) 事務所等用及び共同住宅用の用途（以下，各用途という）に共通して利用される建物については，各用途の使用面積に応じて利用されるので，その建物の利用の実態に応じた，各用途ごとの使用面積割合により，当

該建物の建築費を課非区分することは，各用途ごとの建築単価がほぼ同一であれば合理的と認められる。

(ロ) 建物の建築費のうち大部分を占める基礎工事，駆体工事，外装工事等の費用については，各用途に共通して係る費用であり，その１㎡当たりの建築単価は同一と認められるので，これらの費用については，各用途ごとの使用面積割合による課非区分が合理的と認められる。

(ハ) 原処分庁は，前述したように，事務所等と共同住宅の構造及び設備には明らかな差異が認められる旨主張している。しかしながら，本件建築費の見積額をもとに当審判所において試算したところ，事務所等の譲渡等にのみ要する金額とその他共同住宅の譲渡等にのみ要する金額との割合は，各用途ごとの使用面積の割合と比較して，さほど明確な差異はなく，かつ，共通の資産の譲渡等に要する金額が，本件建築費の見積額のうちの大部分を占めていることから，本件建物の建築費全体に対して，本件使用面積割合に基づいて行った本件の課非区分は合理的と認められる。

また，原処分庁は，請求人が課税仕入れ等について本件区分を明らかにしていないことを理由に，一括比例配分方式を採用するべきである旨を主張しているが，次のように反論している。請求人は，本件建築費を共通の資産の譲渡等に要するものに該当する課税仕入れとしたうえで，本件使用面積割合により課非区分をしており，本件使用面積割合は，同法基本通達に定める合理的な基準と認められることから，本件建築費について，本件区分は明らかにされているものと認められる。

また，請求人は，本件課税期間において本件建築費以外の課税仕入れである修繕費，管理費及び雑費についても本件区分を明らかにしているので，法30条２項１号の要件に該当し，請求人が，消費税の仕入税額控除の計算において，個別対応方式を適用することは相当と認められる。

本件は，請求人が課税仕入れ等に係る消費税額の計算において採用した法30条2項1号に規定する方法（個別対応方式）の適用の可否を主な争点とする事案であるが，具体的には，本件建築費の扱いをどうするのかという点であるといえる。請求人は本件建築費を，共通の資産の譲渡等に要するものに該当する課税仕入れ等と判断し，同法基本通達により本件使用面積割合に基づき課非区分を行っている。

　これに対し，原処分庁は，請求人が課税仕入れ等について本件区分を明らかにしていないことを理由に，個別対応方式を採用することはできず，一括比例配分方式を採用するしかないと主張している。

　当審判所の判断は，まず，本件建築費を共通の資産の譲渡等に要するものに該当する課税仕入れとした請求人の主張を認め，そして，本件建築費の見積額をもとに，当審判所において，事業所等の譲渡等のみに要する金額とその他の共同住宅の譲渡等のみに要する金額を試算し，これらの割合が，請求人が行った本件使用面積割合に基づくものとさほど明確な差異がなく，かつ，共通の資産の譲渡等に要する金額が，本件建築費の見積額のうちの大部分を占めていることを根拠として，本件使用面積割合に基づいて行った課非区分は合理的であるとしたものといえる。

　本件の場合，原処分庁の主張にあるM税理士の本件区分が明確にできなかったので本件使用面積割合により課非区分をした旨の記述等は，請求人にとって若干不利な面もみられるものの，本件建築費以外の修繕費，管理費及び雑費についても本件区分を明らかにしている点を考慮すれば，本件建築費を共通の資産の譲渡等に要するものに該当するとして，本件使用面積割合を合理的なものとして原処分庁の主張を退けた当審判所の判断は妥当なものであると考えられる。

(4) 仕入税額控除の不適用をめぐる事例

　仕入税額控除の不適用に関する事例には，主なものとして，帳簿等の記載不

第4章 消費税法に関する判例・裁決例研究

備によるものと，帳簿等の不提示によるものがある。仕入税額控除は，原則として，事業者が課税仕入れの相手方の氏名・名称，課税仕入れの年月日，課税仕入れに係る資産又は役務の内容，課税仕入れに係る支払対価の額等を記載した帳簿及び前段階の事業者から交付される請求書等で，その作成者の氏名・名称，課税資産の譲渡等の年月日，課税資産の譲渡等に係る資産又は役務の内容，課税資産の資産等の対価の額，その交付を受ける事業者の氏名・名称等を記載したものを保存している場合に限り認められることになっている[25]。

また，帳簿及び請求書等に相手方及び文書作成者の氏名・名称等が欠けていたり，記載されている氏名・名称等が架空のものである場合には，原則として仕入税額控除は認められないと解されている。帳簿等の記載不備については，判例，裁決例において，このような判断が数多く示されている。

判例では，平成9年8月28日東京地裁判決・平成7年（行ウ）232号が代表的なものである。裁決例では，帳簿等には，仕入先としてその氏名の氏に相当する部分が記載されているのみであり，また，請求人は，本件の調査の際に本件の仕入先を明らかにして記載不備を補完しようとしなかったことから，帳簿又は請求書等の保存がない場合に該当するとして，仕入税額控除の適用は認められないとした事例（平成6年12月12日裁決），絵画美術品の仕入先元帳等に記載された取引の相手方の氏名又は名称について，その氏名又は名称が虚偽のものと推定されるとして，仕入税額控除を適用することはできないとした事例（平成6年12月21日裁決），店頭における商品の仕入れに際し，仕入先が言うままの名称を帳簿等に記載している仕入取引については，その名称が真実のものでないと推認されるとして，仕入税額控除は適用できないとした事例（平成7年5月31日裁決），仕入税額控除に係る請求書等には，真実の仕入先の氏名等が記載されておらず，また，その仕入先が真実であると信じざるを得ない状況にはなかったとして仕入税額控除を否認した事例（平成14年4月3日裁決）等がある。

なお，平成9年3月31日以前は，帳簿又は請求書等の保存が義務づけられていたが，制度の信頼性，課税・非課税判定等の利便性，正確性の観点から，平

成6年の税制改正において，平成9年4月1日以降は，帳簿及び請求書等の保存が義務づけられている。

次に，質問・検査の際に，納税者が，これらの帳簿及び請求書等を正当な理由なしに提示しなかった場合の取扱いはどのようになるのであるか検討してみよう。この問題は，法30条7項に規定する帳簿等の「保存」の意義をめぐるものである。本項においては，帳簿等の不提示に関する事例をみていくことにする。

これまでの判例及び裁決例の判断は，帳簿及び請求書等を正当な理由がなく提示しなかった場合には，質問・検査の時点でいつでも提示ができる状態で適式な帳簿及び請求書等を保存していたこと，及び，提示を拒否したことには正当な理由があったことを納税者が立証しない限り，適式な帳簿等の保存はなかったものとみなされ，仕入税額控除は認められないという傾向があるといえる[26]。

帳簿等の不提示に関する判例及び裁決例には次のようなものがある。平成10年8月10日大阪地裁判決・平成7（行ウ）25号，平成10年9月10日津地裁判決・平成6年（行ウ）9号，(この控訴審平成12年3月24日名古屋高裁判決・平成10年（行コ）32号）, 平成10年9月30日東京地裁判決・平成6年（行ウ）229号，平成11年3月30日東京地裁判決・平成8年（行ウ）143号，平成11年6月9日横浜地裁判決・平成7年（行ウ）16号等多くの判例がある。裁決例では，消費税の仕入税額控除について，当初調査において帳簿等の提示がなかったから，適用は認められないとした事例（平成5年11月16日裁決），税務調査において課税仕入れ等の税額の控除に係る帳簿及び請求書等の提示がされなかったとして仕入税額控除の適用が認められないとした事例（平成19年10月3日裁決），真実の仕入先の名称等が記載されていない帳簿等は帳簿保存要件を満たす帳簿等には該当しないから，これに係る消費税の仕入税額控除は認められないとした事例（平成21年1月28日裁決）等がある。帳簿等の不提示については，国税不服審判所の判断では納得せず，裁判訴訟にまで持ち込まれている事例が多い。

この中で代表的な判例についてみていこう。

第4章　消費税法に関する判例・裁決例研究

A ＜平成10年8月10日大阪地裁判決・平成7年（行ウ）25号＞[27]

　本件は，電気工事業を営む納税者の平成3年分の課税期間に係る消費税の更正処分等の適否が争われたもので，法30条7項の帳簿等の「保存」の意義，及びいわゆる訴訟段階における帳簿等の後出しによる仕入税額控除の適用の可否が主な争点となった事例である。

　本件の問題となっている消費税の課税期間は，平成3年1月1日から同年12月31日までである。

　まず本件の請求原因についてであるが，原告は，課税仕入れに係る帳簿等を保存し，税務調査に関して被告署長の担当職員にこれを提示したにもかかわらず，被告署長が，民主商工会の事務職員が立ち会っていたことを理由に，帳簿等の確認義務を尽くさず，帳簿等の保存がないとして，仕入税額控除を否定したとして国税不服審判所に申立てを行ったが，この裁決において，原告が審査請求手続において課税仕入れに係る帳簿等を提出したにもかかわらず，審査請求手続に先立つ税務調査時に被告署長の担当職員が帳簿等を確認できなかった以上その後に帳簿等が提出されても仕入税額控除はできないと判断されたことを不服とし，本件裁決の取り消しを求めたものである。

　課税仕入れに係る消費税額についての被告の主張は次のようである。原告は，税務調査において被告署長の担当職員から消費税に関する帳簿書類等の提示を求められたにもかかわらず，税理士資格のない第三者の立会いに固執して，これに応じず，結局，帳簿書類等を提示するにも至らなかった。このような場合は，法30条7項の「課税仕入れ等の税額の控除に係る帳簿又は請求書等を保存しない場合」に該当するので，本件課税期間においては，課税仕入れに係る消費税額の控除はない。

　さらに，法30条8項1号は「帳簿」について課税仕入れの相手方の氏名又は名称，課税仕入れに係る資産又は役務の内容，課税仕入れに係る支払対価の額の記載を，同条9項1号は「請求書等」について書類の作成者の氏名又は名称，課税資産の譲渡等を行った年月日，課税資産の譲渡等に係る資産又は役務の内容，課税資産の譲渡等の対価の額，書類の交付を受ける当該事業者の氏名又は

名称の記載を厳格に要求しており、よって、これ以外の資料によっては仕入税額の控除を許さない趣旨であるとした。

また同条7項の「保存」は、税務職員の適法な税務調査に応じて直ちに提出できる状態での保存をいうもので、税務調査の際にその提示を求めたにもかかわらず、事業者がこれを拒絶した場合は、同項の帳簿又は請求書等を「保存しない場合」に該当するとした。

原告、被告の主張をふまえて、大阪地裁は、次のとおり判示して、結果として原告の主張を退けた。

① 「(法30条7項の規定は、課税仕入れがあった事実に加えて)右の課税仕入れに係る同条8、9項所定の記載事項の要件を満たした帳簿又は請求書等を右訴訟の違法判断の基準時である更正処分時まで保存していた事実、または災害その他やむを得ない事情によりその保存をすることができなかった事実を事業者が主張・立証したときに限り、仕入税額控除をすべきことになると解すべきである。」

② 「保存という文言の通常の意味からしても、また、法全体の解釈からしても、税務調査の際に事業者が帳簿又は請求書等の提示を拒否したことを、法30条7項の保存がない場合に該当する、あるいはそれと同視した結果に結びつける被告らの主張は、もはや法解釈の域を超えるものといわざるを得ない。」

③ 「(事業者が何らかの理由により税務調査を拒否した場合において)仕入税額控除を実現したい場合には、更正処分の後の異議申立て、審査請求、さらには更正処分取消訴訟を提起することによる負担を負うことになる。そして、右の各手続において右の帳簿又は請求書等であるとする書証が提出されて処分当時にそれらを事業者が所持・保管していたことを証明した場合には、異議庁、裁決庁それに裁判所は、提示を拒否したとの一言でもって仕入税額控除を否定するのではなく、提出された請求書等に該当するとされる書面を慎重に検討し、果たして法30条8項、9項所定の事項が記載されているのか、それを事業者が保存期間の始期から継続的に所持・

第4章　消費税法に関する判例・裁決例研究

保管していたのかどうか，そもそも，課税仕入れの事実があったのかどうかについて審理し，そのいずれもが肯定される場合には，仕入税額控除を認め，これを認めなかった更正処分を取り消す判断をすることになる。」

④　「法30条9項の法定事項は，課税仕入れに係る適正かつ正確な消費税額を容易に把握し，真に課税仕入れが存在するものかどうかを確認するために必要な事項として定めたものであり，法施行令附則14条の規定に照らしても，そのうち1つでも完全な記載を欠くならば本来は請求書等に該当しないといわなければならない。もっとも，その記載事項の内容は，他の資料によってその内容が明確に特定される場合もあり得るし，常に右請求書等に該当する1つの書面だけにすべての法定調書が完全に記載されていなくても，他の書類によって法定事項が補完される場合もあり得ると解する余地もあるが，そのように解するとしても，右の趣旨からすると，少なくとも，補完するための書類も請求書等と同様に事業者の相手方が作成したものであり，かつ，法定の保存期間の始期から継続して保存（所持・保管という通常の意味）している必要があるというべきであり，保存期間の始期の後に事業者が課税仕入れの相手方からその作成に係る右の保管のための書類を取得し，以後これを保持・保管していても，全期間にわたる継続した所持・保管の要件を欠くというべきである。」

当判決は，法30条7項の「保存」には，税務調査時の「提示」も含まれると解することは，法解釈の域を超えるものであるとして，被告の主張を退けたことが特徴であるといえる。また，いわゆる帳簿等の訴訟段階等における後出しによる仕入税額控除の可否についても肯定している。さらに，被告の帳簿，請求書等以外の資料によっては仕入税額の控除を許さないとの主張も受け入れていない。つまり，前述した国税不服審判所の判断を否定するものであったといえる。

にもかかわらず原告の請求が棄却された理由は，原告が仕入税額控除を行った各課税仕入れについて保存していた請求書等が，法30条9項に規定する記載要件を満たしているかどうか逐一検討し，その結果その要件を満たしていない

こと等によるもので，課税庁が納税者に消費税額を推計するにあたり仕入税額を控除しなかった処分は適法であるとされた事例である。

なお，次に名古屋高裁判決（その原審である津地裁判決）等の詳細をみていくが，法30条7項の「保存」の意義に「提示」は含まれないと解する判例や，いわゆる帳簿等の後出しによる仕入税額控除を認めている判例は，この大阪地裁の判例のみである[28]。

B ＜平成12年3月24日名古屋高裁判決・平成10年（行コ）第32号＞[29]

本件は平成10年9月10日津地裁判決の控訴審であるが，第一審と同様，税務調査時に帳簿等を提示しなかったことが，法30条7項が規定する帳簿等の「保存」がない場合にあたるか否か，また訴訟段階で帳簿等を提示した場合の仕入税額控除の適用可否が争点となった事例である。

本件の問題となっている消費税の課税期間は，平成元年5月1日から平成2年4月30日まで，平成2年5月1日から平成3年4月30日まで，及び平成3年5月1日から平成4年4月30日までである。

まず，原審である津地裁の判例について簡単にみてみる[30]。

本件の事案は，税務調査時の税務職員のコピーをめぐって，納税者と課税庁との間で紛争が生じたもので，原告が，本件調査を事前通知なしの調査とし，税務職員に対し身分証明書の提示のみならず，身分証明書のコピーを要求して，この要求が受け入れられないことを理由に帳簿等の提示を拒否したことが発端である。

原告の主張は次のようである。法30条7項は，納税者が「帳簿等を保存しない場合」には仕入税額控除をしない旨定めているが，非累積税たる消費税の本質に照らせば，同項は限定的に解されるべきであるから，帳簿等の保存がなくとも他の証拠資料により仕入税額を合理的に推認し得る場合は仕入税額控除を認めるべきである。「帳簿等の保存」が仕入税額控除の要件であるとしても，「保存」とは物理的な保存を意味するところ，原告は本件各処分当時，帳簿等を適正に保存していた。さらに，仮に帳簿等の提示が仕入税額控除の要件であるとしても，原告が帳簿等の提示を拒否したことはない。

254

第4章 消費税法に関する判例・裁決例研究

　また，法30条7項の解釈において「保存」が「提示」を前提としていると解することは租税法律主義に違反するものであり，提示拒否の場合に仕入税額控除が認められないとすれば，税務職員の主観的な判断により適用の可否が左右される危険性がある。

　したがって，いずれにしても法30条7項を適用して，仕入税額控除を全面否認した本件各処分は違法である。

　これに対し被告の主張は次のようである。法30条7項は，納税者が「当該課税期間の課税仕入れ等の税額の控除に係る帳簿又は請求書等を保存しない場合」には，課税仕入れに係る税額を控除しないとしているところ，右にいう「帳簿等の保存」とは，物理的な帳簿等の保存があることのみならず，適法な税務調査に応じて直ちに提示できる状態での保存をいうと解するのが相当である。しかるに，原告は，本件調査において被告係官から適法な提示要請がされたにもかかわらず，正当な理由なく帳簿等の提示を拒否した。したがって，被告は，法30条7項を適用して仕入税額控除を否認したものであり，本件各処分は適法である。

　原告，被告の主張をふまえて，津地裁は，次のとおり判示して，原告の主張を棄却した。

① 「法30条7項にいう帳簿等の保存とは，単なる客観的な帳簿等の保存と解すべきでなく，税務職員による適法な提示要請に対して，帳簿等の保存の有無及びその記載内容を確認する状態に置くことを含むと解するのが相当である。これを納税者の側からみると，税務調査において帳簿等の開示を拒否した納税者は，仕入税額控除を受けることができないこととなるが，帳簿等を適正に保存さえしていれば，納税者が税務調査においてそれを提示することは極めて容易であり，その機会も十分に与えられるのであるから，敢えて課税処分がなされた後に帳簿等の提出権を認めなければならない合理的な理由はない。したがって，納税者が税務職員による適法な提示要求に対して，正当な理由なくして帳簿等の提示を拒否したときは，後に不服申立手続又は訴訟手続において帳簿等を提示しても，これによって仕

入税額の控除を認めることはできないというべきである。」

② 「法30条7項にいう帳簿等の保存とは，単なる物理的保存ではなく，税務職員の適法な提示要求に応じて，税務職員が帳簿等の保存状況及びその内容を確認し得る状態に置くことを含んでいると解されるから，納税者が正当な理由なく帳簿等の提示に応じなかった場合には，法30条7項にいう帳簿等を保存しない場合に該当し，納税者は法30条1項による仕入税額控除を受けることができない。ただし，仕入税額控除の否認が納税者に対して重い税負担をもたらすことに照らせば，納税者が帳簿等の提示を拒否したかどうかを認定するにあたっては，一定の慎重さが要求されるべきであり，一時点のみの提示拒否を捉えて，安易に法30条7項を適用することは相当でない。提示拒否を理由として法30条7項を適用するためには，税務調査の全過程を通じて，税務職員が，帳簿等の提示を得るために社会通念上当然に要求される程度の努力を行ったにもかかわらず，納税者から帳簿等の提示を受けることができなかったと客観的に認められることが必要である。」

③ 「（原告は，課税庁が）適法な税務調査において，帳簿等の保存及びその内容を確認するために社会通念上当然に要求される程度の努力を行ったにもかかわらず，正当な理由なくして帳簿等の提示を拒否し，税務職員に対して帳簿等を確認し得る状態に置かなかったことが認められるから，法30条7項にいう帳簿等を保存しない場合に該当するというべきである。」

Aの大阪地裁とこの津地裁の判決はほぼ同時期に出されているが，ほぼ同様の事例に対して，結果は原告の請求を棄却しているが，その判決理由が大きく異なっていることは注目すべき点である。

津地裁は，法30条7項に規定している帳簿等の「保存」には「提示」も含まれると判示した。これは，同条同項は仕入税額控除の証明手段を帳簿等に限定することにより（上記大阪地裁の判決では，帳簿，請求書等以外の資料によっては仕入税額の控除を許さないとの被告の主張を受け入れていない），税務署長が，帳簿等という簡単に調査し得る確実な証拠に基づいて仕入税額を確認で

第4章 消費税法に関する判例・裁決例研究

きるようにしたもの，つまり，申告内容の正確性を確認するための規定であることを理由に，当然税務調査時の提示も保存に含まれることを予定していると解したことによる。

また，帳簿等を税務調査時に提示するのは極めて容易であり，にもかかわらず敢えて後に帳簿等の提出を認める合理的理由はないことを理由に，納税者には訴訟段階等において帳簿等を提出する権利すらないとし，いわゆる帳簿等の後出しによる仕入税額控除を否定した。

本件の発端となった原告による税務職員に対する身分証明書のコピーの要求については，法62条4項にいう身分証明書の提示は，納税者に身分証明書のコピーをさせることまで要求するものではないから，身分証明書のコピーを要求して帳簿等の提示を拒否したことは，提示拒否の正当な理由にはあたらないと判示した。

では，第二審の名古屋高裁の判例についてみてみる。

名古屋高裁の判決はほぼ一審の判決を引用するものであった。この判決の主な内容は次のようである。

① 「税務調査等のために税務職員等により適法な提示要求がされたにもかかわらず，正当な理由なく，納税者がこれに応じなかったときは，その時点において帳簿等の保存がなかったことが事実上推定され，反証のない限り，仕入税額控除は認められないと解すべきである。また，右の事実上の推定は，その後の不服申立手続や訴訟手続において，その不服申立手続又は訴訟手続の時点における帳簿等の保存が確認されたからといって，それだけで直ちに覆されるものではなく，それ以上に，税務調査等の時点において帳簿等が保存されていたことを推認させる事実の具体的な立証がされて初めて右の推定が覆されると解するのが相当である。」

② 「法30条7項にいう帳簿等の保存とは，単に存在しているということを意味するものではないことはその字義からも明らかであり，帳簿等の存在する場所や存在する状態を問わないということはできないのであって，税務職員等が帳簿等の記載内容を確認して申告の適否を審査することを前提

とした概念であることからすると，税務調査等のために税務職員等により適法な提示要求がされたときにはこれに直ちに応じることができる状態での保存と解することが制度の趣旨に沿った解釈であるということができ，これが租税法律主義に反するものでないことは明らかである。」

③「税務調査等のために税務署員等により帳簿等の適法な提示要求がされたにもかかわらず，正当な理由なく，納税者がこれに応じなかったときは，その時点において帳簿等の保存がなかったことが事実上推定されるということは，取消訴訟等における裁判官の自由心証，すなわち，事実認定の問題であって，このことも租税法律主義に反するものではないことは明らかである。」

④「調査に際して，事前の通知を欠いたからといって，その瑕疵の故に控訴人会社による帳簿等の提出の拒否が正当な理由を有することになるものでないと解されるから，右の通知を欠いたという瑕疵は，法30条7項に定める保存しない場合の推定に影響を及ぼすものではない。」

⑤「控訴人会社は，税務調査等の時点において帳簿等が保存されていたことを確認させる事実の具体的な立証をしないから，法30条7項に定める保存しない場合の推定が覆されることはない。」

なお，大阪，津の両地裁判決は法30条7項の改正前の平成9年3月31日以前に提起されたものに対するものである。

名古屋高裁の判決でも，一審に続き，法30条7項の規定の趣旨は，課税庁の正確かつ迅速な申告内容の確認にある「保存」には「提示」も含まれると解し，帳簿等の「保存」とは，単に物理的な保存では足りず，税務調査等のために税務職員等により適法な提示要求がされたときには，これに直ちに応じることができる状態での保存を意味するのであり，このことは租税法律主義に反するものではないことは明らかであるとした。

さらに，税務調査等のために税務職員等により適法な提示要求がされたにもかかわらず，正当な理由なく納税者がこれに応じなかったときは，その時点において帳簿等の保存がなかったことが事実上推定されるということも，租税法

律主義に反するものではないとした。

また，いわゆる帳簿等の後出しによる仕入税額控除についても，一審同様，明確に否定している。具体的にみると，名古屋高裁の判決では，控訴人の，本件訴訟において帳簿等を提出していることから，税務調査時に帳簿等を保存していなかったとの事実推定が覆されるとの主張に対して，控訴人の帳簿等提出の拒否の理由が極めて不合理であることにかんがみ，訴訟の段階で証拠として帳簿等を提出したことをもって，税務調査時に帳簿等を保存していなかったという事実を覆すことはできないとしている。

法30条7項の規定をみれば，確かに，納税者が税務調査時において正当な理由がなく，帳簿等の提示を拒否した場合には，課税庁は帳簿等の保存の事実を確認できないため，帳簿等の保存はされていなかったと推認され，仕入税額控除が否認されても仕方がないことであるといえる。

しかし，課税庁が，納税者が帳簿等の提示を拒否したかどうかを認定するにあたっては，一審の判決にもあるように，一定の慎重さが要求されるべきであり，一時点のみの提示拒否を捉えて，安易に法30条7項を適用すべきではなく，税務調査の全過程を通じて，税務職員が，帳簿等の提示を得るために社会通念上当然に要求される程度の努力を行い，それでも納税者から帳簿等の提示を受けることができなかったと客観的に認められることが必要であり，本件の場合が，果たしてそのようなケースにあたるかどうかより慎重に検討すべきであったと思われる。

C ＜平成11年3月30日東京地裁判決・平成8年（行ウ）143号＞[31]

本件は，建設事業を営む納税者の平成2年分及び3年分の課税期間に係る消費税の更正処分等の適否が争われたもので，法30条7項の帳簿等の「保存」の意義，及び「保存」しない場合の立証責任が主な争点となった事例である。

本件の問題となっている消費税の課税期間は，平成2年1月1日から同年12月31日まで，及び平成3年1月1日から同年12月31日までである。

まず本件の請求原因についてであるが，原告側は，税務調査の際，再三にわたり，税理士以外の東京土建労働組合の書記局員の立会いを要請したが，被告

課税庁側はこれを拒否し，よって，税務調査がなかなか進まず，被告は反面調査により，原告の確定申告に係る売上計上漏れがあること，帳簿書類の提示がないため仕入税額控除の適用がないことを連絡し，所得税の更正等に加えて，消費税に関する更正及び過少申告加算税賦課決定を行ったことに対して，国税不服審判所に申立てを行ったが，この裁決を不服とし，本件裁決の取消を求めているというものである。

本件の判決では，まず法30条に定める仕入税額控除の趣旨を述べ，さらに次のようにおおむね判示して，原告の主張を退けている。

① 「法30条7項に規定する法定帳簿とは，仕入税額控除の対象となる課税仕入れについて，その真実性を確認することができるものでなければならず，確認可能な真実を記載していない取引については法定帳簿等がないものとして仕入税額控除は否定されることになるし，また，同項に規定する保存とは，法定帳簿等が存在し，納税者においてこれを所持しているということだけではなく，法及び令の規定する期間を通じて，定められた場所において，税務職員の質問検査権に基づく適法な調査に応じて，その内容を確認することができるように提示できる状態，態様で保存を継続していることを意味するというべきである。」

② 「法30条7項の文理に従えば，法定帳簿等を保存しない場合が同条1項に規定する仕入税額控除の消極要件とされているところ，この法定帳簿等を保存しない事実は，課税処分の段階に限られず，不服審査又は訴訟の段階においても，主張，立証することが許されるものと解される。すなわち，訴訟法的に考察する場合には，消費税に係る更正又は決定の取消を求める訴訟において，課税庁は，処分の適法性を基礎づける消費税の発生根拠事実として，納税者である事業者が当該課税期間において国内で行った課税資産の譲渡等により対価を得た事実を主張，立証すべきであり（法4条，5条，28条），これに対して，仕入税額控除を主張する納税者は，仕入税額控除の積極要件として，当該課税期間中に国内で行った課税仕入れの存在及びこれに対する消費税の発生の各事実を主張，立証すべきこととなり（法

第4章 消費税法に関する判例・裁決例研究

30条1項），さらに，仕入税額控除の消極要件である法定帳簿等を保存しない場合に該当することは，課税庁において主張，立証すべく，これに対して保存できなかったことにやむを得ない事情が存する事実を納税者が主張，立証すべきものと考えられるのである。」

③ 「課税庁は，処分の適法性との関係では，法定帳簿等の保存期間のうち課税処分時までのある時点で，適法な調査に応じて提示できる状態，態様での保存がなかった事実を主張，立証すれば足りることになり，通常は，課税処分のための調査又は当該課税処分のときの法定帳簿の提示がなかった事実を主張，立証すれば，保存の意義における保存がなかった事実を推認することができることになる。」

④ 「消費税に関する調査において，守秘義務との関係で第三者の立会いのもとでは調査をすることができないことを課税庁係官は納税者に説明して帳簿の提示を求めており，また納税者が立会いを求めた第三者は納税者の記帳等を具体的に行った者ではなく，税理士に雇用されている者でもないこと等から，第三者の立会いのもとでは納税者に対する税務調査に着手することができないとした課税庁係官の判断は，質問検査権行使における合理的な裁量の範囲内にあるとされる。」

⑤ 「納税者は課税庁係官の適法な調査に基づく帳簿等の提示要請に対して，第三者の立会いを求める等して調査に応じなかったことから，帳簿等の提示を拒否したものと認められ，仮に，納税者が帳簿等を所持，管理していたとしても，適法な調査に応じて，その内容を確認し得るように提示できる状態，態様で保存していない場合に該当するから消費税の仕入税額控除を認めないとした課税処分は適法である。」

当判決は，基本的にはBで述べた名古屋高裁・津地裁判決の流れに沿ったものであり，法30条7項の「保存」には「提示」も含まれ，また，訴訟段階において帳簿等の提示をしても，税務調査時に提示しなかった理由を明らかにしない場合は仕入税額控除ができないというものである。

ただ本判決では，さらに，仕入税額控除の消極要件である法定帳簿等を保存

しない場合の立証責任ついて判示している。それは，帳簿等の保存（これには提示も含まれる）がなかった事実に関する立証責任は課税庁に課し，納税者にはこれに対する反証を義務づけるというものであった。課税庁の責任で帳簿等の保存がない事実を立証することは当然のことを判示したにすぎないといえる。

この立証責任ついての判示は，民事訴訟の通説である法律要件説に従って立証責任が配分されるべきであるとの考え方にたっているものといえる。この考え方にたつ場合には，私人間の紛争を扱う民事訴訟の理論を，そのまま課税庁と納税者という一個人との間の紛争に適用できるかどうかは慎重な検討が必要であると考えられる[32]。

この判決の問題点を考えると，この法律要件説にたち，帳簿等を提示しなかった理由を明らかにする納税者の反証を行わない限り，仕入税額控除を認めないとする根拠，及び訴訟段階における帳簿等の提示が反証にあたらないとする根拠が明確に示されていないということではないだろうか。

また，確かに，法30条7項の「保存」に「提示」が含まれると解するという判示は，Bの名古屋高裁，津地裁でも判示され，さらに，その後の同様の事案に対し，この立場をとる判決が続いており，これらがAの大阪地裁の判決にあるように，法律の拡大解釈であり，租税法律主義に違反するとの懸念はぬぐえないが，一歩譲って，「保存」に「提示」が含まれると解するとしても，その場合の，納税者の税務調査時における帳簿等の提示がなされなかった理由の吟味をもっと裁判所はするべきであると考えられる。正当な理由がなく提示されなかった場合とはどのようなケースをいうのかを具体的に判示している判例は見あたらない。

Bの名古屋高裁の判決では，税務調査に協力しなかったことを，帳簿等の提示拒否の理由として極めて不合理であったとして，帳簿等の後出しを否定し，津地裁の判決では，訴訟段階において帳簿等を提出する権利さえ認めないと判示しているが，これらの判決には納得できないのであり，仕入税額控除が認められない合理的な理由の基準なるものを明確に示した判決が今後求められる。

第4章 消費税法に関する判例・裁決例研究

注

1) 『税務訴訟資料』(176号), 194-230頁参照。
2) 『税務訴訟資料』(228号), 526-541頁参照。
3) 事業者が外注先等に対して外注加工に係る原材料等を支給する場合において, その支給に係る対価を収受することとしているとき (有償支給という) は, その原材料等の支給は対価を得て行う資産の譲渡に該当するのであるが, 有償支給の場合であっても事業者がその支給に係る原材料等を自己の資産として管理しているときは, その原材料等の支給は, 資産の譲渡に該当しないことに留意する。
4) 『裁決事例集56』, 411-425頁参照。
5) 最高裁判所・判例集サイト, 図子善信著「消費税の輸出免税取引該当性について」LEX/DBインターネット・法律情報文献番号25440162 (TKCローライブラリー), 及び国税不服審判所裁決事例集サイト・No.70 (平成17年9月28日裁決) 参照。
6) 『税務訴訟資料』(140号), 556-573頁参照。
7) 『税務事例』(Vol.32 No.2), 10頁参照。
8) 同上, 11頁参照。
9) 『税務訴訟資料』(246号), 1-13頁参照。
10) 『裁決事例集58』, 292-299頁参照。
11) 『税務訴訟資料』(247号), 105-127頁, 『税務通信』(No.2643), 2-3頁参照。
12) 『裁決事例集49』, 515-523頁参照。
13) 『裁決事例集51』, 709-718頁参照。
14) 北海道税務事例研究会編『判例戦略実務必携〈消費税編〉』東林出版, 1999年, 232頁参照。
15) 『裁決事例集51』, 719-730頁参照。
16) 北海道税務事例研究会編, 前掲書, 233頁。
17) 平成13年2月8日裁決例については, 『裁決事例集61』, 662-670頁参照。平成18年2月9日名古屋高裁判決・平成17年 (行コ) 45号については, 最高裁判所・判例集サイト, 三浦道隆『最新判例による消費税の解釈と実務』大蔵財務協会, 2006年, 629-663頁参照。
18) 『税務訴訟資料』(229号), 229-255頁, 松本正春「立退料の課税仕入れに係る支払対価該当性」『税経通信 (2002年1月臨時増刊号)』税務経理協会, 2002年, 58-63頁, 山本守之『Q&A消費税の課否判定と仕入税額控除』税務経理協会, 2003年, 116-121頁参照。
19) 『裁決事例集59』, 372-390頁参照。
20) 大川内修「課税仕入れの範囲」『税経通信 (2002年1月臨時増刊号)』税務経理協会, 2002年, 287頁参照。
21) 『裁決事例集62』, 423-433頁参照。
22) 『裁決事例集60』, 594-604頁参照。
23) 『裁決事例集61』, 682-692頁参照。

24) 『裁決事例集62』, 462-470頁参照。
25) 金子宏『租税法〔第15版〕』弘文堂, 2010年, 596頁。法30条7項～9項, 課税貨物については, 同条8項2号参照。
26) 同上, 597頁参照。
27) 『税務訴訟資料』(237号), 1007-1037頁参照。
28) 高正臣「消費税法30条7項の帳簿等の『保存』の意義, 及びいわゆる訴訟段階における帳簿等の後出しによる仕入税額控除の適用の可否」『税経通信（2002年1月臨時増刊号)』税務経理協会, 2002年, 86頁参照。
29) 『税務訴訟資料』(246号), 1422-1442頁参照。
30) 『税務訴訟資料』(238号), 74-125頁参照。
31) 『税務訴訟資料』(241号), 524-555頁参照。
32) 金子, 前掲書, 838頁及び高正臣「消費税法30条7項の帳簿等の『保存』の意義, 及び『保存』しない場合の立証責任」『税経通信（2002年1月臨時増刊号)』税務経理協会, 2002年, 91-92頁参照。

参考文献

泉美之松『法人税法の読み方－法人税法の基礎－』東京教育情報センター，1987年。
井上隆司『税法通論〔6訂版〕』税務経理協会，1999年。
井上久彌『企業集団税制の研究』中央経済社，1997年。
岩崎健久『税法講義』税務経理協会，2004年。
岩崎健久『現代会計・財政講義』中央経済社，2001年。
岩崎健久『財政新論』木鐸社，2000年。
岩崎健久『税制新論』木鐸社，1998年。
ＮＨＫ日本プロジェクト取材班・磯村尚徳『なぜ税が問われているのか』日本放送出版協会，1988年。
大川内修「課税仕入れの範囲」『税経通信（2002年1月臨時増刊号）』税務経理協会，2002年。
尾崎護『税の常識〔平成12年度版〕』日本経済新聞社，2000年。
貝塚啓明『財政学〔第3版〕』東京大学出版会，2003年。
貝塚啓明・石弘光・野口悠紀雄・本間正明『税制改革の潮流』有斐閣，1990年。
加藤寛・横山彰『税制と税政』読売新聞社，1994年。
金子宏『租税法〔第15版〕』弘文堂，2010年。
金子宏監修『租税法辞典』中央経済社，2001年。
川崎昭典「構造改革は何をめざすべきか」『帝京経済学研究第36巻第2号』2003年。
川崎昭典『税法学』木鐸社，2002年。
川崎昭典「『付加価値』を課税標準とすることについての諸問題」『帝京経済学研究第36巻第1号』，2002年。
川崎昭典『財政学』弘文堂，1995年。
木下和夫『税制調査会』税務経理協会，1992年。
木下和夫編『租税構造の理論と課題』税務経理協会，1996年。

菊地裕子・小野塚久枝『租税論』税務経理協会，2000年。

北野弘久『税法学原論〔第6版〕』青林書院，2007年。

高正臣「消費税法30条7項の帳簿等の『保存』の意義，及びいわゆる訴訟段階における帳簿等の後出しによる仕入税額控除の適用の可否」『税経通信（2002年1月臨時増刊号）』税務経理協会，2002年。

高正臣「消費税法30条7項の帳簿等の『保存』の意義，及び『保存』しない場合の立証責任」『税経通信（2002年1月臨時増刊号）』税務経理協会，2002年。

熊沢通夫『竹下新税制のすべて』時事通信社，1988年。

河野惟隆『法人税法・所得税法の経済学』税務経理協会，2004年。

河野惟隆『法人税・所得税の研究』税務経理協会，1999年。

小林晃『現代租税論の再検討〔増補版〕』税務経理協会，2002年。

齋藤明『税法学の基礎理論』中央経済社，1998年。

佐藤進・伊東弘文『入門租税論－改訂版－』三嶺書房，1995年。

竹下登・平野貞夫監修『消費税制度の成立の沿革』ぎょうせい，1993年。

田中章介『判例と租税法律主義』中央経済社，1994年。

日本税理士会連合会『税務経理ハンドブック〔平成13年度版〕～〔平成22年度版〕』中央経済社，2001年～2010年。

日本租税研究協会「『連結納税制度について』の検討内容」，2000年。

林健久『財政学講義〔第3版〕』東京大学出版会，2002年。

北海道税務事例研究会編『判例戦略実務必携〈消費税編〉』東林出版，1999年。

松沢智『租税訴訟法〔新版〕』中央経済社，2001年。

松本正春「立退料の課税仕入れに係る支払対価該当性」『税経通信（2002年1月臨時増刊号）』税務経理協会，2002年。

三浦道隆『最新判例による消費税の解釈と実務』大蔵財務協会，2006年。

水野勝『主税局長の千三百日・税制抜本改革への歩み』大蔵財務協会税のしるべ総局，1993年。

水野勝『来しかた　行くすえ』ぎょうせい，1993年。

水野勝『租税法』有斐閣，1993年。

参 考 文 献

八ツ尾順一『入門連結納税制度』財経詳報社，1999年。
矢内一好「連結納税制度導入をめぐる諸問題」『JICPAジャーナル』(1998年12月号)，日本公認会計士協会，1998年。
矢内一好・柳裕治『連結納税申告－わが国の導入に向けて』ぎょうせい，1999年。
山本守之『税制改正の動き・焦点〔平成22年度対応版〕』税務経理協会，2010年。
山本守之『Q＆A消費税の課否判定と仕入税額控除』税務経理協会，2003年。
山本守之『租税法要論〔3訂版〕』税務経理協会，1998年。
渡辺充『判例に学ぶ　租税法』税務経理協会，2003年。
和田八束『日本の税制』有斐閣選書，1988年。
和田八束・野呂昭朗・星野泉・青木宗明編『現代の地方財政〔新版〕』有斐閣ブックス，1999年。

索　引

（あ）

青色事業専従者給与·················69
青色申告·····························69
青色申告特別控除···················70
アカウント方式·····················117
アダム・スミス····················· 6
圧縮記帳····························95
アドルフ・ワグナー················ 6

（い）

異議申立て··························32
遺産課税方式·······················133
遺産取得課税方式··················133
遺贈·······························134
一時所得··························57, 61
一括評価金銭債権···················100
一括比例配分方式···············128, 248
一定税率····························26
一般財産税··························13
一般消費税······················14, 116
一般税······························15
一般的優先権·······················31
移動平均法··························79
医療費控除··························63
印紙税·····························20
インボイス方式····················117

（う）

受取配当等··························77
売上原価·························74, 79

（え）

営業権·····························82
H.C.サイモンズ···················· 4
益金算入····························75

益金の額·························74, 75
益金不算入··························75
益税·······························173
役務の提供·························119
閲覧制度····························167
延滞金······························28
延滞税······························28
延納···························29, 68, 146

（お）

応益原則···························· 3
応能原則·························3, 5
卸売売上税·························117

（か）

外形標準課税······················159
外国税額控除····················67, 106
外国法人························42, 73
解釈通達····························23
家屋価格等縦覧帳簿················167
確定決算の原則····················72
確定申告·····················68, 108, 132
加工賃その他これに類する料金を対価
　とする役務の提供を行う事業···205, 208
加算金······························28
加算税······························29
貸倒実績率··························100
貸倒損失····························96
貸倒引当金······················69, 98
過少申告加算税·····················29
課税売上高·····················123, 194
課税売上割合···················127, 129
課税外収入··························90
課税客体····························13
課税財産···························135
課税山林所得金額················63, 67

269

課税仕入れ……………………126, 222
課税仕入れ等の時期……………235
課税仕入れ等の範囲……………222
課税事業者………………………124
課税所得……………………………40
課税総所得金額……………………63, 67
課税退職所得金額…………………63, 67
課税長期(短期)譲渡所得の金額………63
課税取引…………………………182
課税の対象…………………………13
課税標準……61, 74, 125, 154, 157, 164, 166
課税物件……………………………13
課税ベース…………………………18
過怠税……………………………28
寡婦(寡夫)控除……………………65
株式等に係る課税譲渡所得等の金額……63
株式等に係る譲渡所得等………54, 61
貨物の輸送………………………183
貨物割……………………………164
簡易課税制度……………130, 175, 200
簡易課税制度選択不適用届出書………202
簡易課税制度における事業区分………203
簡易課税制度の選択届出書……201
簡易特定口座………………………54
環境税………………………………19
関係法人株式等……………………77
関税…………………………………12
関税定率法…………………………12
関税法………………………………12
間接国税…………………………3, 22
間接消費税…………………………14
間接税………………………………12
完全支配関係………………110, 114
還付金等……………………………78

(き)

機械装置……………………………83
期間税………………………………16
器具備品……………………………83

期限後申告…………………………27
期限内申告…………………………27
基準期間…………………………123
基準財政収入額……………………10
基準財政需要額……………………10
基準年度…………………………166
規制税………………………………16
基礎控除……………………65, 137, 141
揮発油税……………………………19
寄附金………………………………93
寄附金控除…………………………64
基本通達……………………………23
義務説………………………………3
逆進税………………………………17
キャピタル・ゲイン……………4, 51
旧生産高比例法……………………84
旧定額法……………………………83
旧定率法……………………………83
給与所得……………………………48
給与所得控除額……………………48
行政訴訟……………………………32
行政不服審査法……………………33
行政不服申立て前置主義…………32
協同組合等…………………………73
業務………………………………119
業務粗利益………………………161
居住者………………………………41
居住用財産…………………………53
均等割……………………………153
勤労学生控除………………………65

(く)

繰延資産……………………………86
繰戻し還付………………………105
グループ法人税制………………114
訓令…………………………………23

(け)

経済的利益……………………48, 93

索　引

軽自動車税	164
経常税	16
軽油引取税	15, 164
欠損金額	104
欠損金の繰越控除	104
決定	28
気配相場等のある株式	149
限界控除制度	132
減価償却資産	82
減価償却費	85
原価法	79, 81
源泉徴収	49
源泉徴収口座	54
限定承認	136

（こ）

公益法人等	73
鉱業権	82, 85
公共法人	73
鉱業用減価償却資産	82, 84
工具	83
航空機	83
航空機燃料税	11
合計所得金額	61
交際費等	103
工事進行基準	60, 75
恒常所得仮説	4
更生	28
更生の請求	27
構築物	83
公的年金等控除額	58
公平性	3
小売売上税	117
国際輸送取引	189
国税	8, 20
国税徴収法	21
国税通則法	21
国税犯則取締法	13, 22
国税不服審判所	32

国内取引	117
個人事業税	155
個人事業税の税率	156
個人住民税	153
個人住民税の税率	153, 154
個人単位課税の原則	38
国家契約説	3
固定資産	88
固定資産課税台帳	166
固定資産税	33, 165
固定資産税の税率	170
固定資産評価審査委員会	33, 170
五分五乗方式	51
個別間接税制度	116
個別財産税	14
個別消費税	14
個別対応方式	127, 248
個別通達	23
個別評価金銭債権	98
個別法	79
ゴルフ場利用税	19

（さ）

サービス業	218
在外財産に対する相続税額の控除	141
裁決	32
財産税	13
財産の評価	146
最終仕入原価法	79
財政関税	12
財政税	16
財政力指数	10
債務確定主義	74, 98
債務控除	136
先入先出法	79
雑所得	57
雑損控除	63
雑損失	61
雑損失の繰越控除	63

271

算出税額	67
山林所得	51, 61

(し)

仕入税額控除	126, 174, 222
仕入税額控除の調整	128
仕入税額控除の不適用	248
死因贈与	134
時価	147
時価主義	146
時価法	78, 80
事業	47, 118, 119
事業所得	47
事業税	155
事業的規模	46
事業主控除	156
事業年度単位課税の原則	72
自己の計算と危険	213, 229
自己の資産としての管理	181
資産課税	19
資産の貸付け	119
資産の譲渡	119, 180, 224
資産の評価益	78
資産の評価損	87
自主財政主義	25
支出税	4
地震保険料控除	64
事前確定届出給与	91
市町村税	9
市町村たばこ税	164
市町村民税	153
実現主義	75
執行通達	23
実質課税の原則	71
実質所得者課税	40
実質的財産税	14
実質的に債権とみられないものの額	100
質的担税力	38
指定寄附金等	94
自動車重量税	11
自動車取得税	15, 164
自動車税	19, 164
資本割	160
仕向地主義	192
シャウプ勧告	37
社会保険料控除	64
車両運搬具	83
収益税	13
収益の額	74
重加算税	30
従価税	15
修正申告	27
住宅借入金等特別税額控除	67
住宅取得等資金に係る相続時精算課税	144
収得税	13
収入及び費用の帰属時期	60
収入金額	58
住民税	153
縦覧制度	166
従量税	15
酒税	9, 19
取得型(発生型)所得概念	39
取得原価主義	78, 87
取得費	52
純資産価額方式	150
純資産増加説	39
純損失	61
純損失の繰越控除	62, 69
純損失の繰戻し還付	70
準備金	102
障害者控除	65, 140
償還有価証券	81
小規模企業共済等掛金控除	64
小規模事業者の現金基準	60
小規模住宅用地	170
償却原価法	81
償却資産課税台帳	166

索　引

償却費……………………………82	
償却保証額……………………84	

(す)

上場株式………………………148	随時税……………………………16
上場株式等から受ける配当等……44	垂直的公平…………………………5
上場株式等に係る課税配当所得の金額…63	水平的公平…………………………5
上場株式等に係る配当所得………61	ストック・オプション……………92
譲渡所得…………………………51	

(せ)

譲渡損益調整資産………………112	税額控除……………………67, 106
譲渡費用…………………………52	税額票方式………………………117
譲渡割……………………………164	制限税率…………………………26
消費型(支出型)所得概念…………39	制限的所得概念…………………39
消費税……………………9, 14, 116	制限納税義務者………42, 134, 135
消費税の税率……………………126	税込経理方式……………………198
消費税法…………………………116	清算所得…………………………70
正味財産課税……………………136	生産高比例法……………………84
省令……………………………2, 22	政治活動に関する寄附をした場合の
条例………………………………24	所得税額の特別控除……………67
所得………………………………40	税制適格ストック・オプション……92
所得課税…………………………18	税制非適格ストック・オプション…92
所得源泉説………………………39	生前贈与…………………………144
所得税……………………4, 9, 13, 37	製造業……………………………218
所得税額控除……………………106	製造者売上税……………………117
所得税の税率……………………67	税抜経理方式……………………198
所得税法…………………………37	生物………………………………82
所得税法施行規則………………39	生命保険料控除…………………64
所得税法施行令…………………38	政令……………………………2, 22
所得通算型………………………109	石油ガス税……………………11, 19
所得割……………………154, 160	石油石炭税………………………19
初年度一時償却…………………86	船舶………………………………83
人格のない社団等………………73	

(そ)

新株予約権………………………92	総合課税………………………45, 67
申告納税制度……………………68	相次相続控除……………………141
申告納税方式……………………17	総収入金額………………46, 47, 52
申告納付…………………………17	総所得金額………………………61
申告不要…………………………45	相続………………………………134
申告分離課税……………………45	相続財産…………………………135
審査請求…………………………32	相続時精算課税制度……………144
人税…………………………14, 155	

273

相続税	20, 133, 136
相続税の税率	138
相続税の総額	137
相続税法	133
相続の放棄	136
総平均法	79
贈与税	20, 133, 141
贈与税額控除	139
贈与税の税率	143
測定単位	10
租税	1
租税公課	95
租税特別措置法	21
租税法律主義	2, 22
損益通算	62
損益振替型	109
損金算入	75
損金の額	74, 78
損金不算入	75

(た)

退職給与	92
退職所得	50, 61
退職所得控除額	50
退職年金等積立金に対する法人税	70
台帳課税主義	166
第二次納税義務	31
滞納	30
滞納処分	21, 31
耐用年数	85
宅地等調整固定資産税額	169
タックス・ヘイブン	18
建物	83
建物登記簿	166
建物付属設備	83
棚卸資産	79, 87
たばこ税	9, 19
単位費用	10

短期譲渡所得	53
単純承認	136
担税力	4

(ち)

地価税	20
地方揮発油税	11, 15, 19
地方交付税	9
地方消費税	19, 164
地方消費税の税率	164
地方譲与税	11
地方税	9, 24
地方税法	24
地方道路税	11, 15
中間申告	108, 132
中立性	3
長期譲渡所得	53, 61
調整対象固定資産	124, 129
調整前連結税額	111
帳簿等の記載不備	248
帳簿等の不提示	249
帳簿等の保存	251, 255, 259
帳簿方式	117
直接国税	13
直接消費税	14
直接税	12
直間比率	13

(つ)

通告処分	13
通達	23

(て)

定額法	83
低価法	79
定期同額給与	91
定率法	83
転嫁	12

索　引

（と）

当期留保金額 …………………………90
同族会社 ………………………………88
同族会社の行為又は計算の否認規定……88
道府県税 ………………………………9
道府県たばこ税 ……………………164
道府県民税 …………………………153
登録免許税 ……………………………20
特定遺贈 ……………………………134
特定寄附金 ……………………………64
特定公益増進法人に対する寄附金……94
特定口座制度 ……………………54, 56
特定財源 ………………………………15
特定支出控除 …………………………49
特定同族会社 …………………………89
特定扶養親族 …………………………66
特別控除額 …………………51, 52, 57
特別交付税 ……………………………9
特別償却 ………………………………86
特別税額控除 ………………………106
特別土地保有税 ……………………165
特別とん税 ………………………11, 12
特別とん税法 …………………………12
独立税 …………………………………15
都市計画税 …………………………165
土地価格等縦覧帳簿 ………………167
土地等・建物等に係る長期（短期）譲渡
　　所得 ………………………………61
土地等・建物等の譲渡所得 …………53
土地登記簿 …………………………166
取引相場のない株式 ………………149
取引高税 ……………………………117
とん税 …………………………………12
とん税法 ………………………………12

（な）

内国消費税 …………………118, 122
内国税 ……………………………11, 20

（に）

内国法人 ……………………………42, 73
日本標準産業分類 …………………215
任意税率 ………………………………26

（ね）

年税額 …………………………………67
年末調整 ………………………………49

（の）

納税義務者 ……41, 73, 110, 122, 134, 153,
　　　　　　154, 155, 156, 164, 166
納税義務者でなくなった旨の届出書 …202
納税地 …………………………………42
能力説 ………………………………… 4
延払基準 …………………………60, 75

（は）

売価還元法 ……………………………79
配偶者控除 …………………………65, 141
配偶者特別控除 ………………………66
配偶者に対する相続税額の軽減 ……139
配当控除 ……………………………67, 77
配当所得 ………………………………44
売買目的有価証券 ………………78, 81
倍率方式 ……………………………147
発生主義 ………………………………75
犯則調査 ………………………………22
販売費及び一般管理費 ………………74
反復的利益説 …………………………39
判例法 …………………………………23

（ひ）

非永住者 ………………………………41
非課税口座 ……………………………45
非課税所得 ……………………………41
非課税取引 …………………………120
引当金 …………………………………98

非居住者……………………………41
必要経費…………………………46, 47, 59
費用収益対応の原則………………75
標準税率……………………………26
費用税………………………………16
比例税………………………………17

(ふ)

賦課課税方式………………………17
付加価値税………………………116, 117
付加価値割…………………………159
附加税………………………………15
不相当に高額な部分の金額………91
附帯税………………………………28
負担調整措置………………………168
普通交付税…………………………9
普通償却……………………………85
普通税………………………………15
普通徴収……………………………17
普通法人……………………………74
物税………………………………14, 155
物納………………………………2, 146
物品税………………………………116
不動産取得税……………………20, 165
不動産所得…………………………46
不納付加算税………………………30
不服審査制度………………………32
不服申立て…………………………32
扶養控除……………………………66
フリンジ・ベネフィット…………48
分離課税……………………………67

(へ)

別段の定め…………………………74
別表1(1)………………………107, 108
別表4……………………………75, 76
変動所得……………………………4
返品調整引当金……………………101

(ほ)

包括遺贈……………………………134
包括的所得概念……………………39
法人擬制説…………………………72
法人事業税…………………………156
法人事業税の税率………………158, 160
法人実在説…………………………72
法人住民税…………………………154
法人住民税の税率………………154, 155
法人所得税………………………70, 71
法人税……………………………9, 70
法人税の税率………………………105
法人税法……………………………70
法人税割……………………………154
法定外税……………………………25
法定外普通税………………………25
法定外目的税………………………25
法定繰入率…………………………101
保護関税……………………………12
補正係数……………………………10
本税…………………………………15

(み)

未成年者控除………………………140
みなし仕入れ率……………………130
みなし配当…………………………77

(む)

無形減価償却資産…………………82
無形固定資産………………………84
無申告加算税………………………29
無制限納税義務者………………42, 135

(め)

名目的財産税………………………14
免税事業者………………………123, 194
免税事業者の適用を受けない旨の
　届出書……………………………203

索　引

免税点制度 …………………123, 175, 193

（も）

目的税……………………………………15

（や）

役員………………………………………90
役員給与等………………………………91

（ゆ）

有価証券 ……………………………79, 87
有形減価償却資産………………………82
輸出免税 ………………………122, 179, 183
輸出類似取引…………………………189
輸入取引………………………………120

（よ）

予定納税…………………………………68

（ら）

ライフサイクル仮説…………………… 4

（り）

利益説…………………………………… 3
利益連動給与……………………………91
利子所得…………………………………42
利子税……………………………………29
利潤税……………………………………16
利子割…………………………………155
リチャード・マスグレイプ…………… 7

（る）

留意通達…………………………………23

流通税……………………………………14
留保金課税………………………………89
留保金所得課税………………………106
留保控除額………………………………90
留保所得金額……………………………90
量的担税力………………………………38
臨時税……………………………………16
類似業種比準方式……………………149
累進税……………………………………17
累進税率…………………………………37

（れ）

例規………………………………………23
暦年単位課税の原則……………………38
連結親法人……………………………110
連結欠損金額 …………………………112
連結欠損金個別帰属額 ………………112
連結子法人……………………………110
連結財務諸表制度 ……………………109
連結事業年度 …………………………111
連結所得金額 …………………………111
連結所得に対する法人税 ………………71
連結税額 ………………………………111
連結納税制度 …………………………109
連結法人株式等…………………………77

（ろ）

老人扶養親族……………………………66
路線価方式……………………………147

（わ）

割増償却…………………………………86

277

＜著者略歴＞

岩﨑　健久（いわさき　たけひさ）
帝京大学教授　公認会計士・税理士
早稲田大学理工学部応用化学科卒業，筑波大学大学院修士課程経営・政策科学研究科修了（経済学修士），筑波大学大学院博士課程社会科学研究科法学専攻修了（博士（法学））。太田昭和監査法人（現新日本有限責任監査法人）にて，監査・会計業務に従事した後，帝京大学に勤務，専任講師，助教授を経て現職。コーネル大学，East Asia Programにて客員研究員（平成19年8月から平成21年7月まで）。現在，早稲田大学講師，東海大学講師，日本公認会計士協会・租税調査会副委員長，同協会租税業務協議会・租税相談専門委員会委員長等を務める。

【主要著書】

『税制新論』（木鐸社，平成10年），『財政新論』（木鐸社，平成12年），『現代会計・財政講義』（中央経済社，平成13年），『現代財務諸表論』（中央経済社，平成14年），『税法講義』（税務経理協会，平成16年），『財務会計概説』（税務経理協会，平成17年），『会計監査論』（税務経理協会，平成22年），『消費税の政治力学』（中央経済社，平成25年），（以上，単著），佐々木編『政治改革1800日の真実』（講談社，平成11年，共著），『レクチャー財務諸表論』（中央経済社，平成29年，共著）のほか多数。